U0873527

环球君带你学公路

二级建造师执业资格考试实行全国统一大纲，各省、自治区、直辖市命题并组织的考试制度，分为综合科目和专业科目。综合考试涉及的主要内容是二级建造师在建设工程各专业施工管理实践中的通用知识，它在各个专业工程施工管理实践中具有一定普遍性，包括《建设工程施工管理》《建设工程法规及相关知识》2个科目，这2个科目为各专业考生统考科目。专业考试涉及的主要内容是二级建造师在专业工程施工管理实际工程中应该掌握和了解的专业知识，有较强的专业性，包括建筑工程、市政公用工程、机电工程、公路工程、水利水电工程等专业。

二级建造师《公路工程管理与实务》考试时间为180分钟，满分120分。试卷共有三道大题：单项选择题、多项选择题、实务操作和案例分析题。其中，单项选择题共20题，每题1分，每题的备选项中，只有1个最符合题意。多项选择题共10题，每题2分，每题的备选项中，有2个或2个以上符合题意，至少有1个错项。错选，本题不得分；少选，所选的每个选项得0.5分。实务操作和案例分析题共4题，每题20分。

做题对于高效复习、顺利通过考试极为重要。为帮助考生巩固知识、理顺思路，提高应试能力，环球网校建造师考试研究院依据二级建造师执业资格考试最新考试大纲，精心选择并剖析常考知识点，深入研究历年真题，倾心打造了这本同步章节习题集。环球网校建造师考试研究院建议您按照如下方法使用本书。

◇学练结合，夯实基础

环球网校建造师考试研究院依据最新考试大纲，按照知识点精心选编同步章节习题，并对习题进行了分类——标注“必会”的知识点及题目，需要考生重点掌握；标注“重要”的知识点及题目，需要考生会做并能运用；标注“了解”的知识点及题目，考生了解即可，不作为考试重点。此外，每章还配有章节导学课，由环球网校建造师考试研究院的一线名师为大家讲解如何学习。建议考生制订适合自己的学习计划，学练结合，扎实备考。

◇学思结合，融会贯通

本书中的每道题目均是环球网校建造师考试研究院根据考试频率和知识点的考查方向精挑细选出来的。在复习备考过程中，建议考生勤于思考、善于总结，灵活运用所学知识，提升抽丝剥茧、融会贯通的能力。此外，建议考生对错题进行整理和分析，从每一道具体的错题入手，分析错误的知识原因、能力原因、解题习惯原因等，从而完善知识体系，达到高效备考的目的。

◇**系统学习，高效备考**

在学习过程中，一方面要抓住关键知识点，提高做题正确率；另一方面要关注知识体系的构建。在掌握全书知识脉络后，一定要做套试卷进行模拟考试。本书在章节习题集后精心选编了两套全真模拟试卷，旨在让考生进行系统的模拟练习，检测自己的复习情况，进而胸有成竹地参加考试。考生还可以扫描封面二维码，进入二级建造师课程+题库App，随时随地移动学习海量课程和习题，全方位提升应试水平。

在此，特别感谢环球网校建造师考试研究院的王丽雪、蔡恒、张君、李莹、安国庆、吴然、潘晓宇、刘秋颖、池亚红、刘亚静、张灿、张亚东、王维雪、赵金凤、刘敬、商莉莉、卢颖等老师的倾力付出。本套辅导用书在编写过程中，虽几经斟酌和校阅，仍难免有不足之处，恳请广大读者和考生予以批评指正。

相信本书可以帮助广大考生在短时间内熟悉出题“套路”、学会解题“思路”、找到破题“出路”。在二级建造师执业资格考试之路上，环球网校与您相伴，助您一次通关！

请大胆写出你的得分目标__________

环球网校建造师考试研究院

目　录

*PART*1　2B310000　公路工程施工技术

*PART*2　2B320000　公路工程项目施工管理

*PART*3　2B330000　公路工程项目施工相关法规与标准

*PART*4　案例专题模块

*PART*5　全真模拟试卷

参考答案与解析

路基施工技术

- 路基施工准备★★★
  - 现场调查后，编制实施性施工组织设计并报批
  - 土的试验项目：天然含水率、液限、塑限、颗粒分析、击实、CBR试验等
  - 试验路段：
    （1）试验路段长度不宜小于200m，下列情况下应进行试验路段施工：二级及二级以上公路路堤；填石路堤、土石路堤；特殊地段路堤；特殊填料路堤；拟采用新技术、新工艺、新材料、新设备的路基
    （2）压实工艺主要参数：机械组合；压实机械规格、松铺厚度、碾压遍数、碾压速度；最佳含水率及碾压时含水率范围等
- 原地基处理要求★★★
  - 地基表层碾压处理压实度控制标准：二级及二级以上公路一般土质应不小于90%；三、四级公路应不小于85%。低路堤应对地基表层土进行超挖、分层回填压实，其处理深度应不小于路床厚度
  - 泉眼或露头地下水：应按设计要求采取有效导排措施，将地下水引离后方可填筑路堤

- **填方路基施工★★★（1）**
  - 路基填料的选择
    - 路床填料规定
      - （1）路床填料应符合规范的规定
      - （2）高速公路、一级公路路床填料宜采用砂砾、碎石等水稳性好的粗粒料也可采用级配好的碎石土、砾石土等；粗粒料缺乏时可采用无机结合料改良细粒土
    - 土方路堤填料
      - （1）宜选用级配好的砾类土、砂类土等粗粒土作为填料
      - （2）含草皮、生活垃圾、树根、腐殖质的土严禁作为填料
      - （3）泥炭土、淤泥、冻土、强膨胀土、有机质土及易溶盐超过允许含量的土等，不得直接用于填筑路基；确需使用时，应采取技术措施进行处理，经检验满足要求后方可使用
      - （4）粉质土不宜直接用于填筑二级及二级以上公路的路床，不得直接用于填筑冰冻地区的路床及浸水部分的路堤
    - 石方路堤填料
      - （1）硬质岩石、中硬岩石可用于路堤和路床填筑；软质岩石可用于路堤填筑，不得用于路床填筑；膨胀岩石、易溶性岩石和盐化岩石不得用于路基填筑
      - （2）路基的浸水部位，应采用稳定性好、不易膨胀崩解的石料填筑
      - （3）路堤填料粒径应不大于500mm，并宜不超过层厚的2/3。路床底面以下400mm范围内，填料最大粒径不得大于150mm，其中小于5mm的细料含量应不小于30%
    - 土石路堤填料
      - （1）膨胀岩石、易溶性岩石等不宜直按用于路基填筑，崩解性岩石和盐化岩石等不得用于路基填筑
      - （2）天然土石混合填料中，中硬、硬质石料的最大粒径不得大于压实层厚的2/3；石料为强风化石料或软质石料时，其CBR值应符合表2B311014-1的规定，石料最大粒径不得大于压实层厚

填方路基施工★★★（2）

- 路床施工
  - 零填挖方路段
    - （1）路床范围为过湿土时应进行换填处理，设计有规定时按设计厚度换填，设计未规定时按以下要求换填：高速公路、一级公路换填厚度宜为0.8~1.2m，若过湿土的总厚度小于1.5m，则宜全部换填；二级公路的换填厚度宜为0.5~0.8m
    - （2）路床填筑，每层最大压实厚度宜不大于300mm，顶面最后一层压实厚度应不小于 100mm
- 土方路堤施工
  - 填筑方法
    - 分层填筑
      - 水平分层填筑：横断面全宽；是最常用的方法
      - 纵向分层填筑：路线纵向；宜用于推土机从路堑取土填筑距离较短的路堤
    - 竖向填筑：仅用于无法自下而上填筑的深谷、陡坡、断岩、泥沼等机械无法进场的路堤
    - 混合填筑：适用于因地形限制或填筑堤身较高，不宜采用水平分层法或横向填筑法自始至终进行填筑的情况

填方路基施工★★★（3）

- 石方路堤施工
  - 填筑方法
    - 竖向填筑法（倾填法）
      - 该方法施工路基压实、稳定问题较多
    - 分层压实法（碾压法）
      - 四级施工台阶是：在路基面以下0.5m为第1级台阶0.5～1.5m为第2级台阶，1.5～3.0m为第3级台阶3.0m以下为第4级台阶
    - 冲击压实法
      - 利用冲击压实机的冲击碾周期性、大振幅、低频率地对路基填料进行冲击压密填方
    - 强力夯实法
      - 强力夯实法用起重机吊起夯锤从高处自由落下，利用强大的动力冲击，迫使岩土颗粒位移，提高填筑层的密实度和地基强度
- 土石方路堤施工
  - 填筑方法
    - 土石路堤不得采用倾填方法，只能采用分层填筑，分层压实：宜用推土机铺填，松铺厚度控制在40rm以内，接近路堤设计标高时，需改用土方填筑

挖方路基施工

路堑施工工艺流程★★★

测量放样→场地清理→逐层开挖→装运土、石方→路槽整修、碾压、成型→检查验收

（场地清理↓开挖截水沟；逐层开挖↓边坡修理；装运土、石方↓开挖边沟）

土质路堑★★

（1）横向挖掘法：单层横向全宽挖掘法、多层横向全宽挖掘法

（2）纵向挖掘法：分层纵挖法、通道纵挖法、分段纵挖法

（3）混合式挖掘法：多层横向全宽挖掘法和通道纵挖法混合使用

石质路堑★★

（1）钻爆开挖：广泛采用，效率高

（2）机械开挖：场地开阔、大方量的软岩石方工程；不适于破碎坚硬岩石

（3）静态破碎：设备附近、高压线下、过渡段；优点：安全可靠，没有爆破产生的公害；缺点：破碎效率低，开裂时间长

（1）常用爆破方法：光面爆破、预裂爆破、微差爆破、定向爆破、洞室爆破

（2）综合爆破施工技术：小炮（钢钎炮、深孔炮）；洞室（药壶炮、猫洞炮）

路基季节性施工★★

- 雨期施工
  - 适宜施工路段：丘陵和山岭地区的砂类土、碎砾石、岩石地段和路堑的弃方地段
  - 不宜施工路段：重黏土地段；膨胀土地段；盐渍土地段；平原地区排水困难地段
  - 填筑路堤
    - （1）应选用透水性好的碎（卵）石土、砂砾、石方碎渣和砂类土作为填料
    - （2）路堤应分层填筑。每一层的表面，应做成2%～4%的双向排水横坡
  - 开挖路堑
    - （1）边坡不宜一次挖到设计坡面，应预留一定厚度的覆盖层
    - （2）路床顶面以上30~50cm停挖并设排水沟，雨期过后再挖
    - （3）炮眼水平布置
- 冬期施工
  - 不宜施工项目
    - （1）高速公路、一级公路的土质路堤和地质不良地区二级及二级以下公路路堤
    - （2）河滩低洼地带、可被水淹没的填土路堤
    - （3）土质路堤路床以下1m范围内
    - （4）半填半挖地段、挖填方交界处
  - 填筑路堤
    - （1）横断面全宽平填。每层松铺厚度应按正常施工减少20%～30%，且最大松铺厚度不得超过30cm。当天填的土必须当天完成碾压
    - （2）当路堤高距路床底面1m时，应碾压密实后停止填筑
    - （3）中途停止填筑时，整平并进行覆盖防冻，恢复施工时补充压实
    - （4）冬期过后必须对填方路堤进行补充压实
  - 开挖路堑
    - （1）挖方边坡不得一次挖到设计线
    - （2）路基挖至路床顶面以上1m时，完成临时排水沟后，应待冬期过后再施工
  - 开挖路堑表层冻土的方法：爆破冻土法、机械破冻法、人工破冻法

- **路基施工技术**
  - 路基排水设施施工★
    - 地面排水：边沟、截水沟、排水沟、跌水、急流槽、拦水带、蒸发池等
    - 地下排水：排水沟、暗沟（管）、渗沟、渗井、检查井等
  - 路基改建施工★★
    - 路基加宽
      - （1）拆除原有排水沟、隔离栅等设施
      - （2）拓宽部分的基底清除原地表土应不小于0.3m,清理后的场地应进行平整压实老路堤坡面，清除的法向厚度应不小于0.3m
      - （3）从老路堤坡脚向上开挖台阶时，应随挖随填，台阶高度应不大于1.0m，宽度应不小于1.0m
      - （4）拼接宽度小于0.75m时，可采取超宽填筑再削坡或翻挖既有路堤等措施
      - （5）拓宽路基应进行沉降观测，观测点应按设计要求设置：高路堤与陡坡路堤路段尚应进行稳定性监测
    - 新旧路基连接部处治
      - （1）可以采用修建试验路来改进路基开挖台阶的方案，即从土路肩开始下挖台阶，改为从从硬路肩开始下挖台阶
      - （2）在路槽纵向开挖的台阶上铺设跨施工缝的土工格栅，以加强新老路基的横向联系，减少裂缝反射。土工格栅的宽度不宜小于2m，且跨在老路基一侧的格栅宽度宜为其总宽度的1/3～1/2
    - 地基处治与路基填料：低路堤地基处置、高路堤地基处置、新路堤填料

特殊路基施工技术★★（1）

- 软土地区
  - 垫层和浅层处理
    - 垫层：碎石垫层、砂砾垫层、石屑垫层、矿渣垫层、粉煤灰垫层以及灰土垫层
    - 浅层：浅层置换、浅层改良、抛石挤淤，处理深度小于等于3m
  - 竖向排水体
    - 袋装砂井和塑料排水板
  - 真空预压
    - 对软土性质很差、土源紧缺、工期紧的软土地基进行处理
  - 粒料桩
    - 振冲置换法：处理十字板抗剪强度不小于15kPa的软土地基
    - 振动沉管法：处理十字板抗剪强度不小于20kPa的软土地基
  - 加固土桩
    - 粉喷桩、浆喷桩：处理十字板抗剪强度不小于10kPa 、有机质含量不大于10%的软土地基
  - 水泥粉煤灰碎石桩
    - 处理十字板抗剪强度不小于20kPa 的软土地基
  - 刚性桩
    - 处理深厚软土地基上荷载较大、变形要求较严格的高路堤段、桥头或通道与路堤衔接段
  - 爆炸挤淤
    - 处理海湾滩涂等淤泥和淤泥质土地基，厚度不宜大于15m
  - 强夯和强夯置换

特殊路基施工技术★★（2）

- 滑坡地段
  - 排水
    - 地表水
      - 环形截水沟
        - （1）滑动面以外修筑1～2条
        - （2）边界以外不少于5m
      - 树枝状排水沟
        - 排除地表径流
        - 充分利用自然沟系
      - 平整夯实滑坡体表面的土层
    - 地下水
      - 支撑渗沟、边坡渗沟、暗沟、平孔
  - 力学平衡
    - （1）当挖方路基上边坡发生的滑坡不大时，可采用刷方减重、打桩或修建挡土墙的方法来防治滑坡。严禁爆破减载
    - （2）反压到坡脚的土体必须填在抗滑地段，不能填在主滑地段
    - （3）牵引式滑坡、具有膨胀性质的滑坡不宜用滑坡减重
    - （4）在滑坡体未处治之前，禁止在滑坡体上增加荷载
    - （5）选择干旱的施工季节，集中力量突击滑坡施工段
    - (6)修筑支挡工程：抗滑片石垛、抗滑桩、抗滑挡墙等
  - 改变滑带土
    - 焙烧法、电渗排水、爆破灌浆法

路基防护与支挡

- 类型★★
  - 边坡坡面防护
    - （1）植物防护：种草、铺草皮、客土喷播、植生袋、三维植物网、植树
    - （2）骨架植物防护：浆砌片石（或混凝土）骨架植草、水泥混凝土空心块护坡、锚杆混凝土框架植草
    - （3）圬工防护：喷浆、喷射混凝土、干砌片石护坡、浆砌片（卵）石护坡、浆砌片石护面墙、锚杆钢丝网喷浆或喷射混凝土护坡、封面、捶面
  - 沿河路基防护
    - 植物防护、砌石护坡、混凝土护坡、土工织物软体沉排、土工膜袋、石笼防护、浸水挡土墙、护坦防护、抛石防护、排桩防护、丁坝、顺坝等
  - 支挡构筑物
    - 挡土墙、边坡锚固、土钉支护、抗滑桩等
- 支挡构筑物★★
  - 重力式挡土墙
    - 类型：俯斜、仰斜、垂直、凸折式、衡重式
  - 加筋土挡土墙
    - （1）适用：应用于地形较为平坦且宽敞的填方路段上，在挖方路段或地形陡峭的山坡，一般不宜使用
    - （2）特点：柔性结构物，能够适应地基轻微变形；是一种很好的抗震结构物
    - （3）工序：基槽（坑）开挖、地基处理、排水设施、基础浇（砌）筑、构件预制与安装、筋带铺设、填料填筑与压实、墙顶封闭等，其中现场墙面板拼装、筋带铺设、填料填筑与压实等工序是交叉进行的
  - 锚杆挡土墙
    - 柱板式组成：挡土板、肋柱、锚杆；力的传递：土压力→挡土板→肋柱→锚杆
    - 壁板式组成：墙面板（壁面板）、锚杆；力的传递：土压力→墙面板→锚杆
  - 抗滑桩
    - 抗滑桩施工前，应采取卸载、反压、排水等措施使滑坡体保持基本稳定，严禁在滑坡急剧变形阶段进行抗滑桩施工。施工期间应根据实际地质情况考虑开挖时的预加固措施。应整平孔口地面，并设置地表截、排水及防渗设施

公路工程施工测量技术

- 工作要求 ★★
  - 控制测量
    - （1）控制性桩点，应进行现场交桩
    - （2）平面控制测量应采用GPS测量、导线测量、三角测量或三边测量方法进行
    - （3）路线平面宜采用导线测量方法进行
    - （4）季节性冻土地区，在冻融以后应进行复测
  - 高程测量
    - 公路高程测量应采用水准测量或三角高程测量的方法
- 测量方法 ★★
  - 中线放样
    - 传统方法放样：切线支距法、偏角法
    - 坐标法放样
    - GPS-RTK技术放样
  - 路基放样
    - 路基横断面边桩放样方法：
      - （1）图解法："戴帽子"，一般用于较低等级的公路路基边桩放样
      - （2）计算法：主要用于公路平坦地形或地面横坡较均匀一致地段的路基边桩放样
      - （3）渐近法：该法精度高，适用于各级公路
      - （4）坐标法：适用于高等级公路
  - 桥梁施工测量
    - 检查、复核测量桩志，测量工作基本内容，控制桩布设，量距要求，三角网基线的设置

环球网校
移动学习 职达未来 hqwx.com

路基压实质量问题的防治（1）

- 路基行车带压实度不足★★
  - 原因：原地面未处理（浮土、松软层）
    预防措施：松软或干燥起尘时，彻底处置符合要求
  - 原因：土粒径问题
    预防措施：选择好的粗粒土；水平分层填筑，分层压实，压实层度≤0.2m，床顶最后一层≤0.15m
  - 原因：土种类多，混填
    预防措施：分别填筑，不得混填；每种层厚≥0.5m
  - 原因：含水量不符
    预防措施：最佳含水量±2%时进行碾压；含水量均匀
  - 原因：压实机械与土不匹配
    预防措施：选用匹配的
  - 原因：压实遍数不合理
    预防措施：符合规范要求
  - 原因：碾压不均匀
    预防措施：进退有序，轮迹重叠；搭接超压
  - 治理措施
    - 含水量不宜，洒水或翻晒；土质不宜清除或换填；弹簧土翻晒或掺灰，含水量适宜后碾压或挖除换填

路基压实质量问题的防治（2）

- 路基边缘压实度不足★★
  - 原因：填筑宽度不足
    预防措施：超宽填筑
  - 原因：碾压不到边
    预防措施：机具碾压到边
  - 原因：漏压或压实遍数不够
    预防措施：控制碾压顺序，确保叠宽和超压长
  - 原因：三轮碾压，边缘带(0～75cm)频率低
    预防措施：提高路基边缘带压实遍数
  - 治理措施
    - 校正坡脚线位置，控制碾压顺序和碾压遍数；亏坡补宽时应开挖台阶填筑，严禁贴坡

粒料基层（底基层）施工

- 内容及适用范围★★★
  - 嵌锁型
    - 泥结碎石
    - 泥灰结碎石
    - 填隙碎石：适用于各级公路底基层和二级以下公路基层
  - 级配型
    - 级配碎石：可用于各级公路的基层和底基层
    - 级配砾石，及符合级配的天然砂砾轧制掺配而成的级配砾、碎石：适用于轻交通的二级和二级以下公路的基层以及各级公路的底基层
- 原材料★
  - （1）填隙碎石：用作基层时，最大粒径不应超过53mm；用做底基层时，最大粒径不应超过63mm
  - （2）集料可用具有一定强度的各种岩石或漂石轧制，宜采用石灰岩。也可以用稳定的矿渣轧制
  - （3）填隙料宜采用石屑，缺乏石屑地区，可添加细砾砂或粗砂等细集料
- 填隙碎石施工★★
  - 准备下承层→施工放样→运输和摊铺粗碎石→初压→撒布填隙料→振动压实→再次撒布填隙料→振动压实→除多余填隙料及撒扫填匀→振动压实填满孔隙→（干法）→洒水→终压（湿法）→洒水饱和→碾压滚浆→干燥

无机结合料稳定基层（底基层）施工（1）

内容及适用范围★★

- 无机结合料基层分类
  - 水泥稳定土：水泥稳定级配碎石、未筛分碎石、砂砾、碎石土、砂砾土、煤矸石、各种粒状矿渣等
  - 石灰稳定土：石灰稳定级配碎石、未筛分碎石、砂砾、碎石土、砂砾土、煤矸石、各种粒状矿渣等
  - 石灰工业废渣稳定土：石灰粉煤灰类与石灰其他废渣类两类
- 无机结合料基层适用范围

适用范围		二级以上基层	二级基层	二级以下基层	底基层
中、粗	水泥稳定土	√	√	√	√
	石灰工业废渣稳定土	√	√	√	√
	石灰稳定土		√	√	√
细	水泥土			√	√
	石灰土				√
	[illegible]			[illegible]	[illegible]

- 水泥稳定细粒土不能用作二级及以上高级路面基层。

无机结合料稳定基层（底基层）施工（2）

- 原材料技术要求★
  - 水泥及添加剂：初凝时间大于3h、终凝时间6h～10h；掺加缓凝剂、早强剂应进行试验验证
  - 石灰：高速公路、一级公路（宜采用磨细消石灰）应不低于Ⅱ级技术要求；二级及以下公路Ⅲ级
  - 粉煤灰等工业废渣：
    （1）煤矸石、煤渣、高炉矿渣、钢渣及其他冶金矿渣等使用前应崩解稳定，通过不同龄期下强度和模量试验以及温度收缩和干湿收缩试验等评价混合料性能
    （2）水泥稳定煤矸石不宜用于高速公路和一级公路

混合料生产、摊铺及碾压

一般规定

（1）每日施工作业段长度：宽度在11～12m时，取500m；宽度＞12m时，相应缩短

（2）施工作业段影响因素包括：施工机械和运输车辆的生产效率和数量；施工人员数量及操作熟练程度；施工季节和气候条件；水泥的初凝时间和延迟时间；减少施工接缝的数量

（3）水泥类：宜在2h之内完成碾压成型；石灰类：宜在当天碾压完成，最长不应超过4d

（4）应将室内重型击实试验法确定的干密度作为压实度评价的标准密度

拌合施工

（1）下承层为路基：①12~15t三轮压路机或等效的碾压机械碾压3~4遍；②表层松散宜适当洒水；“弹簧”现象：宜挖开晾晒、换土、掺石灰或水泥

（2）现场拌合时的工程数量：材料层宽度、厚度及预定干密度、及水泥剂量

（3）二级以下公路没有专用拌合设备，可用农用旋转耕作机与多铧犁或平地机配合，拌合时间不宜过长

（4）拌合结束及时检测含水率，宜略大于最佳值。含水率不足时，宜用喷管式洒水车补充洒水。洒水车不应在正在拌合以及当天计划拌合的路段上掉头和停留

人工摊铺与碾压

（1）整形过程中，严禁任何车辆通行，并应保持无明显的组细集料离析现象

（2）在直线段和不设超高的平曲线段，宜从两侧路肩向路中心碾压，且轮迹应重叠1/2轮宽，后轮应超过两段的接缝处。碾压次数宜为6～8遍

（3）严禁压路机在已完成的或正在碾压的路段上掉头或紧急制动

（4）同日施工的两工作段的衔接处处理要求：前一段拌和整形后，留5~8m不碾压；后一段施工时，在前一段的未压部分再加部分水泥重新拌和，并与后一段一起碾压

沥青路面透层、粘层、封层施工（1）

- 透层★★
  - 作用：使沥青面层与基层结合良好
  - 适用条件：各类基层都必须喷洒透层油，沥青层必须在透层油完全渗透入基层后方可铺筑。基层上设置下封层时，透层油不宜省略
- 粘层★★
  - 作用：使上下层沥青结构层或沥青结构层与结构物（或水泥混凝土路面）完全粘结成一个整体
  - 适用条件：符合下列情况，应浇洒粘层沥青：
    （1）双层式或三层式热拌热铺沥青混合料路面的沥青层之间
    （2）水泥混凝土路面、沥青稳定碎石基层或旧沥青路面层上加铺沥青层
    （3）路缘石、雨水进水口、检查井等构造物与新铺沥青混合料接触的侧面

沥青路面透层、粘层、封层施工（2）

封层 ★★

- 作用
  - （1）封闭某一层起着保水防水作用
  - （2）起基层与沥青表面层之间的过渡和有效联结作用
  - （3）路的某一层表面破坏离析松散处的加固补强
  - （4）基层在沥青面层铺筑前，要临时开放交通，防止基层因天气或车辆作用出现水毁
- 适用条件
  - 上封层
    - （1）裂缝较细、较密：涂洒类密封剂、软化再生剂等涂刷罩面
    - （2）二级及二级以下公路的旧沥青路面：普通的乳化沥青稀浆封层或喷洒道路石油沥青后撒布石屑（砂）后碾压作封层
    - （3）高速公路、一级公路有轻微损坏：铺筑微表处
    - （4）用于改善抗滑性能的上封层：采用稀浆封层、微表处或改性沥青集料封层
  - 下封层
    - （1）宜采用层铺法表面处治或稀浆封层法施工
    - （2）稀浆封层可采用乳化沥青或改性乳化沥青作结合料
    - （3）下封层的厚度不宜小于6mm，且做到完全密水
    - （4）严重渗水可能，或铺筑基层不能及时铺筑沥青面层而需通行车辆时，宜在喷洒透层油后铺筑下封层

沥青路面分类（1）

- 按技术品质和使用情况★
  - 沥青混凝土
    - （1）集料、矿粉和沥青，加热到一定温度后拌和，经摊铺压实而成
    - （2）适用于各级公路面层
  - 沥青碎石
    - （1）碎石，沥青用量少，无矿粉
    - （2）高温稳定好，路面不易产生波浪；冬季不易冻缩裂缝；孔隙较大，易渗水和老化
    - （3）适宜用于三、四级公路
  - 沥青贯入式
    - （1）把沥青浇洒在铺好的主层集料上，再分层撒布嵌缝石屑和浇洒沥青，分层压实，形成一个较致密的沥青结构层
    - （2）适用于三、四级公路，也可作为沥青混凝土面层的联结层
  - 沥青表面处治
    - （1）设计时一般不考虑其承重强度，其作用主要是对非沥青承重层起保护和防磨耗作用
    - （2）一般用于三、四级公路，也可用作沥青路面的磨耗层、防滑层

沥青路面分类（2）

- 按组成结构★★
  - 密实-悬浮　特点：连续密级配矿料；代表：AC-I型
  - 骨架-空隙　特点：连续开级配矿料与沥青组成；代表：沥青碎石（AM）、排水沥青（OGFC）
  - 密实-骨架　特点：间断型密级配矿料与沥青组成；代表：沥青碎石玛𤷪脂（SMA）
- 按矿料级配★
  - 密级配　空隙率＜10%；如：沥青混凝土、沥青稳定碎石
  - 半开级配　空隙率＞10%；如：改性沥青稳定碎石（AM）
  - 开级配　空隙率＞15%；如：OGFC
  - 间断级配　缺少档次；如：SMA

热拌沥青混合料面层施工技术（1）

混合料的摊铺★★★

（1）底、中面层可采用走线法施工；表面层应采用平衡梁法施工

（2）摊铺机均匀行驶，行走速度和拌和站产量相匹配，以确保所摊铺路面的均匀不间断地摊铺。在摊铺过程中不准随意变换速度，尽量避免中途停顿

（3）摊铺温度根据气温变化进行调节。一般正常施工控制在不低于125～140℃

（4）开铺前将摊铺机的熨平板进行加热至不低于100℃

（5）采用双机或三机梯进式施工时，相邻两机的间距控制在10～20m。两幅应有3～6cm宽度的重叠

（6）在摊铺过程中，随时检查摊铺质量，出现离析、边角缺料等现象时人工及时补洒料，换补料

（7）摊铺机无法作业的地方，在监理工程师同意后采取人工摊铺施工

热拌沥青混合料面层施工技术（2）

- 混合料的压实★★★
  - （1）压路机采用2～3台双轮双振压路机及2～3台重量不小于16t胶轮压路机组成
  - （2）初压：采用钢轮压路机静压1-2遍，正常施工情况下，温度应不低于120℃并紧跟摊铺机进行。复压：紧跟在初压后开始，不得随意停顿。密级配沥青混凝土优先采用胶轮压路机进行搓揉碾压，以增加密水性，总质量不宜小于25t。终压：紧跟复压
  - （3）采用雾状喷水法，以保证沥青混合料碾压过程中不粘轮
  - （4）不在新铺筑的路面上进行停机，加水、加油活动，以防各种油料、杂质污染路面。压路机不准停留在温度尚未冷却至自然气温以下已完成的路面上
  - （5）碾压进行中压路机不得中途停留、转向或制动，振动压路机在已成型的路面上行驶关闭振动
- 接缝处理★★
  - 横接缝处理：3m直尺检查端部平整度——切齐清除——在端部涂粘层沥青——后续摊铺——碾压
  - 【注】先用双轮双振压路机进行横压，碾压时压路机位于已压实的混合料层上伸入新铺层的宽为15cm，然后每压一遍向铺混合料移动15～20cm，直至全部在新铺层上为止，再改为纵向碾压

沥青路面面层施工（1）

旧沥青路面再生

现场冷再生法

（1）适用：病害严重的一级以下公路沥青路面的翻修、重建，一般需要加铺一定厚度的沥青罩面

（2）关键技术：添加的胶粘剂（水泥/泡沫沥青/乳化沥青）与旧混合料的均匀拌合技术

现场热再生法

（1）适用：基层承载好、面层因疲劳而龟裂、特别适用于老化不太严重但平整度较差的路面，2.5~6cm

（2）分类：

①整形再生法：2~3cm，轻度车辙、龟裂等，恢复平整度

②重铺再生法：4~6cm，破损较严重（如大面积坑槽），加铺磨耗层，次数受限

③复拌再生法：4~6cm

厂拌热再生法

（1）适用：各等级沥青路面铣刨料都可以用来再生；铺筑或维修养护

（2）旧沥青回收料一般不超过50%，通常10~30%

沥青路面面层施工（2）

SMA沥青混凝土路面施工

（1）沥青混合料必须在沥青拌合厂采用拌合机械拌制。沥青混合料应采用间歇式拌合机拌合

（2）SMA拌合、摊铺和碾压温度均较常规路面施工温度要求高，不得在天气温度低于10℃的气候条件下和雨天施工

（3）SMA混合料的运输（篷布覆盖）

（4）摊铺前必须洒一层粘层油，粘层油可使用改性沥青。缓慢、均匀、连续不间断地摊铺，摊铺过程中不得随意变换速度或中途停顿

（5）SMA结构路面碾压施工：

①黏度大，温度低时难压实，施工中应确保摊铺碾压温度

②碾压遵循“紧跟、慢压、高频、低幅”的原则。碾压温度越高越好，摊铺后应立即压实，不得等候

③SMA路面碾压宜采用钢轮压路机初压1～2遍、复压2～4遍、终压1遍的组合方式

④SMA面层施工切忌使用胶轮压路机或组合式压路机，以防止胶轮压路机或组合式压路机的轮胎将结构部沥青“泵吸”到路表面，使路表失去纹理和粗糙度

SAC沥青混凝土路面施工

防止离析现象的发生：

（1）集料堆放：堆料采用小料堆，避免大料堆放时大颗粒流到外侧，产生离析

（2）混合料的运输：卡车装料应分三个不同位置往车中装料，第一次装料靠近车厢的前部，第二次装料靠近后部车厢门，第三次装料在中间

水泥混凝土路面施工（1）

模板及其架设与拆除

施工模板应采用刚度足够的槽钢、轨模或钢制边侧模板，不应使用木模板、塑料模板等易变形模板

滑模摊铺机铺筑施工（1）

（1）摊铺机基层上行走时，基层侧边缘到摊铺面层边缘宽度不宜小于650mm

（2）局限：上坡纵坡大于5%、下坡纵坡大于6%、平面半径小于50m或超高横坡超过7%的路段，不宜采用

（3）传力杆和胀缝拉杆钢筋宜采用前置支架法施工，也可采用滑模摊铺机配备的自动插入装置（DBI）施工

（4）路面中设传力杆钢筋支架、胀缝钢筋支架时，布料应采用侧向上料的布料机或供料机

（5）摊铺面层前，应准确架设基准线：

①高速公路、一级公路时，应采用单向坡双线基准线；横向连接铺筑时，连接一侧可依托已铺筑成的路面，另一侧设置单线基准线

②二级公路双向坡路面时，设置双线基准线，滑模摊铺机底板应设置为路拱形状

③基准线桩纵向间距直线段不宜大于10m，桥面铺装、隧道路面及竖曲线和平曲线路段以为5~10m

④单根基准线的最大长度不宜大于450m。架设长度不宜大于300m

⑤基准线宜使用钢绞线

⑥基准线设置后，应避免扰动、碰撞和振动。多风季节施工，宜缩小基准线桩间距

水泥混凝土路面施工（2）

滑模摊铺机铺筑施工（2）

（6）面层铺筑：

①振捣棒应均匀排列，间距宜为300~450mm；两侧最边缘振捣棒与摊铺边缘距离不宜大于200mm

②摊铺机前布料应用机械完成，布料高度一致，不得采用翻斗车直接卸料的方式。不得在支架顶面直接卸料。传力杆以下的混凝土宜在摊铺前采用手持振捣棒振实

③滑模摊铺应缓慢、均匀、连续不间断地作业。摊铺速度可在0.75-2.5m/min之间选择，宜采用1m/min

④当拌合物稠度发生变化时，宜先采取调振捣频率的措施，后采取改变摊铺速度的措施

⑤抗滑纹理做毕应立即开始保湿养护，养护龄期不应少于5d

⑥面层出现条带状麻面现象时，应停机检查振捣棒是否损坏；振捣棒损坏时，应更换振捣棒。摊铺面层上出现发亮的砂浆条带时，应检查振捣棒位置是否异常；振捣棒位置异常时，应将振捣棒调整到正常位置

环球网校
移动学习 职达未来 hqwx.com

路面试验检测技术

无侧限抗压强度试验检测★★

适用范围

（1）有室内配合比设计试验及现场检测，试件都是高：直径=1：1的圆柱体
（2）前者根据设计配合比称取试料并拌合，按要求制备试件；后者则在工地现场取拌合的混合料作试件，并按要求制备试件

试验步骤

（1）试料准备；（2）确定最佳含水量和最大干密度；（3）配制混合料；（4）按预定的干密度制作试件；（5）成型后试件应立即放入恒温室养护；（6）无侧限抗压强度试验；（7）整理数字、强度评定并提供试验报告

马歇尔试验检测★★

（1）项目：空隙率，沥青饱和度，稳定度，流值，残留稳定度
（2）马歇尔稳定度试验主要用于沥青混合料的配合比设计及沥青路面施工质量检验。浸水马歇尔稳定度试验主要是检验沥青混合料受水损害时抵抗剥落的能力，通过测试其水稳定性检验配合比设计的可行性

水泥混凝土路面抗压、抗折强度试验检测★★

水泥混凝土抗折强度是以150mm×150mm×550mm的梁形试件在标准养护条件下达到规定龄期后，净跨径450mm，双支点荷载作用下的弯拉破坏，并按规定的计算方法得到强度值

抗压强度试件以边长为150mm的正立方体为标准试件，混凝土强度以该试件标准养护到28天，按规定方法测得的强度为准。通过水泥混凝土抗压强度试验，以确定混凝土强度等级，作为评定混凝土品质的重要指标

路面工程质量通病及防治措施（1）

- 沥青混凝土路面接缝病害的防治★★
  - 横向接缝预防措施
    - （1）采用平接缝。采用斜接缝时，注意搭接长度，一般为0.4~0.8m
    - （2）预热软化已压实部分路面，加强新旧混合料的粘结
    - （3）摊铺机起步速度要慢，并调整好预留高度，摊铺结束后立即碾压，压路机先进行横向碾压（从先铺路面上跨缝逐渐移向新铺面层），再纵向碾压成为一体，碾压速度不宜过快。同时也要注意碾压的温度符合要求
  - 纵向接缝预防措施
    - （1）尽量采用热接茬施工，冷接茬时，铺另半幅前必须将缝边缘清扫干净，并涂洒少量粘层沥青
    - （2）将已摊铺混合料留10～20cm暂不碾压，作为后摊铺部分的高程基准面，待后摊铺部分完成后一起碾压。纵缝如为热接缝时，应以1/2轮宽进行跨缝碾压；纵缝如为冷接缝，应先在已压实路上行走，只压新铺层的10-15cm，随后将压实轮每次再向新铺面移动10～15cm
    - （3）碾压完成后，用3m直尺检查，用钢轮压路机处理棱角

路面工程质量通病及防治措施（2）

- 水泥混凝土路面裂缝的防治★★
  - 龟裂原因分析
    - （1）混凝土浇筑后，表面没有及时覆盖，在炎热或大风天气，表面游离水分蒸发过快，体积急剧收缩，导致开裂
    - （2）混凝土拌制时水胶比过大；模板与垫层过于干燥，吸水大
    - （3）混凝土配合比不合理，水泥用量和砂率过大
    - （4）混凝土表面过度振捣或抹平，使水泥和细骨料过多上浮至表面，导致缩裂
- 水泥混凝土路面断板的防治★★
  - 治理措施
    - （1）裂缝的灌浆封闭：灌缝工艺有直接灌浆法、压注灌浆法、扩缝灌注法
    - （2）局部带状修补
    - （3）整块板更换：严重断裂，裂缝处有严重剥落，板被分割成3块以上，有错台或裂块已开始活动的断板

桥梁的组成和分类

- 组成★★
  - （1）桥梁组成：上部结构、下部结构、支座系统、附属设施
  - （2）附属设施：桥面系、伸缩缝、桥头搭板、锥形护坡
  - （3）桥面系：桥面铺装、排水防水系统、栏杆、灯光照明等
  - 相关术语
    - 净跨径　桥墩内边缘，或拱桥拱脚截面最低点之间的水平距离
    - 计算跨径　支座中心之间的水平距离
    - 总跨径　各孔净跨径之和
    - 桥梁全长　两个桥台的侧墙或八字墙后端点之间的距离
    - 矢跨比　也成拱矢度，计算矢高与计算跨径之比
    - 桥梁高度　桥面与低水位或桥下线路路面之间的高差
    - 桥下净高　设计洪水位、计算通航水位至桥跨最下缘之间距离
- 分类★
  - 梁式体系、拱式体系、刚架桥、悬索桥、组合体系（连续钢构、梁拱组合体系、斜拉桥）

常用模板、支架和拱架的设计与施工（1）

设计★★

承包人应在制作模板、拱架和支架前14d，向监理工程师提交模板、拱架和支架的施工方案（工艺图和强度、刚度与稳定性等的计算书），经监理工程师批准后才能制作和架设

（1）当验算模板及其支架在自重和风荷载等作用下的抗倾倒稳定时，验算倾覆的稳定系数不得小于1.3。拱架稳定性的验算应包括拱架的整体稳定和局部稳定，其抗倾覆稳定系数应不小于1.50

（2）验算模板、支架及拱架的刚度时，其变形值不得超过下列数值：

①结构表面外露的模板，挠度为模板构件跨度的1/400

②结构表面隐蔽的模板，挠度为模板构件跨度的1/250

③支架、拱架受载后挠曲的杆件（盖梁、纵梁），其弹性挠度为相应结构跨度的1/400

施工（1）★★

模板安装技术要求

（1）模板不应与脚手架连接（模板与脚手架整体设计时除外），避免引起模板变形

（2）模板安装完毕后，应对其平面位置、顶部标高、节点联系及纵横向稳定性进行检查并签认

常用模板、支架和拱架的设计与施工（2）

施工（2）★★

支架、拱架制作及安装

（1）应进行施工图设计，并验算其强度、刚度和稳定性

（2）主要压力杆的纵向连接，应使用对接法，并用木夹板或铁夹板夹紧。次要构件的连接可用搭接法

（3）卸落（落模）设备：木楔、木马、砂筒或千斤顶

（4）高支架应设置足够的斜向连接、扣件或缆风绳，横向稳定应有保证措施

（5）支架拱架安装需考虑设置预拱度，并应符合下列规定：①应包括结构本身需要的预拱度和施工需要的预拱度两部分；②模板、支架承受施工荷载引起的弹性变形；③受载后由于杆件接头的挤压和卸落装置压缩而产生的非弹性变形；④支架地基在受载后的沉降变形

（6）应通过预压的方式，消除支架地基的不均匀沉降和支架的非弹性变形并获取弹性变形参数

模板、支架和拱架拆除

（1）承包人应在拟定拆模时间的12h以前，向监理工程师报告拆模建议，并应取得监理工程师同意

（2）模板拆除应遵循先支后拆，后支先拆的顺序，拆除时严禁抛扔

（3）卸落拱架应按提前拟定的卸落程序进行，且宜分布卸落；在纵向应对称均衡卸落，在横向应同时一起卸落。在拟定卸落程序时应注意以下几点：①满布式落地拱架卸落时，可从拱顶向拱脚依次循环卸落；②拱式拱架可在两支座处同时均匀卸落；③多孔拱架卸落时，若桥墩允许承受单孔施工荷载，可单孔卸落，否则应多孔同时卸落，或各连续孔分阶段卸落；④简支梁、连续梁结构的模板宜从跨中向支座方向依次循环卸落；⑤悬臂梁结构的模板宜从悬臂端开始顺序卸落

钢筋工程施工（1）★★

- 一般规定
  - （1）钢筋应具有出厂质量证明和试验报告单
  - （2）进场：检查外观和标志，不同钢种、等级、牌号、规格、厂家进行分批抽样——力学性能检验
  - （3）在工地存放时，应按不同品种、规格，分批分别堆置整齐，不得混杂，并应设立识别标志，存放≤6个月
  - （4）钢筋的级别、种类和直径应按设计规定采用，当需要代换时，应得到设计人员的书面认可
- 普通钢筋的加工制作
  - （1）钢筋的连接宜采用焊接接头或机械连接接头。轴心受拉和小偏心受拉构件不应采用绑扎接头
  - （2）钢筋的焊接接头应采用闪光对焊、电弧焊、闪光焊或电渣压力焊（竖向）
  - （3）钢筋焊接前，必须根据施工条件进行试焊，试焊检验合格后方可正式施焊
  - （4）钢筋接头采用搭接电弧焊时，两钢筋搭接端部应预先折向一侧，使两接合钢筋轴线一致。接头双面焊缝的长度不应小于5d，单面焊缝的长度不应小于10d
  - （5）受力钢筋焊接或绑扎接头应设置在内力较小处，并错开布置。对于绑扎接头，两接头间距离不小于1.3倍的搭接长度

钢筋工程施工（2）★★

- 预应力钢筋的加工制作
  - （1）预应力筋进场时应分批验收，验收时，除检查其质量证明书、包装、标志和规格，还需检查：
    ①钢丝表面质量检查：如果不合格应进行抗拉强度、弯曲和伸长率的检验，其力学性能应符合要求
    ②钢绞线：进行表面质量、直径偏差和力学性能试验
    ③螺纹钢筋：对表面质量应逐根目视检查，外观检查合格后进行拉伸试验
  - （2）预应力筋的下料，严禁采用电弧切割
  - （3）预应力筋的下料长度应通过计算确定，计算时应考虑结构的孔道长度或台座长度、锚夹具厚度、千斤顶长度、镦头预留量、冷拉伸长值、弹性回缩值、张拉伸长值和张拉工作长度等因素

混凝土工程施工（1）★★

一般规定

（1）混凝土强度适配和质量评定：
1）试件：边长150mm立方体，同龄期，三块为一组，同等条件制作和养护
2）测定值：算术平均值；如有一个测值与中间值的差值超过中间值的15%时，则取中间值为测定值；如有两个测值与中间值的差值均超过15%时，则该组试件无效
3）作为判断结构混凝土在拆模、出池、吊装、预施应力、承受载荷等阶段强度的依据
（2）混凝土抗压强度（标准养护）

混凝土的配合比

（1）混凝土的配合比，应以质量比计，并应通过设计和试配选定
（2）制成的混凝土应满足配制强度、力学性能和耐久性能的设计要求
（3）通过设计和试配确定配合比后，应填写试配报告单，提交施工监理工程师或有关方面批准

混凝土的拌制运输

（1）计量器具应定期检定，经大修、中修或迁移至新的地点后，也应进行检定
（2）泵送混凝土宜选用硅酸盐水泥、普通硅酸盐水泥、矿渣硅酸盐水泥或粉煤灰硅酸盐水泥
（3）混凝土运至浇筑地点后发生离析、严重泌水或坍落度不符合要求时，应进行第二次搅拌。二次搅拌时不得任意加水，确有必要时，可同时加水和水泥以保持其原水胶比不变。如二次搅拌仍不符合要求，则不得使用

混凝土工程施工（2）★★

- 混凝土的浇筑
  - （1）混凝土的浇筑，从高处直接倾卸时，其自由倾落高度不宜超过2m，以不发生离析为度
  - （2）当倾落高度超过2m时，应通过串筒、溜管或振动溜管等设施下落；倾落高度超过10m时，应设置减速装置
  - （3）混凝土应按一定厚度、顺序和方向分层浇筑
  - （4）施工缝的位置应在混凝土浇筑之前确定，宜留置在结构受剪力和弯矩较小且便于施工的部位
- 大体积、高强度、高性能混凝土的施工
  - （1）大体积混凝土施工前应制定专项施工技术方案。配比设计及质量评定按60d龄期抗压强度控制
  - （2）高强度混凝土水泥宜选用硅酸盐水泥和普通硅酸盐水泥
  - （3）高性能混凝土宜选用品质稳定、标准稠度低、强度等级不低于42.5的硅酸盐水泥或普通硅酸盐水泥

预应力混凝土施工（1）

预应力材料保护及预应力管道★★

（1）预应力钢筋和金属管道在仓库内保管时，仓库应干燥、防潮、通风良好、无腐蚀气体和介质；在室外存放时，时间不宜超过6个月，不得直接堆放在地面上，必须采取垫以枕木并用苫布覆盖等有效措施，防止雨露和各种腐蚀性气体、介质的影响

（2）预应力筋锚具、夹具和连接器应具有可靠的锚同性能、足够的承载能力和良好的使用性

（3）夹具应具有良好的自锚性能、松锚性能和安全的重复使用性能，主要锚同岑件应具有良好的防锈性能，可重复使用的次数不应少于300次

（4）锚垫板应具有足够的强度和刚度，且宜设置锚具对中止口以及压浆孔或排气孔，压浆孔的内径不宜小于20mm

（5）预应力筋用锚具产品应配套使用，同一结构或构件中应采用同一生产厂的产品，T作锚不得作为工具锚使用

混凝土的浇筑★★

（1）浇筑混凝土时，宜根据结构或构件的不同形式选用插入式、附着式或平板式等振动器进行振捣

（2）对先张构件应避免振动器碰撞预应力筋；对后张结构应避免振动器碰撞预应力筋的管道、预埋件等

（3）用于判断现场预应力混凝土结构或构件强度的混凝土试件，应置于现场与结构或构件同环境、同条件养护

预应力混凝土施工（2）

施加预应力★★

（1）张拉用的千斤顶与压力表应配套标定、配套使用，标定应在经国家授权的法定计量技术机构定期进行

（2）当处于下列情况之一时，应重新进行标定：

1）使用时间超过6个月

2）张拉次数超过300次

3）使用过程中千斤顶或压力表出现异常情况

4）千斤顶检修或更换配件后

（1）预应力筋采用应力控制方法张拉时，应以伸长值进行校核

（2）预应力筋张拉的实际伸长值ΔL_s（mm）$=\Delta L_1+\Delta L_2$。式中，ΔL_1——从初应力至最大张拉应力间的实测伸长值（mm）；ΔL_2——初应力以下的推算伸长值（mm），可采用相邻级的伸长值

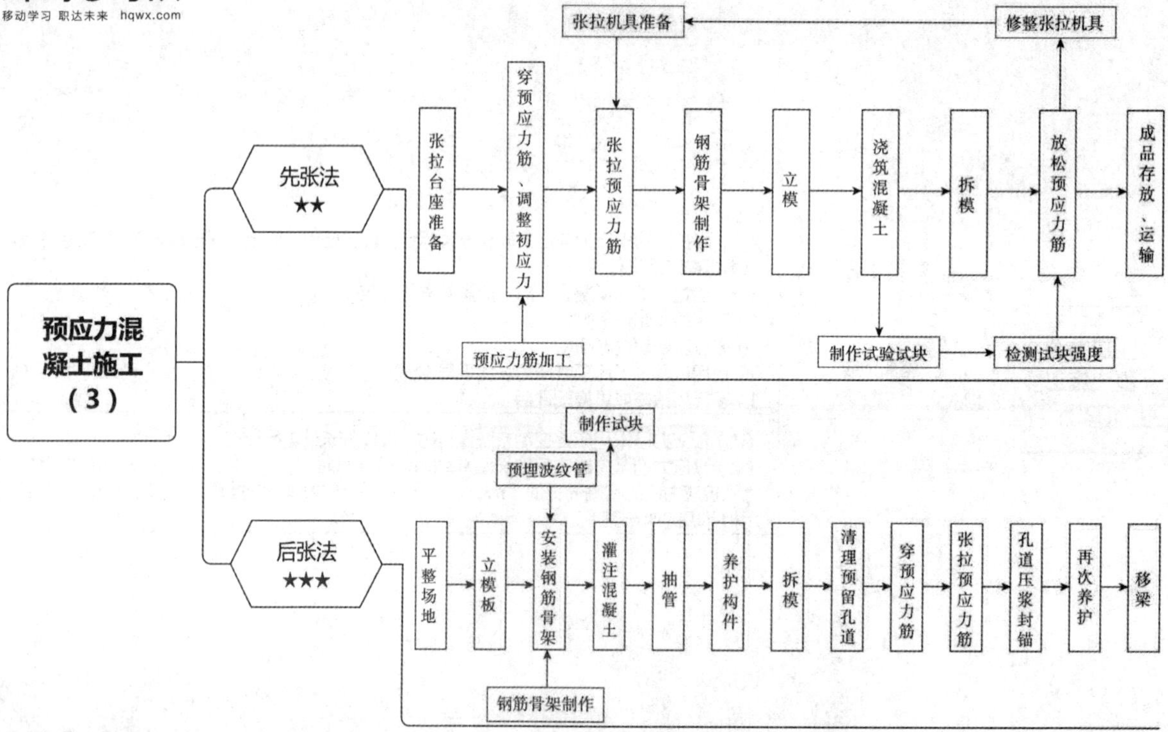
预应力混凝土施工（3）
先张法★★
张拉机具准备
修整张拉机具
张拉台座准备
穿预应力筋、调整初应力
张拉预应力筋
钢筋骨架制作
立模
浇筑混凝土
拆模
放松预应力筋
成品存放、运输
预应力筋加工
制作试验试块
检测试块强度
后张法★★★
制作试块
预埋波纹管
平整场地
立模板
安装钢筋骨架
灌注混凝土
抽管
养护构件
拆模
清理预留孔道
穿预应力筋
张拉预应力筋
孔道压浆封锚
再次养护
移梁
钢筋骨架制作

桥梁基础工程施工

各类桥梁基础适用条件★★

刚性基础	地基承载力较好的各类土层		
桩基础	沉桩	静力压桩	贯入度 N>20 的软黏土；长度≤30m
		锤击沉桩	松散、黏性土、中密砂土
		振动沉桩	硬塑及软塑的黏性土、砂土、碎石土
		射水沉桩	密实砂土，碎石；上 2 种有困难时辅助下沉
	灌注桩	钻孔桩	各类土层
		挖孔桩	无（少量）地下水、且较密实土层或风化岩层
沉井	适合各种土质的基底；深水、岩面不平、无覆盖层或覆盖层很厚，不宜修建其他基础		
地下连续墙	适合作地下挡土墙、挡水围堰、承受竖向和侧向荷载的桥梁基础、地下构造物的基础（除岩溶和地下承压水很高处）		

明挖扩大基础施工★

- 施工内容：定位放样→基坑开挖→基坑排水→基底处理→砌筑（浇筑）基础结构物
- 基坑排水：
  （1）集水坑排水法：除严重流沙外，一般情况下均可适用
  （2）井点降水法：粉砂、细砂、地下水位较高、有承压水、挖基较深、坑壁不易稳定的土质基坑，无砂黏质土除外
  （3）其他排水法：对于土质渗透性较大、挖掘较深的基坑，可采用止水帷幕法

- **桩基础施工（1）**
  - 挖孔灌注桩施工★★★
    - 技术要求
      - （1）制定专项施工技术方案，对作业人员进行安全技术交底
      - （2）孔口处应设置高出地面至少300mm的护圈
      - （3）相邻两桩孔不得同时开挖，宜间隔交错跳挖
      - （3）桩孔必须挖一节、浇筑一节护壁，严禁只挖不及时浇筑护壁的冒险作业
      - （4）孔口四周作业范围内不得堆积弃土及其他杂物
    - 安全要求
      - （1）桩孔内的作业人员必须戴安全帽、系安全带，安全绳必须系在孔口
      - （2）桩孔内应设防水带罩灯泡照明，电压应为安全电压，电缆应为防水绝缘电缆，并应设置漏电保护器
      - （3）桩孔内遇岩层需爆破作业时，应进行专项爆破设计，且宜采用浅眼松动爆破法。孔深大于5m时，必须采用电雷管引爆。桩孔内爆破后应先通风排烟15min并经检查确认无有害气体后，施工人员方可进入孔内继续作业

桩基础施工（2）

钻孔灌注桩施工★★★

- **主要工序**：埋设护筒→制备泥浆→钻孔→清底→钢筋笼制作与吊装→灌注水下混凝土
- **埋设护筒作用**：稳定孔壁、防止坍孔，还有隔离地表水、保护孔口地面、固定桩孔位置和起到钻头导向
- **钻孔常用方法**：螺旋钻孔、正循环回转钻孔、反循环回转钻孔、潜水钻机钻孔、冲抓钻孔、冲击钻孔、旋挖钻机钻孔
- **孔径检查与清孔**：
  - （1）直径、深度和孔形直接关系到成桩质量。不得用加深钻孔深度的方式代替清孔
  - （2）清孔的方法：抽浆法、换浆法、掏渣法、喷射清孔法以及用砂浆置换钻渣清孔法
- **钢筋笼制作与吊装**：长桩骨架宜分段制作
- **灌注水下混凝土**：
  - （1）灌注时间不得长于首批混凝土初凝时间（缓凝剂）
  - （2）用钢导管灌注，内径为200~350mm
  - （3）使用前应进行水密承压和接头抗拉试验，严禁用压气试压
  - （4）首批混凝土的数量应能满足导管首次埋置深度（≥1.0m）和填充导管底部的需要
  - （5）首批混凝土拌合物下落后，混凝土应连续灌注，导管的埋置深度宜控制在2~6m
  - （6）为防止钢筋骨架上浮，当灌注的混凝土顶面距钢筋骨架底部1m左右时，应降低混凝土的灌注速度。当混凝土拌合物上升到骨架底口4m以上时，提升导管，使其底口高于骨架底部2m以上，即可恢复正常灌注速度

桥梁下部结构施工（1）

- 承台施工★★
  - 钢板桩围堰
    - （1）适用于各类土（包括强风化岩）的水中低桩承台基坑
    - （2）施打顺序：一般由上游分两头向下游合龙
    - （3）施打时宜先将钢板桩逐根或逐组施打到稳定深度，然后依次施打至设计深度。钢板桩可用锤击、振动、射水等方法下沉，接长的钢板桩，其相邻两钢板桩的接头位置应上下错开。施打时，应随时检查其位置是否正确，桩身是否垂直，不符合要求时应立即纠正或拔起重新施打
  - 套箱围堰
    - （1）可采用有底套箱或无底套箱。承台底与河床之间距离较大时，一般采用有底套箱；当承台标高较低，承台底距离河床较近或已进入河床时，宜采用无底套箱
    - （2）在下沉无底套箱前，应按要求清理河床。若套箱设置于岩层上时，应整平岩面。如果基岩岩面倾斜，宜将套箱底做成与岩面相同的倾斜度，以增加套箱的稳定性并减少渗漏
  - 双壁钢围堰
    - （1）适用于深水基础施工
    - （2）双壁钢围堰拼焊后应进行焊接质量检验及水密试验；各节、块拼焊时，应按预先安排的顺序对称进行

桥梁下部结构施工（2）

- 墩台施工★★
  - 桥墩施工
    - 高度小于40m的桥墩施工
      - （1）施工前应进行凿毛处理
      - （2）高度小于或等于10m可整体浇筑；超过10m，可分节段
      - （3）模板在安装过程中，应设防倾覆设施，对风力较大地区，应考虑其抗风稳定性
      - （4）混凝土浇筑完成后，应及时养护且不少于7d
    - 高度大于或等于40m的高墩施工
      - （1）施工前应编制专项施工方案
      - （2）宜设置塔式起重机或其他可靠的起重设备；塔式起重机和施工电梯均应有可靠的附墙安全措施
      - （3）钢筋的主筋宜采用机械方式连接，混凝土的垂直输送宜采用泵送方式
      - （4）每一节段混凝土的养护时间应不少于7d
  - 桥台施工
    - 重力式桥台、加筋土桥台、其他形式桥台（肋板式桥台、埋置式桥台、薄壁轻型桥台、组合式桥台）
  - 圬工结构墩台施工
    - （1）砌筑基础的第一层砌块时，如基底为岩层或混凝土基础，应先将基底表面清洗、湿润，再坐浆砌筑；如基底为土质，可直接坐浆砌筑
    - （2）各砌层应先砌外圈定位行列，然后砌筑里层，外圈砌块应与里层砌块交错连成一体
    - （3）砌体宜分层砌筑，分段位置尽量设在沉降缝、伸缩缝处

桥梁上部结构施工（1）

支架施工（1）★★★

施工工艺流程

地基处理→支架搭设→模板系统安装→支架加载预压→调整模板→钢筋、预应力管道安装→内模安装→混凝土浇筑→混凝土养护→预应力张拉→预应力孔道压浆→落架、模板支架拆除

地基处理与支架模板施工

（1）地基处理：排水

（2）支架：保证强度、刚度、稳定性；高度超过8m、跨度超过18m的支架，应对其稳定性进行安全论证

（3）预压：收集支架、地基的变形数据，作为设置预拱度的依据。预拱度一般按二次抛物线设置

（4）模板：隔离剂不得使用废机油

普通钢筋、预应力筋施工

（1）在安装并调好底模及侧模后，开始底、腹板普通钢筋绑扎及预应力管道的预设，混凝土一次浇筑时，在底、腹板钢筋及预应力管道完成后，安装内模，再绑扎顶板钢筋及预应力管道。混凝土采用二次浇筑时，底、腹板钢筋及预应力管道完成后，浇筑第一次混凝土，混凝土终凝后，再支内模顶板，绑扎顶板钢筋及预应力管道，进行混凝土的第二次浇筑

（2）预应力筋穿束前要对孔道进行清理。钢束较短时，可采用人工从一端送入即可。如钢束较长时，可采用金属网套法，先用孔道内预留铅丝将牵引网套的钢丝绳牵入孔道，再用人工或慢卷扬机牵引钢束缓慢引进

桥梁上部结构施工（2）

- 支架施工（2）★★★
  - 混凝土浇筑
    - （1）梁桥现浇施工时，梁体混凝土在顺桥向宜从低处向高处进行浇筑，在横桥向宜对称进行浇筑
    - （2）混凝土如采用分次浇筑，在第二次混凝土浇筑时，应将接触面上第一次混凝土凿毛，清除浮浆
  - 预应力张拉
    - 采用双控，即以张拉力控制为主，以实际伸长量进行校核
- 逐孔施工 ★★
  - 用移动支架逐孔现浇施工（移动模架法）主要工序
    - 支腿或牛腿托架安装→主梁安装→导梁安装→模板系统与液压电气系统及其他附属设施安装→加载试验→支座安装→预拱度设置与模板调整→绑扎底板及腹板钢筋→预应力系统安装→内模就位→顶板钢筋绑扎→箱梁混凝土浇筑→内模脱模→施加预应力和管道压浆→落模拆底模→滑模纵移
  - 整孔吊装或分段吊装逐孔施工
    - 采用分段组装逐孔施工的接头位置可以设在桥墩处也可设在梁的1/5附近，前者多为由简支梁逐孔施工连接成连续梁桥；后者多为悬臂梁转换为连续梁

悬臂施工

- 悬臂拼装施工★★
  - 拼装施工程序
    - 吊机就位→起吊梁段→定位试拼→检查并处理管道接头→移开梁段→穿临时预应力筋入孔→接缝面上涂胶接材料→正式定位、贴紧梁段→张拉临时预应力筋→放松起吊索→穿永久预应力筋→张拉预应力筋→下一梁段拼装
- 悬臂浇筑施工★★★
  - 挂篮设计及加工
    - （1）主要设备：挂篮，沿着轨道行走的活动脚手架及模板支架
    - （2）按主要承重结构形式分为桁架式、斜拉式、钢板梁式；按受力原理分为垂直吊杆式、斜拉式、刚性模板式；按抗倾覆平衡方式分为压重式、锚固式、半压重式半锚固式；按移动方式分为滑动式、滚动式、组合式
  - （1）连续刚构桥悬臂浇筑施工流程图：0号块支架搭设、预压→0号块混凝土浇筑→0号块预成力钢束张拉→组拼挂篮→挂篮预压→对称悬臂浇筑1号块→1号块预应力钢束张拉→挂篮分离、前移就位→悬臂浇筑2号块（下一块段施工）→边跨合龙（边跨现浇混凝土浇筑）→中跨合龙
  - （2）连续梁桥悬臂浇筑施工流程图：0号块支架搭设、预压→0号块混凝土浇筑→0号块预应力钢束张拉→墩梁临时固结→组拼挂篮→挂篮预压→对称悬臂浇筑1号块→1号块预应力钢束张拉→挂篮前移就位→悬臂浇筑2号块（下一块段施工）→边跨合龙（边跨现浇混凝土浇筑）→解除临时同结→中跨合龙

涵洞工程（1）

涵洞的组成和分类★

- 涵洞单孔<5m；圆管涵、箱涵无论管径或跨径大小、孔数多少，均称为涵洞
- 组成
  - 洞口　进口、出口
  - 洞身　圆形、矩形、拱形、箱形
- 附属工程　锥形护坡、铺砌、基础边坡铺砌、人工水道
- 分类
  - 按材料：石涵、砖涵、混凝土涵、钢筋混凝土涵
  - 按构造形式：圆管涵、拱涵、盖板涵、箱涵
  - 按洞顶填土：不填土明涵、暗涵（覆土厚0.5m）
  - 按断面形状：圆形、拱形、梯形、矩形、箱形涵
  - 按孔数：单孔、双孔、多孔
  - 按水压性能：压力涵、半压力涵、无压力涵

涵洞工程（2）

涵洞施工 ★★

桥涵及结构物的回填施工技术：
（1）填料：透水性材料，不得采用含有泥草、腐殖物或冻土块的土。透水性材料不足时，可采用石灰土或水泥稳定土回填
（2）分层：分层厚度宜为0.1~0.2m。台背和涵洞洞身两侧填土应分层夯实，其压实度不应小于96%
（3）范围：台背填土顺路线方向长度，应自台身起，顶面不小于桥台高度加2m，底面不小于2m，拱桥台背填土长度不应小于台高的3~4倍。锥坡填土应与台背填土同时进行，并应按设计宽度一次填足
（4）台背及与路堤间的回填施工应符合以下规定：①二级及二级以上公路应按设计做好过渡段，过渡段路堤压实度应不小于96%，并做防排水系统；②二级以下公路的路堤与回填的联结部：台阶；③台背回填部分的路床宜与路堤路床同步填筑；④桥台背和锥坡的回填施工应当同步进行
（5）洞身两侧，应当对称分层回填压实，填料粒径＜150mm
（6）桥台台背水平分层填筑，人工摊铺为主，分层松铺厚度宜小于20cm。当采用小型低等级夯具时，一级以上公路松铺厚度宜小于15cm。压实尽量使用大型机械，在临近桥台边缘或狭窄地段，则采用小型夯压机械，分薄层认真夯压密实。为保证填土与桥台衔接处的压实质量，可采用夯压机械横向碾压的方法

隧道围岩分级

公路隧道围岩分级★★★

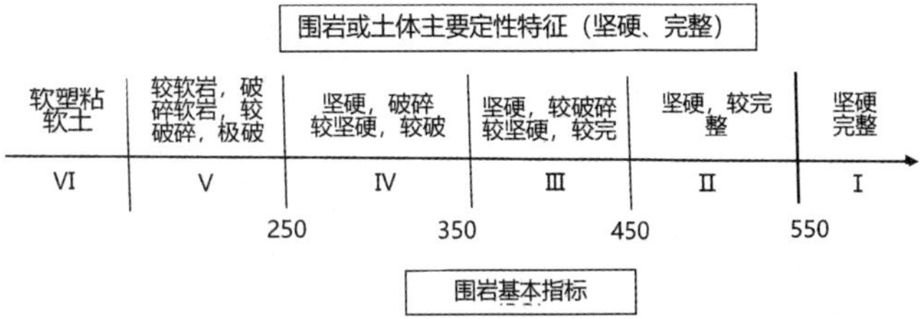

围岩分级判定方法★★

宜采用两步分级，并按以下顺序进行：

（1）初步分级：岩石的坚硬程度和岩体完整程度

（2）详细定级时，如遇下列情况之一，应对岩体基本质量指标BQ进行修正：

①有地下水

②围岩稳定性受软弱结构面影响，且由一组起控制作用

③存在高初始应力

公路隧道的构造

- 洞门★★
  - 洞门作用：为了保护岩（土）体的稳定和使车辆不受崩塌、落石等威胁，确保行车安全
  - 类型：端墙式洞门、翼墙式洞门、环框式洞门、柱式洞门、台阶式洞门、削竹式洞门、遮光式洞门等
  - 洞门构造：
    （1）洞口仰坡坡脚至洞门墙背的水平距离不应小于1.5m，以防仰坡土石掉落到路面上，危及安全
    （2）洞门端墙与仰坡之间的水沟的沟底至衬砌拱顶外围的高度不应小于1.0m，以免落石破坏拱圈
    （3）洞门墙顶应高出仰坡坡脚0.5m以上，以防水流溢出墙顶，也可防止掉落土石弹出
    （4）墙身厚度最小不得小于0.5m
- 明洞★★
  - 明洞类型：
    （1）明洞主要分为拱式明洞、棚式明洞两大类
    （2）按荷载分布，拱式明洞分为路堑对称型、路堑偏压型、半路堑偏压型和半路堑单压型
    （3）按构造，棚式明洞可分为墙式、刚架式、柱式和悬臂式等
- 洞身★★
  - 洞身类型：按隧道断面形状分为曲墙式、直墙式和连拱式等
  - 洞身构造：分为一次衬砌和二次衬砌、防排水构造、内装饰、顶棚及路面等
  - 仰拱作用：
    （1）解决基础承载力不够，减少下沉；防止底鼓隆起变形，调整衬砌应力
    （2）封闭围岩，阻止围岩过大的变形，提高机构的整体承载力
    （3）增加底部和墙部的支撑抵抗力，防止内挤而产生剪切破坏

隧道地质超前预报（1）

方法★★

- 地质调查法：适用于各种地质条件下隧道超前地质预报
- 超前钻探法：富水构造破碎带、富水岩溶发育地段、煤系或油气地层、瓦斯发育区、采空区以及重大物探异常地段等地质复杂隧道和水下隧道
- 物理勘探法
  - 物理勘探法适用于长、特长隧道或地质条件复杂隧道的超前地质预报
  - TSP法适用于各种地质条件，对断层、软硬接触面等面状结构反射信号较为明显
  - 地质雷达法适用于岩溶、采空区探测，也可用于探测断层破碎带、软弱夹层等不均匀地质体
- 超前导洞法：可采用平行超前导洞法和隧道内超前导洞法
- 水力联系观测：隧道排水或突涌水对地下水资源或周围建（构）筑物产生重大影响时

隧道地质超前预报（2）

分级 ★★★

地质灾害等级

- A级
  - 预报等级：1级
  - 特点：存在重大地质灾害隐患的地段，如大型暗河系统，可溶岩与非可溶岩接触带，软弱、破碎、富水、导水性良好的地层和大型断层破碎带，特殊地质地段，重大物探异常地段，可能产生大型、特大型突水突泥地段，诱发重大环境地质灾害的地段，高地应力、瓦斯、天然气问题严重的地段以及人为坑洞等
- B级
  - 预报等级：2级
  - 特点：存在中、小型突水突泥隐患的地段，物探有较大异常的地段，断裂带等
- C级
  - 预报等级：3级
  - 特点：水文地质条件较好的碳酸盐岩及碎屑岩地段、小型断层破碎带，发生突水突泥的可能性较小
- D级
  - 预报等级：4级
  - 特点：非可溶岩地段，发生突水突泥的可能性极小

隧道施工监控量测技术

量测内容与方法★★★

必测项目

- （1）洞内、外观察：现场观测、地质罗盘
- （2）周边位移：收敛计、全站仪、非接触量测仪器
- （3）拱顶下沉：水准仪、铟钢尺、全站仪、非接触量测仪器
- （4）地表下沉：水准仪、铟钢尺、全站仪（洞口段、浅埋段h0≤2.5b）
- （5）拱脚下沉：水准仪、铟钢尺、全站仪

量测数据处理与应用★★★

（1）当位移-时间曲线出现反弯点时，则表明围岩和支护已呈不稳定状态，此时应密切监视围岩动态，并加强支护，必要时暂停开挖

（2）位移管理等级：

Ⅰ级：应采取特殊措施

Ⅱ级：应加强支护

Ⅲ级：可正常施工

遇到下列情况之一时，应提出预警并分级管理：

1）支护结构出现开裂，实行Ⅰ级管理

2）地表出现开裂、坍塌，实行Ⅰ级管理

3）渗水压力或水流量突然增大，实行Ⅱ级管理

4）水体颜色或悬着物发生变化，实行Ⅱ级管理

（3）二次衬砌的施作应在满足下列要求时进行：

1）隧道水平净空变化速度及拱顶或底板垂直位移速度明显下降

2）隧道位移相对值已达到相对位移量的90%以上

公路隧道洞口、明洞施工

- 洞口工程★★
  - （1）洞口边坡、仰坡的开挖应减少对岩土体的扰动，严禁采用大爆破
  - （2）隧道洞门应在隧道开挖的初期完成，并应符合下列规定：
    - ①基础必须置于稳固的地基上
    - ②洞门端墙的砌筑与回填应两侧对称进行，不得对衬砌产生偏压
    - ③洞门的排水设施应与洞门工程配合施工，同步完成
- 明洞工程★★
  - （1）宜边开挖边支护，并注意监测和检查山坡的稳定情况
  - （2）墙背回填应两侧对称进行。底部应铺填0.5~1.0m厚碎石并夯实，然后向上回填

公路隧道开挖（1）

- 主要开挖方式及适用范围★★★
  - 全断面法：适用于Ⅰ～Ⅲ级围岩的中小跨度隧道，Ⅳ级围岩中跨度隧道和Ⅲ级围岩大跨度隧道在采用了有效的预加固措施后，也可采用全断面法开挖
  - 台阶法：台阶法可用于Ⅲ～Ⅳ级围岩的中小跨度隧道，Ⅴ级围岩的中小跨度隧道在采用了有效的预加固措施后亦可采用台阶法开挖
  - 环形开挖预留核心土法：环形开挖预留核心土法可用于Ⅳ～Ⅴ级围岩或一般土质围岩的中小跨度隧道
  - 中隔壁法（CD工法）：适用于围岩较差、跨度大、浅埋、地表沉降需要控制的场合
  - 交叉中隔壁法（CRD工法）：适于围岩较差、跨度大、浅埋、地表沉降需要控制的场合
  - 双侧壁导坑法：适用于浅埋大跨度隧道及地表下沉量要求严格而围岩条件很差的情况
  - 中导洞法：适用于连拱隧道

公路隧道开挖（2）

钻眼爆破掘进施工技术要点★★

爆破顺序

（1）光面爆破：掏槽眼—辅助眼—周边眼

（2）预裂爆破：周边眼—掏槽眼—辅助眼

光面爆破

（1）对围岩的扰动比较轻微

（2）大大地减少了超欠挖量，节约了大量的混凝土和回填片石，加快了施工进度

（3）围岩壁面平整、危石少，减轻了应力集中现象，避免局部塌落，增进了施工安全，并为喷锚支护创造了条件

预裂爆破

（1）减轻爆炸波对围岩的破坏影响，较光面爆破的效果更好一些

（2）适用于稳定性差而又要求控制开挖轮廓的软弱岩层。增多炮眼数量，钻眼工作量增大

（3）采取的爆破参数较光面爆破的要求更严

公路隧道施工（1）

公路隧道防水与排水★

- 施工防排水
  - （1）覆盖层较薄和渗透性强的地层，地表水处理应符合下列要求：洞口附近和浅埋隧道洞顶不得积水；洞顶上方如有沟谷通过且沟谷底部岩层裂缝较多,地表水渗漏对隧道施工有较大影响时，应及时用浆砌片石铺砌沟底，或用水泥砂浆勾缝、抹面
  - （2）洞内涌水或地下水位较高时，可采用井点降水法和深井降水法处理，井点降水施工应符合下列要求：在隧道两侧地表面布置井点，间距宜为25~35m。井底应在隧底以下3~5m
- 结构防排水
  - 纵、横、环向盲管、中心排水管（沟）
- 注浆防水施工要求
  - （1）注浆压力根据水文地质条件合理确定，宜比静水压力大0.5~1.5MPa
  - （2）钻孔注浆顺序应由下往上、由少水处到多水处、隔孔钻注

公路隧道施工（2）

隧道通风防尘及水电作业★★

- **通风**：风管式通风、巷道式通风、风墙式通风
- **防尘**：湿式凿岩标准化、机械通风正常化、喷雾洒水正规化、个人防护普遍化
- **供水**：水源的水量应满足工程和生活用水的需要
- **供电**：
  （1）隧道供电电压应符合以下要求：隧道照明，成洞段和不作业地段可用220V，瓦斯地段不得超过110V，一般作业地段不宜大于36V，手提作业灯为12～24V
  （2）洞外变电站宜设在洞口附近，并应靠近负荷集中地点和设在电源来线一侧
  （3）供电线路布置和安装应符合下列要求：
  ①成洞地段固定的电线路，应使用绝缘良好胶皮线架设；施工地段的临时电线路宜采用橡套电缆；竖井、斜井宜使用铠装电缆；瓦斯地段的输电线必须使用密封电缆，不得使用皮线
  ②瓦斯地段的电缆应沿侧壁铺设，不得悬空架设

公路隧道支护与衬砌

超前支护★★

常用的预支护措施有超前锚杆、插板、超前小导管注浆、管棚及围岩预注浆加固等

初期支护★★

(1)喷射混凝土：干喷(粉尘污染及回弹情况较严重，隧道内不得采用)、潮喷、湿喷(目前在施工现场较常见)；(2)锚杆；(3)钢支撑(钢拱架、格栅)；(4)锚喷支护：作为初期支护，目前在隧道工程中使用最多的组合形式是锚杆+喷射混凝土；锚杆+钢筋网+喷射混凝土；钢架+锚杆+钢筋网+喷射混凝土

模筑混凝土衬砌★★

(1)单层衬砌中的现浇整体式混凝土衬砌常用于Ⅱ、Ⅲ级围岩中

(2)衬砌施工顺序，目前多采用由下到上、先墙后拱的顺序连续浇筑。在隧道纵向，则需分段进行，分段长度一般为8~12m

(3)混凝土施工：①混凝土应从两侧边墙向拱顶、由下向上依次分层、对称、连续浇筑，两侧混凝土浇筑高差不应大于1.0m，同一侧混凝土浇筑面高差不应大于0.5m。②拱、墙混凝土应一次连续浇筑，不得采用先拱后墙浇筑，不得先浇矮边墙

(4)仰拱衬砌、仰拱回填和垫层施工：①仰拱衬砌混凝土应整幅一次浇筑成形，不得左右半幅分次浇筑，一次浇筑长度不宜大于5.0m。②仰拱和仰拱填充混凝土应在其强度达到2.5MPa后方可拆模。③仰拱填充和垫层混凝土强度达到设计强度100%后方可允许运渣车辆通行

(5)隧道安全步距是指隧道仰拱或二次衬砌到掌子面的安全距离，安全步距主要由隧道围岩级别决定

仰拱与掌子面的距离：Ⅲ级围岩不得超过90m，Ⅳ级围岩不得超过50m，Ⅴ级及以上围岩不得超过40m

隧道工程主要质量通病及防治措施

隧道水害的防治★

- 成因分析：（1）隧道穿过含水的地层；（2）隧道衬砌防水及排水设施不完善
- 防治措施：
  - （1）因势利导。给地下水以排走的出路，将水迅速地排到洞外
  - （2）将流向隧道的水源截断，或尽可能使其水量减少
  - （3）堵塞衬砌背后的渗流水，集中引导排出
  - （4）水害整治的关键：分析病害成因，对症整治；合理选择防水材料；严格施工工艺

隧道初砌病害的防治★★

- 成因分析：隧道发生衬砌裂缝的原因主要有围岩压力不均、衬砌背后局部空洞、衬砌厚度严重不足、混凝土收缩、不均匀沉降及施工管理等
- 预防措施：
  - （1）设计时应根据围岩级别、性状、结构等地质情况，正确选取衬砌形式及衬砌厚度，确保衬砌具有足够的承载能力
  - （2）施工过程中发现围岩地质情况有变化，与原设计不符时，应及时变更设计，使衬砌符合实际需求；欠挖必须控制在容许范围内
  - （3）钢筋保护层厚度必须保证不小于3cm，钢筋使用前应除锈、清污
  - （4）混凝土强度必须符合设计要求，宜采用较大的骨胶比，降低水胶比，合理选用外加剂
  - （5）确定分段灌筑长度及浇筑速度
  - （6）衬砌背后如有可能形成水囊，应对围岩进行止水处理，根据设计施作防水隔离层
  - （7）衬砌施工时应严格按要求正确设置沉降缝、伸缩缝

交通工程

交通安全设施★★

（1）交通安全设施主要包括交通标志、交通标线、防撞设施、隔离栅、轮廓标、防眩设施、桥梁护网、里程标、百米标、公路界碑等

（2）交通标志是用图形符号、颜色、形状和文字向交通参与者传递特定信息，用于管理交通的设施，主要起到提示、诱导、指示等作用，使道路使用者安全、快捷到达目的地，促进交通畅通。它主要包括警告标志、禁令标志、指示标志、指路标志、旅游区标志、作业区标志等主标志以及附设在主标志下的辅助标志

（3）防撞设施主要包括护栏、防撞筒等。护栏的主要作用是防止失控车辆越过中央分隔带或在路侧比较危险的路段冲出路基，不致发生二次事故。同时，还具有吸收能量，减轻事故车辆及人员的损伤程度，以及诱导视线的作用。防撞筒的主要作用是起到警示和缓冲击作用，吸收能量，减轻事故车辆及人员的损伤程度，同时也有诱导视线的作用

（4）交通安全设施的施工技术要求

监控和照明系统★★

监控系统

监控系统按其功能可分为九个子系统：交通信号监控子系统、视频监控子系统、调度（指令）电话子系统、火灾自动报警子系统、隧道通风控制子系统、隧道照明控制子系统、电力监控子系统、隧道紧急电话子系统、隧道广播子系统；其中交通信号监控、调度电话、火灾自动报警、隧道紧急电话、隧道广播为独立的子系统

（1）通风控制系统是根据一氧化碳/透过率检测器、风速风向检测器检测到的环境数据、交通量数据等控制风机的运转进行通风

（2）通风控制系统由监控分中心工作站、隧道本地控制器、风机、一氧化碳/透过率检测器、风速风向检测器以及传输通道等组成

照明系统

（1）照明方式可以分为一般照明、局部照明和混合照明

（2）照明种类可以分为正常照明和应急照明

公路工程项目施工组织与部署

公路工程项目施工部署★★★

主要内容：
（1）设置管理目标：质量、进度、环保、安全、成本等。（2）项目组织机构设置：①项目管理人员数量，人员组成方式与来源；②项目领导及部室负责人职务、姓名、分工及联系方式；③组织机构图。（3）施工任务划分。（4）施工顺序。（5）拟定主要项目的施工方案。（6）主要施工阶段工期分析（或节点工期分析）。（7）主要资源配置

公路工程项目施工组织设计的编制★★★

主要内容：
（1）编制说明；（2）编制依据；（3）工程概况，包括工程项目的主要情况、施工条件、工程施工的特点和难点分析、合同特殊要求；（4）施工总体部署，包括建立施工管理机构、施工任务划分、施工顺序；（5）主要工程项目的施工方案；（6）施工进度计划；（7）各项资源需求计划，包括劳动力需求计划、材料需求计划、施工机械设备需求计划、资金需求计划；（8）施工总平面图设计；（9）大型临时工程；（10）主要分项工程施工工艺；（11）季节性施工技术措施；（12）质量管理与质量控制的保证措施；（13）安全管理与安全保证措施；（14）项目职业健康安全管理措施；（15）环境保护和节能减排的措施及文明施工；（16）本工程需研究的关键技术课题及需进行总结的技术专题

公路工程施工进度控制（1）

公路工程进度计划的编制特点★★★

公路工程进度计划的主要形式有：横道图、“S”曲线、垂直图、斜率图、网络图

双代号网络图解题思路：

（1）关键线路的判断：持续时间最长的一条线路【口诀：沿线累加，逢圈取大】

（2）索赔前提：①确定合同关系；②明确责任主体

（3）索赔内容：工期、费用（必须经过计算，而非直接产生的延误和损失）

（4）索赔计算：①发生延误事件在关键线路上：定责后直接判断；②发生延误事件不在关键线路上：判断拖延时间是否超过机动时间（通过时差体现）

（5）总时差快速计算：求通过某一工作的所有线路的时间和，最长的一条线路与关键线路相减的值，即为该工作的总时差

①指向关键线路的工作：总时差=自由时差

②任意工作，总时差=自由时差+后续工作总时差最小值

③自由时差=后续工作最早开始时间-本工作最早结束时间

（6）判断是否可以进行索赔：计算出的总时差TF，与延误时间进行比较

①如果二者相同或者总时差大于延误时间，则不能提出工期索赔

②如果总时差小于延误时间，则可以提出工期索赔，能索赔的天数为二者的差值

公路工程施工进度控制（2）

公路工程进度计划的编制特点★★★

时标网络图：双代号时标网络图自由时差=该工作箭线上波形线的长度
计算哪个工作的总时差，就以哪个工作为起点工作，寻找通过该工作的所有线路，然后计算各条线路的波形线的长度和，波形线长度和的最小值就是该工作的总时差

（1）顺序作业法;平行作业法;流水作业法
（2）公路工程常用的流水参数：
①工艺参数：施工过程数n（工序个数），流水强度V
②空间参数：工作面A、施工段m、施工层
③时间参数：流水节拍t、流水步距k、技术间歇、组织间歇、搭接时间
（3）路面工程的线性流水施工组织：
①相邻结构层之间的速度决定了相邻结构层之间的搭接类型，前道工序的速度快于后道序时选用开始到开始搭接类型；否则选用完成到完成搭接类型。
②相邻结构层工序之间的搭接时距的计算：
时距=最小工作面长度／两者中快的速度

公路工程项目技术管理

- **施工图纸会审★★★**
  - （1）设计交底之后，由承包人项目总工组织技术及相关人员结合现场踏勘情况对施工图纸进行初审，并向驻地监理书面提出需设计澄清的问题
  - （2）项目总工组织各专业技术管理人员认真核对施工图，提出需要澄清、解决和协调的问题，以书面形式报送监理单位并抄报业主，由监理或业主联系设计单位安排图纸会审
  - （3）图纸会审组织者应做好详细会审记录。图纸会审记录上应填写单位工程名称、建设单位、设计单位和主持单位及参加审核人员名单等。对会审提出的问题，凡是设计单位变更修改的，应在会审记录“解决意见”栏内填写清楚。图纸未经过会审不得施工
- **施工方案管理★★★**
  - （1）施工方案是施工组织设计的核心，是决定整个工程全局的关键
    （2）编制原则：①坚持“谁施工、谁编制、谁负责”的原则；②各种主要施工方案比选资料、结构计算、临时工程设计等资料应作为附件留存，上报审批时应同时报送
    （3）专家论证会应当由施工单位组织召开，实行施工总承包的，由施工总承包单位组织召开。专家论证主要内容为：①专项方案内容是否完整、可行；②专项方案计算书和验算依据是否符合有关标准规范；③安全施工的基本条件是否满足现场实际情况
  - （1）一般施工方案：施工单位或项目专业工程师编制，项目技术部门组织审核，项目技术负责人审批
    （2）重大施工方案：项目技术负责人编制，施工单位技术管理部门专家论证，施工单位技术负责人审批

公路工程项目技术管理（1）

- 施工技术交底★★★
  - （1）技术交底的分级要求必须在相应工程内容施工前分级进行：第一级：项目总工向项目各部门负责人及全体技术人员进行交底；第二级：项目技术部门负责人或各分部分项工程主管工程师向现场技术人员和班组长进行交底；第三级：现场技术员负责向班组全体作业人员进行技术交底
  - （2）技术交底的主要内容：第一级：实施性施工组织设计、技术策划、总体施工方案、重大施工方案等；第二级：分部分项工程施工方案等；第三级：分部分项工程的施工工序等
  - （3）施工技术交底以书面的形式进行，可采取讲课、现场讲解或模拟演示的方法。技术交底应留存记录。第三级交底要尽量简洁明了、具有可操作性

公路工程项目技术管理（2）

施工技术档案管理★★

基本规定：
（1）工程资料应实行分级管理，分别由建设、监理、施工单位主管负责人组织本单位工程资料的全过程管理工作
（2）工程资料应真实、准确、齐全，与工程实际相符合，对工程资料不得进行涂改、伪造、随意抽撤或损毁等
（3）工程资料应为原件，应随工程进度同步收集、整理并按规定移交
（4）施工资料应有监理单位或者建设单位的签字
（5）施工资料应由施工单位编制【注：区分基建文件、监理资料、施工资料】

技术档案编制要求：
（1）项目部应设专人负责施工资料管理工作。实行主管负责人责任制，建立施工资料员岗位责任制
（2）工程施工资料一般按工程项目分类，而每一类下，又可按专业分为若干类
（3）工程资料应采用耐久性强的书写材料，纸张应采用能够长期保存的韧力大、耐久性强的纸张
（4）工程资料应字迹清楚，图样清晰，图表整洁、签字盖章手续齐全
（5）工程资料中文字材料幅面尺寸规格宜为A4幅面。图纸宜采用国家标准图幅
（6）利用施工图改竣工图，必须标明变更修改的依据；凡施工图结构、工艺、平面布置等有重大改变，或变更部分超过图面1/3的，应当重新绘制竣工图。所有竣工图应加盖竣工图章

公路工程项目技术管理（1）

公路工程施工测量管理★★

（1）在测量布局上，应遵循“由整体到局部”的原则；在测量精度上，应遵循“由高级到低级”的原则
（2）在测量次序上，应遵循“先控制后碎部”的原则；在测量过程中，应遵循“随时检查，杜绝错误”、“前一步工作未作复核不进行下一步工作”的原则

（1）开工准备阶段测量：交接桩、设计控制桩贯通复测、施工控制网建立、地形地貌复核测量
（2）施工阶段测量：施工放样测量、工序检查测量、施工控制网复测、沉降位移变形观测及安全监控测量
（3）竣工阶段测量：竣工贯通测量和工点竣工测量

（1）现场测量必须使用施工企业统一下发的测量记录簿记录
（2）测量记录在任何情况下不得填写与测量无关的事项，不得缺页或补页。记录数据出错时，可用单横线作划掉标记后在其上方重写，不得进行涂改、撕页

公路工程项目技术管理（2）

公路工程项目试验管理★★

（1）试验检测人员因特殊情况确需变动的，应由母体检测机构报经建设单位同意，并向项目质监机构备案

（2）工地试验室应将试验检测人员的姓名、岗位、照片等信息予以公开。试验检测人员进行作业时应统一着装并挂牌上岗

（3）工地试验室应重视试验检测人员劳动保护工作。试验检测人员在进行有毒、有腐蚀性、有强噪声等试验操作时，必须按要求佩戴相应的防护用具

（4）人员档案应一人一档

（5）每个仪器均应进行唯一性编号

（6）试验检测台账分为管理和技术台账

（7）试验记录一律用蓝、黑色钢笔或签字笔书写，字迹应清晰、工整，试验报告结论表述应规范、准确

（8）在取样的同时要留存满足复验需要的样品。取样应有代表性及相应记录

（9）样品应进行唯一性标识

（10）超出母体检测机构授权范围的试验检测项目和参数应进行外委，外委试验应向项目建设单位报备

（11）工地试验室应将接受外委试验的检测机构的有关证书复印件存档备查

（12）外委试验取样、送样过程应进行见证。工地试验室应对外委试验结果进行确认

（13）工程建设项目的同一合同段中的施工、监理单位和检测机构不得将外委试验委托给同一家检测机构

公路工程质量控制方法及措施（工程质量控制关键点）

- 土方路基工程施工中常见质量控制关键点
  - （1）施工放样与断面测量；（2）路基原地面处理并平整压实；（3）必须采用设计和规范规定的适用材料：原材料合格，正确确定最大干密度和最佳含水量；（4）压实设备及压实方案；（5）路基纵横向排水系统设置；（6）每层的松铺厚度、横坡及填筑速率；（7）分层压实，控制填土的含水量，确保压实度达到设计要求
- 路面基层（底基层）质量控制关键点
  - （1）所采用设备组合及拌合设备计量装置校验；（2）结合料（如水泥、石灰）剂量；（3）材料的含水量、拌合均匀性、配合比；（4）压实度、弯沉值、平整度及横坡等；（5）集料的级配和石料的压碎值；（6）及时养护
- 沥青混凝土路面施工中常见质量控制关键点
  - （1）基层强度、平整度、高程的检查与控制；（2）沥青材料的检查与试验；沥青混凝土配合比设计和试验；（3）沥青混凝土拌合设备及计量装置校验；（4）路面施工机械设备配置与压实方案；（5）沥青混凝土的拌合、运输及摊铺温度控制；（6）沥青混凝土摊铺厚度的控制和摊铺中离析控制；（7）沥青混凝土的碾压与接缝施工；（8）沥青混凝土面层和沥青碎（砾）石面层的检验

公路工程质量检查与检验

（1）土方路基工程质量检验：实测项目有压实度（△）、弯沉（△）、纵断高程、中线偏位、宽度、平整度、横坡、边坡

（2）填石路基工程质量检验：实测项目有压实、弯沉、纵断高程、中线偏位、宽度、平整度、横坡、边坡坡度和平顺度

（3）无机结合料稳定基层（底基层）：压实度（△）、平整度、纵断高程、宽度、厚度（△）、横坡、强度（△）。级配碎（砾）石或填隙碎石（矿渣）：压实度（△）、弯沉值、平整度、纵断高程、宽度、厚度（△）、横坡

（4）无机结合料稳定基层（底基层）：压实度（△）、平整度、纵断高程、宽度、厚度（△）、横坡、强度（△）。级配碎（砾）石或填隙碎石（矿渣）：压实度（△）、弯沉值、平整度、纵断高程、宽度、厚度（△）、横坡

（5）沥青混凝土面层和沥青碎（砾）石面层的实测项目：压实度（△）、平整度、弯沉值、渗水系数、摩擦系数、构造深度、厚度（△）、中线平面偏位、纵断高程、宽度、横坡、矿料级配（△）、沥青含量（△）、马歇尔稳定度

（6）水泥混凝土面层实测项目：弯拉强度（△）、板厚度（△）、平整度、抗滑构造深度、横向力系数SFC、相邻板间的高差、纵横缝顺直度、中线平面偏位、路面宽度、纵断高程、横坡、断板率

（7）钻孔灌注桩实测项目：混凝土强度（△）、桩位、孔深（△）、孔径、钻孔倾斜度、沉淀厚度、桩身完整性（△）

（8）钢筋加工及安装施工质量检验：实测项目有：受力钢筋间距（△），箍筋、构造钢筋、螺旋筋间距，钢筋骨架尺寸，弯起钢筋位置，保护层厚度（△）

（9）预应力筋的加工和张拉质量检验：后张法实测项目有管道坐标、管道间距（包含同排和上下层）、张拉应力值（△）、张拉伸长率（△）、断丝滑丝数

（10）(钢纤维）喷射混凝土支护实测项目：喷射混凝土强度（Δ）、喷层厚度、喷层与围岩接触状况（Δ）

公路工程项目职业健康安全管理体系（1）

（1）按如下顺序选择风险控制方法：消除；替代；工程控制措施；标志、警告或管理控制；个人防护设备

（2）施工单位主要负责人依法对项目安全生产工作全面负责。建设工程实行施工总承包的，由总承包单位对施工现场的安全生产负总责。分包单位应当服从总承包单位的安全生产管理，分包单位不服从管理导致生产安全事故的，由分包单位承担主要责任

（3）生产经营单位的主要负责人对本单位安全生产工作负有组织制定并实施本单位安全生产教育和培训计划

（4）未经安全生产教育和培训合格的从业人员，不得上岗作业

（5）生产经营单位主要负责人和安全生产管理人员初次安全培训时间不得少于32学时。每年再培训时间不得少于12学时。生产经营单位新上岗的从业人员，岗前安全培训时间不得少于24学时

公路工程项目职业健康安全管理体系（2）

实施与控制

生产经营单位的主要负责人组织制定本单位安全生产操作规程

专项方案与安全技术交底：
（1）施工单位应当依据风险评估结论，对风险等级较高的分部分项工程编制专项施工方案，并附安全验算结果，经施工单位技术负责人签字后报监理工程师批准执行。分项工程实施前，施工单位负责项目管理的技术人员应当按规定对有关安全施工的技术要求向施工作业班组、作业人员详细说明，并由双方签字确认
（2）公路工程施工应进行现场调查，应在施工组织设计中编制安全技术措施和施工现场临时用电方案，对于危险性较大的工程应编制专项施工方案，并附具安全验算结果，或组织专家进行论证、审查。（经施工单位技术负责人签字后报总监理工程师批准）

专项施工方案应包括的主要内容：工程概况；编制依据；施工计划；施工工艺技术；施工安全保证措施；劳动力计划；计算书及图纸

公路工程安全隐患排查与治理

（1）一般事故隐患：危害和整改难度较小，发现后能够立即整改排除的事故隐患，由项目负责人组织相关人员立即整改

（2）重大事故隐患：危害和整改难度较大，应当全部或者局部停产停业，并经过一定时间整改治理方可能排除的隐患；或者因外部因素影响致自身难以排除的隐患

【记忆要点：坍塌、火灾、淹溺、起重伤害、爆炸、瓦斯爆炸】

（3）重大事故隐患：可能造成重大人员伤亡和重大财产损失的事故隐患。必须由项目负责人组织编制“重大事故隐患治理方案”。必要时应当组织专家进行论证，必须经项目负责人批准并进行安全技术交底后实施。项目专职安全员对重大事故隐患治理过程实施全过程监督管理

安全生产事故隐患排查的目标及内容

“两项达标”：施工人员管理达标；施工现场安全防护达标

“四项严禁”：（1）严禁在泥石流区、滑坡体、洪水位下等危险区域设置施工驻地；（2）严禁违规进行挖孔桩作业，钻孔确有困难的不良地质区，设计单位要进行专项安全设计并按设计变更规定，经批准后实施；（3）严禁长大隧道无超前预报和监控量测措施施工；（4）严禁违规立体交叉作业

“五项制度”：（1）施工现场危险告知制度；（2）施工安全监理制度；（3）专项施工方案审查制度；（4）设备进场验收登记制度；（5）安全生产费用保障制度

公路工程项目安全管理（1）

项目应急管理体系★★

（1）施工单位建立的专（兼）职应急救援队伍应定期组织训练，确保救援人员具备相应的应急救援能力。特大型，结构复杂，采用新技术、新工艺等高风险桥梁，以及特长隧道、不良地质隧道、瓦斯隧道等高风险隧道，大型设备、设施、人员密集等场所应当建立专门的应急救援队伍

（2）应急预案体系由综合应急预案、专项应急预案和现场处置方案组成

（3）施工单位主要负责人负责组织编制和实施本单位的应急预案，并对应急预案的真实性和实用性负责；各分管负责人应当按照职责分工落实应急预案规定的职责

（4）施工单位应当对编制的应急预案组织评审，并形成书面评审纪要。参加应急预案评审的人员应当包括有关安全生产及应急管理方面的专家。且评审人员与施工单位有利害关系的，应当回避

（5）施工单位应急预案经评审或者论证后，由施工单位主要负责人签署公布，并及时发放到本单位有关部门、岗位和相关应急救援队伍

（6)施工单位应当在应急预案公布之日起20个工作日内，按照分级属地原则，向属地安全生产监督管理部门和有关部门进行告知性备案

公路工程项目安全管理（2）

- 项目安全管理措施 ★★★
  - 高处作业
    - （1）在进行高处作业时，制定各种相应的安全防护技术措施，其安全技术相关要求如下：高处作业不得同时上下交叉进行；高处作业人员不得沿立杆或栏杆攀登。高处作业人员应定期进行体检；高处作业场所临边应设置安全防护栏杆（1.2m）
    - （2）作业面与坠落高度基准面高差超过2m且无临边防护装置时，临边应挂设水平安全网。作业面与水平安全网之间的高差不得超过3.0m，水平安全网与坠落高度基准面的距离不得小于0.2m
    - （3）安全带使用规定:安全带应高挂低用，并应扣牢在牢固的物体上；安全带的安全绳不得打结使用，安全绳上不得挂钩；安全带的各部件不得随意更换或拆除；安全绳有效长度不应大于2m，有两根安全绳的安全带，单根绳的有效长度不应大于1.2m；严禁安全绳用作悬吊绳。严禁安全绳与悬吊绳共用连接器；新更换安全绳的规格及力学性能必须符合规定，并加设绳套
    - （4）高处作业上下通道应根据现场情况选用钢斜梯、钢直梯、人行塔梯，各类梯子安装应牢固可靠
    - （5）吊篮作业应使用专业厂家制作的定型产品，不得自行制作吊篮

公路工程施工合同管理（1）

- 公路项目施工合同的履行与管理方法【合同文件的优先顺序重点掌握，可能出选择题】
- 施工阶段工程变更管理（1）★★★
  - 变更程序
    - 变更的提出：监理工程师可向承包人发出变更意向书（说明变更的具体内容和发包人对变更的时间要求，并附必要的图纸和相关资料）→承包人提交包括拟实施变更工作的计划、措施和竣工时间等内容的实施方案→发包人同意承包人根据变更意向书要求提交变更实施方案的→由监理工程师按合同约定发出变更指示
    - 工程变更的审批程序（分级审批）：
      （1）一般工程变更的审批程序（监理工程师）
      变更审批程序：提出人（申请）→驻地监理工程师（评估）→总监理工程师（审定并签变更令）→承包人（组织施工）→监理工程师和承包人（协商价格、结算）
      （2）重要工程变更的审批程序（业主批准）
      （3）重大工程变更的审批程序（业主审批前先取得国家计划主管部门批准）

公路工程施工合同管理（2）

- 施工阶段工程变更管理（2）★★★
  - 变更工程的造价管理
    - 变更估价（变更价款程序）：
      （1）承包人收到变更指示或意向书后14d内，向监理工程师提交变更报价书
      （2）变更影响工期的，承包人应提出调整工期的具体细节
      （3）监理工程师收到承包人变更报价书后14d内，根据合同约定商定或确定变更价格
    - 变更的估价原则（有约从约，公平合理）：
      （1）如果取消某项工作，则该项工作的总额价不予支付。
      （2）已标价工程量清单中有适用于变更工作的子目的，采用该子目的单价。无适用于变更工作的子目、但有类似子目的，可在合理范围内参照类似子目的单价，由监理工程师按合同约定商定或确定变更工作的单价
      （3）已标价工程量清单中无适用或类似子目的单价，可在综合考虑承包人在投标时所提供的单价分析表的基础上，由监理人按合同约定商定或确定变更工作的单价
      （4）如果本工程的变更指示是因承包人过错、承包人违反合同或承包人责任造成的，则这种违约引起的任何额外费用应由承包人承担
- 公路项目施工索赔管理★★★
  （1）承包商原因：不赔
  （2）非承包商原因：赔费用，赔超过原总工期的时间
  （3）不可抗力引起的索赔：费用不予赔偿（各自承担），赔超过原总工期的时间

公路项目施工成本管理

公路项目中标后预算编制★★

- **标后预算的费用构成**
  - 项目预算总成本=∑（标后预算清单单价×清单工程量）+现场管理费
  - 标后预算清单单价=某工程细目（单位直接工程费+单位其他工程费）
  - 【注】该费用构成是从项目管理的角度出发
- **直接工程费**
  - 人工费的计算：直接从事建筑安装的生产工人开支的各项费用。
  - 材料费计算：施工过程中耗用的构成工程实体的各种原材料、辅助材料、构（配）件零件、半成品、成品的用量以及周转材料摊销量
  - 机械费的计算：
    （1）自有机械=∑某种机械型号的（不变费用+可变费用）
    不变费用包括折旧费、维修费和安装拆卸及辅助设施费。
    折旧费=设备原值×年折旧率×使用时间（年）
    可变费用：燃、油料费，电费，机驾人员工资，养路费及车船使用税等
    （2）租赁机械
    项目经理部承担=∑[（机械租赁单价+使用费）×租赁数量×租赁时间]
    出租方=∑（机械租赁单价×租赁数量×租赁时间）
- **其他工程费**：直接工程费以外施工过程中发生的直接用于工程的费用
- **现场管理费**
  - 指企业在现场为组织和管理工程施工所需要的费用，主要有：
    保险费；管理人员工资；工资附加费（以管理人员工资总额为基数，按67%的比率进行测算）；指挥车辆使用费；通讯费、办公费、水电费、差旅交通费、取暖降温费等（根据项目的规模、计划工期和经验数据计算）；不可预见费（根据工程规模、技术含量、施工难易度、市场风险环境等因素进行预测）

公路工程造价管理（1）

公路工程计量管理

工程计量程序

- （1）监理工程师独立计量；（2）承包人进行计量；（3）监理工程师与承包人共同计量
- 如果承包人在收到监理工程师的计量通知后，不参加或未派人参加计量工作，由监理工程师派出人员单方面进行的工程计量，经监理工程师批准的应认为是正确的工程计量，可以用作支付的依据，承包人不可以对此种计量提出异议
- 只有经总监理工程师审查批准的工程项目，才予以支付工程款项

工程量计量总原则：

（1）所有工程项目，除个别注明者外，均采用我国法定的计量单位，即国际单位及国际单位制导出的辅助单位进行计量

（2）任何工程项目的计量，均应按工程量清单计量规则规定或监理人书面指示进行

（3）除非监理人另有准许，一切计量工作都应在监理人在场情况下，由承包人测量、记录。有承包人签名的计量记录原本，应提交给监理人审查和保存

（4）工程量应由承包人计算，由监理人审核。工程量计算的副本应提交给监理人并由监理人保存

（5）除合同特殊约定单独计量外，全部必需的模板、脚手架、装备、机具、螺栓、垫圈和钢制件等材料，应包括在工程量清单中所列的有关支付项目中，均不单独计量

（6）除监理人另有批准外，凡超过图纸所示的面积或体积，都不予计量与支付

（7）承包人应严格开展标准计量基础工作和材料采购检验工作。沥青混凝土、沥青碎石、水泥混凝土、高强度等级水泥砂浆的施工现场必须使用电子计量设备称重。因不符合计量规定引发质量问题，所发生的费用由承包人承担

公路工程造价管理（2）

- 公路工程施工进度款的结算
  - 工程价款的主要结算方式
    - （1）按月结算
    - （2）竣工后一次结算（12个月以内或100万以下）
    - （3）分段结算
    - （4）目标结算方式
    - （5）双方约定的其他结算方式
  - 合同价款的调整
    - 调值公式法：:P=Po(ao+a1A/Ao+ a2B/Bo+a3C/Co+ ...)

公路工程施工现场临时工程管理（1）

项目部驻地建设

驻地选址：离集中爆破区500m以外，不得占用独立大桥下部空间、河道、互通匝道区及规划的取、弃土场

（1）可自建或租用沿线合适的单位或民用房屋
（2）自建房屋最低标准为活动板房，建设宜选用阻燃材料，搭建不宜超过两层，每组最多不超过10栋，组与组之间距离不小于8m，栋与栋之间的距离不小于4m，房间净高不低于2.6m。驻地办公区、生活区应采用集中供暖设施，严禁电力取暖
（3)宜为独立式庭院，四周设有围墙，有固定出入口。有条件的，可在出入口设置保卫人员

硬件实施：项目部一般设项目经理室（书记办公室）、项目总工程师办公室、项目副经理室办公室、各职能部门办公室、档案室、试验室、会议室等

其他要求：驻地内标识标牌设置。项目名称牌、党工委名称牌、办公室门牌、宿舍门牌、项目管理制度牌（含职责牌）、廉政监督牌、工程简介牌、安全保障体系、质量保证体系、施工组织体系、文明施工牌、消防保卫牌、施工平面图、工程立体效果图、宣传栏（安全生产牌）

公路工程施工现场临时工程管理（2）

- 预制场布设
  - 场地建设
    - （1）场地建设前施工单位应将梁场布置方案报监理工程师审批，方案内容应包含各类型梁板的台座数量、模板数量、生产能力、存梁区布置及最大存梁能力等
    - （2）宜采用封闭式管理
    - （3）场内路面宜做硬化处理，主要运输道路应采用不小于20cm厚的C20混凝土硬化
    - （4）每个预制梁场预制的梁板数量不宜少于300片
    - （5）设置自动喷淋养护设备，养护水应循环使用
  - 预制梁板台座布设
    - （1）台座尽量设置于地质较好的地基上，先张法施工的张拉台座不得采用重力式台座，应采用钢筋混凝土框架式台座
    - （2）底模宜采用通长钢板，不得采用混凝土底模。钢板厚度不小于6mm
    - （3）用于存梁的枕梁应设在离梁两端面各50~80cm处
    - （4）梁板预制完成后，移梁前应对梁板喷涂统一标识和编号，标识内容包括预制时间、张拉时间、施工单位、梁体编号、部位名称等
    - （5）空心板叠层不得超过3层，小箱梁和T形梁堆叠存放不得超过2层
  - 小型构件预制场布设
    - （1）宜采用封闭式管理，合理设置，功能明确，标识清晰
    - （2）场地面积一般不小于2000㎡

公路工程主要机械设备的配置与组合

- 石质路堑施工机械
  - 挖掘机、推土机、移动式空气压缩机、凿岩机、爆破设备等
- 填土路基施工机械
  - （1）清基和料场准备：推土机、挖掘机、装载机和平地机等
  - （2）土石填筑工程：推土机、铲运机、羊足碾、压路机、洒水车、平地机和自卸汽车等
  - （3）路基整型工程：平地机、推土机和挖掘机等
- 无机结合料稳定基层施工机械配置
  - （1）基层材料的拌合设备：集中拌合（厂拌）采用成套的稳定土拌合设备，现场拌合（路拌）采用稳定土拌合机；（2）摊铺平整机械：包括拌合料摊铺机、平地机、石屑或场料撒布车；（3）装运机械：装载机和运输车辆；（4）压实设备：压路机；（5）清除设备和养护设备：清除车、洒水车
- 沥青路面施工的机械配置和组合
  - （1）沥青混凝土搅拌设备的配置一般选用生产量高的强制间歇式沥青混凝土搅拌设备
  - （2）沥青混凝土摊铺机的配置通常每台摊铺机的摊铺宽度不宜超过7.5m
  - （3）沥青路面压实机械配置光轮压路机、轮胎压路机和双轮双振动压路机
  - （4）水泥混凝土路面施工主要机械设备的配置：混凝土搅拌楼、装载机、运输车、布料机、挖掘机、吊车、滑模摊铺机、整平梁、拉毛养护机、切缝机、洒水车等
- 隧道施工机械设备
  - （1）钻孔机械：风动凿岩机、液压凿岩机、凿岩台车；（2）装药台车；（3）找顶及清底机械；（4）初次支护机械：锚杆台车、混凝土喷射机；（5）注浆机械（包括钻孔机、注浆泵）；（6）装渣机械；（7）运输机械（包括自卸汽车、矿车）；（8）二次支护衬砌机械：模板衬砌台车（混凝土搅拌站、搅拌运输车、混凝土输送泵）

《公路工程施工分包管理办法》的主要规定

- **分包的条件**
  - 分包人应当具备如下条件：（1）具有经工商登记的法人资格；（2）具有与分包工程相适应的注册资金；（3）具有从事类似工程经验的管理与技术人员；（4）具有（自有或租赁）分包工程所需的施工设备
- **合同管理**
  - （1）承包人有权依据承包合同自主选择符合资格的分包人
  - （2）任何单位和个人不得违规指定分包
  - （3）分包人对其分包的工程向承包人负责，并就所分包的工程向发包人承担连带责任
- **行为管理**
  - 承包人未在施工现场设立项目管理机构和派驻相应人员对分包工程的施工活动实施有效管理，并且有下列情形之一的，属于转包：（1）承包人将承包的全部工程发包给他人的；（2）承包人将承包的全部工程肢解后以分包的名义分别发包给他人的
  - 有下列情形之一的，属于违法分包：（1）承包人未在施工现场设立项目管理机构和派驻相应人员对分包工程的施工活动实施有效管理的；（2）承包人将工程分包给不具备相应资格的企业或者个人的；（3）分包人以他人名义承揽分包工程的；（4）承包人将合同文件中明确不得分包的专项工程进行分包的；（5）承包人未与分包人依法签订分包合同或者分包合同未遵循承包合同的各项原则，不满足承包合同中相应要求的；（6）分包合同未报发包人备案的；（7）分包人将分包工程再进行分包的
  - 分包人有权与承包人共同享有分包工程业绩。分包人业绩证明由承包人与发包人共同出具。分包人以分包业绩证明承接工程的，发包人应当予以认可。分包人以分包业绩证明申报资质的，相关交通运输主管部门应当予以认可。劳务合作不属于施工分包。劳务合作企业以分包人名义申请业绩证明的，承包人与发包人不得出具

公路建设信用信息管理相关规定（1）

公路建设市场信用信息管理办法★★

信用信息内容

（1）公路建设市场信用信息包括公路建设从业单位基本信息、表彰奖励类良好行为信息、不良行为信息和信用评价信息

（2）从业单位基本信息是区分从业单位身份、反映从业单位状况的信息，主要有近5年主要业绩及全部在建的公路项目情况等

（3）从业单位表彰奖励类良好行为信息主要有：被省级及以上交通运输主管部门评价为最高信用等级（AA级）的记录年

信用信息发布期限按照下列规定设定：

（1）从业单位基本信息公布期限为长期

（2）表彰奖励类良好行为信息、不良行为信息公布期限为2年，信用评价信息公布期限为1年

公路建设信用信息管理相关规定（2）

公路施工企业信用评价规则★★

（1）定期评价工作每年开展一次
（2）评价内容由公路施工企业投标行为、履约行为和其他行为构成
（3）投标行为和履约行为初始分值为100分，实行累计扣分制
（4）公路施工企业投标行为由招标人负责评价，履约行为由项目法人负责评价，其他行为由负责行业监管的相应地方人民政府交通运输主管部门负责评价
（5）联合体有不良履约行为的，联合体各方均按相应标准扣分
（6）公路施工企业信用评价等级及其对应的企业评分X分别为：
AA级：95分≤X≤100分，信用好； A级：85分≤X<95分，信用较好
B级：75分≤X<85分，信用一般； C级：60分≤X<75分，信用较差
D级：X<60分，信用差
（7）被1个省级交通运输主管部门直接认定为D级的企业，其全国综合评价直接定为C级；被2个及以上省级交通运输主管部门直接认定为D级以及被国务院交通运输主管部门行政处罚的公路施工企业，其全国综合评价直接定为D级
（8）公路施工企业信用升级实行逐级上升制，每年只能上升一个等级，不得越级
（9）公路施工企业信用评价结果有效期1年
（10）公路施工企业资质升级的，其信用评价等级不变。企业合并的，按照合并前信用评价等级较低企业等级确定
（11）联合体参与投标时，其信用等级按照联合体各方最低等级认定

公路工程验收相关规定（1）

公路工程竣(交)工验收依据★★★

公路工程验收阶段划分和验收阶段主要工作

- 公路工程验收分为交工验收和竣工验收两个阶段
- 交工验收阶段：检查施工合同的执行情况，评价工程质量，对各参建单位工作进行初步评价
- 竣工验收阶段：对工程质量、参建单位和建设项目进行综合评价，并对工程建设项目作出整体性综合评价

公路工程竣（交）工验收的依据

（1）批准的项目建议书、工程可行性研究报告
（2）批准的工程初步设计、施工图设计及设计变更文件
（3）施工许可
（4）招标文件及合同文本
（5）行政主管部门的有关批复、批示文件
（6）公路工程技术标准、规范、规程及国家有关部门的规定

公路工程验收相关规定（2）

公路工程竣(交)工验收条件和主要内容★★★

交工验收

（1）合同约定的各项内容已全部完成
（2）施工单位按《公路工程质量检验评定标准》及相关规定对工程质量自检合格
（3）监理单位对工程质量评定合格
（4）质量监督机构按“公路工程质量鉴定办法”对工程质量进行检测，并出具检测意见
（5）竣工文件按公路工程档案管理的有关要求，完成“公路工程项目文件归档范围”第三、四、五部分内容的收集、整理及归档
（6)施工、监理单位完成本合同段的工作总结报告

竣工验收

（1）通车试运营2年以上
（2）交工验收提出的工程质量缺陷等遗留问题已全部处理完毕，并经项目法人验收合格
（3）工程决算编制完成，竣工决算已经审计，并经交通主管部门或其授权单位认定
（4）竣工文件已完成“公路工程项目文件归档方位”
（5）档案、环保等单项验收合格，土地使用手续已办理
（6）各参建单位完成工作总结报告
（7）质量监督机构对工程质量检测鉴定合格，并形成工程质量鉴定报告

公路施工安全生产和质量管理相关规定

公路工程施工安全事故报告★★

事故处理坚持“四不放过”原则

（1）事故原因不查清不放过
（2）事故责任人没受到处理不放过
（3）事故相关人员没受到教育不放过
（4）防范类似事故再次发生的措施没落实不放过

	一般事故	较大事故	重大事故	特别重大事故
死亡人数：	3 人	10 人	30 人	
重伤人数：	10 人	50 人	100 人	
直接损失：	1000 万	5000 万	1 亿元	

（1）事故发生后，事故现场有关人员应当立即向本单位负责人报告
（2）单位负责人接到报告后，应当于1小时内向事故发生地县级以上人民政府安全生产监督管理部门和负有安全生产监督管理职责的有关部门报告
（3）情况紧急时，事故现场有关人员可以直接向事故发生地县级以上人民政府安全生产监督管理部门和负有安全生产监督管理职责的有关部门报告

公路工程质量事故管理相关规定★★

等级划分	直接经济损失	结构物	水运工程
特大	X≥1 亿元		
重大	5000 万≤X＜1 亿	“特”	大型
较大	1000 万≤X＜5000 万	“高速”	中型
一般	100 万≤x＜1000 万	“除高速”	小型

环球网校
移动学习 职达未来 hqwx.com

严格按照全新考试大纲编写

全国二级建造师执业资格考试 同步章节习题集

公路工程管理与实务

环球网校建造师考试研究院 组编

中国石化出版社
HTTP://WWW.SINOPEC-PRESS.COM
教·育·出·版·中·心

图书在版编目（CIP）数据

公路工程管理与实务／环球网校建造师考试研究院组编．—北京：中国石化出版社，2021.3（2022.1 重印）
（全国二级建造师执业资格考试同步章节习题集）
ISBN 978-7-5114-6200-8

Ⅰ.①公… Ⅱ.①环… Ⅲ.①道路工程—施工管理—资格考试—习题集Ⅳ.①U415.1-44

中国版本图书馆 CIP 数据核字（2021）第 050546 号

中国石化出版社出版发行

地址：北京市东城区安定门外大街 58 号
邮编：100011　电话：(010) 57512500
发行部电话：(010) 57512575
http://www.sinopec-press.com
E-mail：press@sinopec.com
三河市中晟雅豪印务有限公司印刷
全国各地新华书店经销

*

787×1092 毫米 16 开本 12 印张 295 千字
2021 年 3 月第 1 版　2022 年 1 月第 2 次印刷
定价：39.00 元

PART 1

2B310000

公路工程施工技术

学习计划：

2B311000　路基工程

2B311010　路基施工技术

扫码即听
本章导学

知识脉络

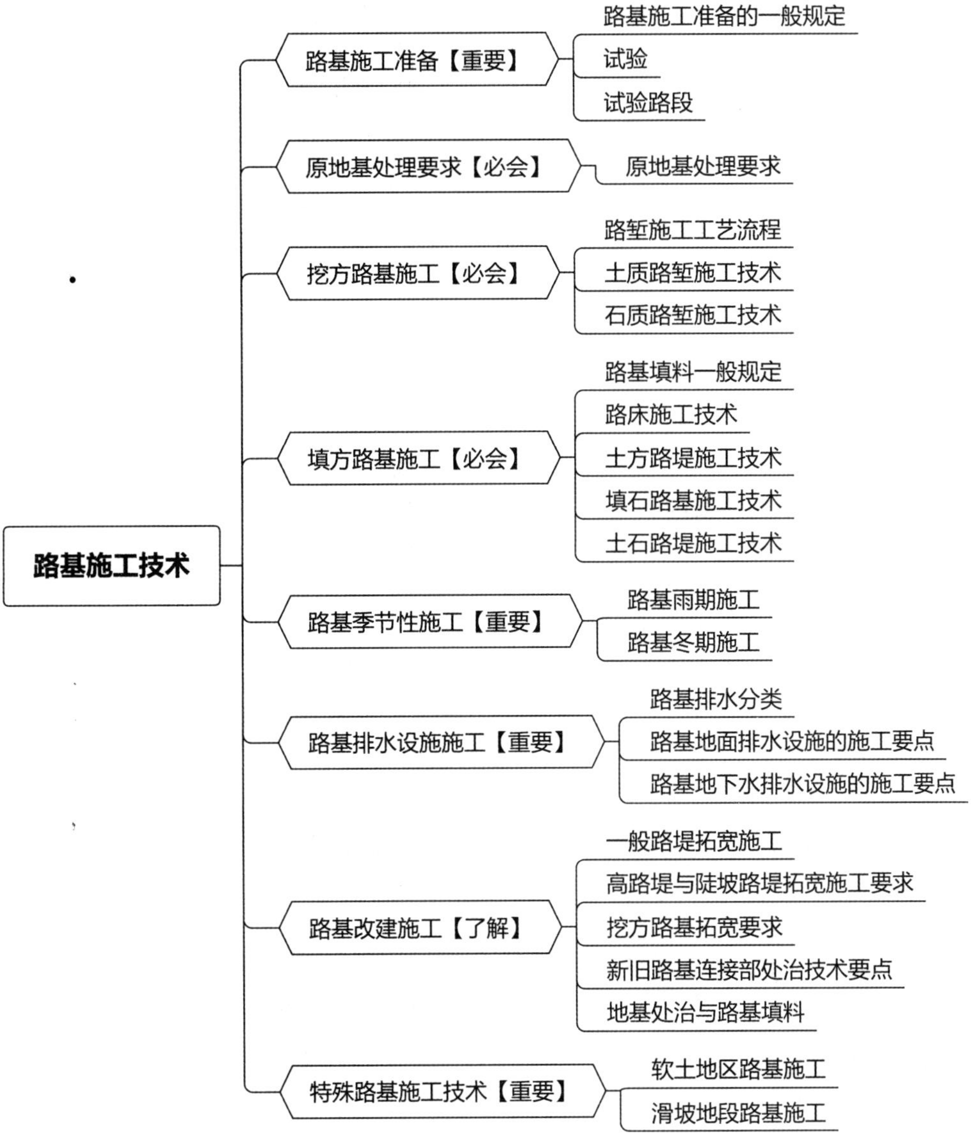

考点 1　路基施工准备【重要】

1.【单选】路基施工前应做好三大准备，（　　）准备是工程顺利实施的基础和保证。

A. 组织　　　　B. 物资

C. 技术　　　　D. 环境

2. **【多选】** 下列属于路基施工前技术准备工作内容的有（　　）。

A. 现场调查核对　　B. 复测与放样
C. 熟悉设计文件　　D. 设计交桩
E. 主要资源配置

3. **【单选】** 进行施工调查及现场核对后，根据设计要求、合同条件及现场情况等，编制（　　）。

A. 施工方案　　B. 专项施工方案
C. 施工组织设计　　D. 技术交底

4. **【多选】** 路基开工前必须建立健全（　　）和质量检测体系。

A. 环境　　B. 质量
C. 试验　　D. 职业健康安全管理体系
E. 合同

5. **【多选】** 土的试验项目包括（　　）等。

A. 标准击实试验　　B. 天然含水率
C. 马歇尔试验　　D. 液限
E. 塑限

6. **【单选】** 路基填前碾压前，应对路基基底原状土进行取样试验，每公里应至少取（　　）个点。

A. 1　　B. 2
C. 5　　D. 10

7. **【单选】** 路基施工试验路段的长度宜不小于（　　）m。

A. 50　　B. 100
C. 200　　D. 300

8. **【多选】** 下列情况中，应进行试验路段施工的有（　　）。

A. 土石路堤　　B. 二级公路填石路堤
C. 二级公路土质路堤　　D. 三级公路路堤
E. 特殊填料路堤

9. **【多选】** 路堤试验路段施工中，压实工艺主要参数包括（　　）。

A. 压实机械规格　　B. 天然含水率
C. 碾压速度　　D. 相对密度
E. 松铺厚度

10. **【多选】** 以下路段中，需要进行试验路段的有（　　）。

A. 一级公路路堤　　B. 二级公路路堑
C. 三级土方路堤　　D. 三级特殊路堤
E. 四级采用新技术、新工艺的路基

11. **【单选】** 路堤试验路段中，压实工艺主要参数不包括（　　）。

A. 压实机械规格　　B. 机械组合
C. 最大干密度　　D. 最佳含水率

12. **【多选】** 路堤试验路段施工总结的内容包括（　　）。

A. 过程工艺控制
B. 质量控制标准

C. 对初步设计文件的修改建议

D. 安全保障措施

E. 环保措施

考点 2 原地基处理要求【必会】

1.【单选】在一般土质地段，三级公路和四级公路地基表层碾压处理压实度应不小于（　　）。

A. 85%　　B. 90%

C. 94%　　D. 96%

2.【单选】在一般土质地段，高速公路地基表层碾压处理压实度应不小于（　　）。

A. 85%　　B. 90%

C. 94%　　D. 96%

3.【单选】低路堤应对地基表层土进行（　　）、分层回填压实，其处理深度应不小于路床厚度。

A. 超挖　　B. 压实

C. 整平　　D. 晾晒

4.【单选】关于低路堤处理的说法，不正确的是（　　）。

A. 应对地基表层土进行超挖

B. 超挖后分层回填

C. 超挖后分层压实

D. 处理深度应不大于路床厚度

5.【多选】原地基处理中，原地面有坑、洞、穴时，应（　　）。

A. 清除沉积物　　B. 导排

C. 灌浆　　D. 用合格填料分层回填

E. 分层压实

6.【单选】路堤填筑前，需对原地基进行处理，下列说法不正确的是（　　）。

A. 二级及二级以上公路路堤基底的压实度应不小于90%

B. 原地面的坑、洞、穴等，应在清除沉积物后，用合格填料分层回填、分层压实

C. 泉眼或露头地下水时，应先填筑后导排

D. 低路堤应对地基表层土进行超挖、分层回填压实

7.【单选】下列关于原地基处理的说法中，错误的是（　　）。

A. 二级公路路堤地基表层碾压处理压实度的压实度应不小于90%

B. 三级公路路堤地基表层碾压处理压实度的压实度应不小于85%

C. 原地面的坑、洞、穴应直接用合格的填料分层回填、压实

D. 泉眼或露头地下水，应首先采取有效的导排措施

考点 3 挖方路基施工【必会】

1.【单选】下列关于路堑施工工艺流程，正确的是（　　）。

A. 测量放样→开挖截水沟→场地清理→逐层开挖

B. 开挖截水沟→逐层开挖→路槽碾压→装运土石方

C. 开挖边沟→场地清理→逐层开挖→装运土石方

D. 测量放样→场地清理→逐层开挖→装运土石方

2.【单选】路堑施工中，逐层开挖的紧前工序为（　　）。

A. 测量放样　　B. 边坡修理

C. 开挖截水沟　　D. 开挖边沟

3.【多选】推土机开挖土方作业中，影响作业效率的主要因素有（　　）环节。

A. 切土　　B. 运土

C. 卸土　　D. 倒退

E. 空回

4.【单选】在土质路堑的开挖方法中，适用于挖掘深且短的路堑的挖掘法是（　　）。

A. 单层横向全宽挖掘法　　B. 多层横向全宽挖掘法

C. 分层纵挖法　　D. 分段纵挖法

5.【单选】适用于挖掘浅且短的路堑的施工方法是（　　）。

A. 单层横向全宽挖掘法　　B. 多层横向全宽挖掘法

C. 通道纵挖法　　D. 混合式挖掘法

6.【多选】综合爆破施工技术中，下列属于钢钎炮的特点有（　　）。

A. 用药少，每次爆破的方数不多　　B. 工效较低

C. 劳动生产率高　　D. 施工进度快

E. 不利于爆破能量的利用

7.【单选】在有裂缝的软石、坚石中，阶梯高度大于 4m，药壶炮药壶不易形成时，采用（　　）可以获得好的爆破效果。

A. 钢钎炮　　B. 深孔爆破

C. 猫洞炮　　D. 静态破碎法

8.【单选】将膨胀剂放入炮孔内，利用产生的膨胀力，缓慢地作用于孔壁，经过数小时至 24h 达到 300～500MPa 的压力，使介质裂开，这种开挖方式为（　　）。

A. 预裂爆破法　　B. 钻爆开挖法

C. 机械开挖法　　D. 静态破碎法

考点 4　填方路基施工【必会】

1.【多选】下列属于较好的路基填料的是（　　）。

A. 砂类土　　B. 有机质土

C. 膨胀性岩石　　D. 易溶性岩石

E. 砾类土

2.【单选】根据《公路路基设计规范》的规定，路床填料最大粒径应不大于（　　）mm。

A. 80　　B. 100

C. 150　　D. 200

3.【多选】在选择路堤填料时，严禁作为填料的有（　　）。

A. 含生活垃圾的土　　B. 含草皮土

C. 含腐殖质的土　　D. 淤泥

E. 冻土

4.【单选】填方分几个作业段施工时，接头部位如不能交替填筑，则先填路段，按（　　）坡度分层留台阶。

A. 1∶1～1∶2　　B. 1∶2～1∶3

C. 1∶3～1∶5　　D. 1∶5～1∶6

5. **【多选】**关于水平分层填筑法的说法，错误的有（　　）。
A. 从原地面开始水平填筑
B. 按照横断面全宽分成水平层次，逐层向上填筑
C. 是路基填筑的常用方法
D. 依路线纵坡方向分层，逐层向坡向填筑
E. 宜用推土机从路堑取土填筑

6. **【多选】**在填石路堤顶面与细粒土填土层之间应填筑（　　）。
A. 垫层　　B. 基层
C. 过渡层　　D. 反滤层
E. 隔离层

7. **【多选】**下列属于填石路堤施工填筑方法的有（　　）。
A. 竖向填筑法　　B. 分层压实法
C. 冲击压实法　　D. 强力夯实法
E. 倾填法

8. **【多选】**土石混合材料来自不同料场，其岩性或土石比例相差较大时，宜（　　）填筑。
A. 分幅　　B. 分层
C. 分段　　D. 混合
E. 竖向

9. **【单选】**某一级公路土石路堤施工，在横坡较陡峻的路段，填筑方法应采用（　　）。
A. 倾填方法
B. 分层填筑
C. 下半部分层填筑，上半部倾填
D. 下半部倾填，上半部分层填筑

考点 5　路基季节性施工【重要】

1. **【单选】**雨期开挖路堑时，正确的做法是（　　）。
A. 边坡宜一次挖到设计坡面
B. 挖至设计标高以上 200～300mm 时应停止开挖
C. 停止开挖后在两侧开挖临时排水沟
D. 雨期开挖岩石路基，炮眼宜垂直设置

2. **【单选】**冬期施工的路堤填料，不得用含水率过大的（　　）。
A. 黏质土　　B. 砂类土
C. 碎石　　D. 石碴

考点 6　路基排水设施施工【重要】

1. **【多选】**将可能停滞在路基范围内的地面水迅速排除，防止路基范围内的地面水流入路基内的设施有（　　）。
A. 边沟　　B. 截水沟
C. 排水沟　　D. 暗沟
E. 渗沟

2. 【多选】用于路基地下水排水的设施有（　　）。

A. 蒸发池　　B. 边沟

C. 渗沟　　D. 跌水

E. 仰斜式排水孔

3. 【单选】当地下水埋藏浅或无固定含水层时，宜采用（　　）。

A. 暗沟　　B. 渗沟

C. 排水沟　　D. 渗井

考点 7　路基改建施工【了解】

1. 【单选】老路堤与新路堤交界的坡面挖除清理的法向厚度不宜小于（　　）m。

A. 0.1　　B. 0.2

C. 0.3　　D. 0.4

2. 【单选】路堤拓宽拼接宽度小于（　　）m 时，可采取超宽填筑再削坡或翻挖既有路堤等措施。

A. 0.2　　B. 0.5

C. 0.75　　D. 0.8

3. 【多选】为加强新老路基的横向联系，新旧路基连接部位可采用的措施有（　　）。

A. 开挖临时排水沟　　B. 刷坡减重

C. 挖台阶　　D. 填筑轻型材料

E. 铺设土工格栅

4. 【多选】高路堤拓宽时，为了保证路基稳定、减少路基工后沉降，可采用（　　）。

A. 加固土处治　　B. 粉喷桩处理

C. 碎石桩处理　　D. 塑料排水板处理

E. 填筑重型材料

考点 8　特殊路基施工技术【重要】

1. 【多选】关于软土特点的说法，错误的有（　　）。

A. 天然含水率高　　B. 天然孔隙比大

C. 抗剪强度高　　D. 压缩性高

E. 属于粗粒土

2. 【多选】某二级公路，路段地基软土厚度 1m 左右，用（　　）进行软土处理较合适。

A. 浅层置换　　B. 抛石挤淤

C. 浅层改良　　D. 粒料桩

E. 竖向排水板

3. 【多选】下列关于袋装砂井施工的做法，正确的有（　　）。

A. 袋装砂井宜采用圆形套管，套管内径宜略小于砂井直径

B. 宜采用中、粗砂，粒径大于 0.5mm 颗粒的含量宜大于 50%，含泥量应小于 3%

C. 砂袋的渗透系数应不大于砂的渗透系数

D. 套管起拔时应垂直起吊

E. 砂袋在孔口外的长度应不小于 300mm，并顺直伸入砂砾垫层

4.【单选】滑坡地段整治宜在（ ）施工。
A. 旱季 B. 冬季
C. 秋季 D. 雨季

2B311020 路基防护与支挡

知识脉络

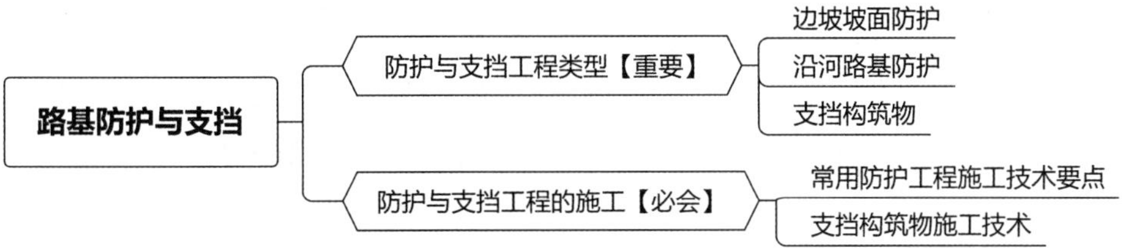

考点1 防护与支挡工程类型【重要】

1.【单选】下列边坡防护中，属于骨架植物防护的是（ ）。
A. 种植灌木 B. 喷混植生
C. 喷护 D. 水泥混凝土空心块护坡

2.【多选】下列防护措施中，可以用于沿河路基防护的有（ ）。
A. 植物防护 B. 砌石护坡
C. 浸水挡土墙 D. 护面墙
E. 顺坝

3.【多选】（ ）用以防止路基变形或支挡路基本体或山体的位移，保证其稳定性。
A. 浆砌片石骨架植草 B. 挂网喷护
C. 重力式挡土墙 D. 半重力式挡土墙
E. 抗滑桩

考点2 防护与支挡工程的施工【必会】

1.【多选】坡面喷射混凝土防护施工，应符合的规定有（ ）。
A. 混凝土喷射每层应自上而下进行
B. 当混凝土厚度大于100mm时，宜分两次喷射
C. 喷射混凝土面层应在长度方向上每10m设伸缩缝
D. 喷射混凝土终凝后，应立即开始养护
E. 养护期宜不少于7d

2.【单选】浆砌片石护坡每（ ）m应留一伸缩缝。
A. 5～8 B. 8～10
C. 10～15 D. 12～15

3.【多选】有关浆砌片石护面墙施工要求的说法，错误的有（ ）。
A. 修筑护面墙前，应清除边坡风化层至新鲜岩面
B. 冰冻地区应埋置在冰冻深度以下至少250mm
C. 护面墙背必须与路基坡面密贴，边坡局部凹陷处，应回填土石或干砌片石

D. 当护面墙基础修筑在不同岩层上时，应在变化处设置反滤层

E. 护面墙的基础应设置在稳定的地基上

4. 【单选】形式简单、施工方便、就地取材、适应性强、应用广泛的挡土墙是（　　）。

A. 重力式挡土墙　　B. 悬臂式挡土墙

C. 加筋土挡土墙　　D. 锚杆挡土墙

5. 【单选】在锚杆挡土墙的施工工艺流程中，挡土板安装的紧后工序是（　　）。

A. 肋柱安装　　B. 墙后填料填筑与压实

C. 钻孔　　D. 锚杆安放与注浆锚固

6. 【单选】柱板式锚杆挡土墙墙后的土压力传递路径有：①墙后的土压力；②肋柱；③锚杆；④挡土板。正确的顺序是（　　）。

A. ①→②→③→④　　B. ①→④→②→③

C. ①→④→③→②　　D. ①→②→④→③

7. 【多选】下列关于加筋土挡土墙特点的说法，不正确的有（　　）。

A. 加筋土挡土墙通常适用于挖方路段的路堑边坡支挡

B. 利用拉筋与土之间的摩擦作用，改善土体的变形条件和提高土体的工程特性

C. 加筋土是刚性结构物

D. 加筋土挡土墙一般由墙面板、填土、填土中布置的拉筋等几部分构成

E. 拉筋应按设计位置水平铺设

2B311030　路基试验检测技术

知识脉络

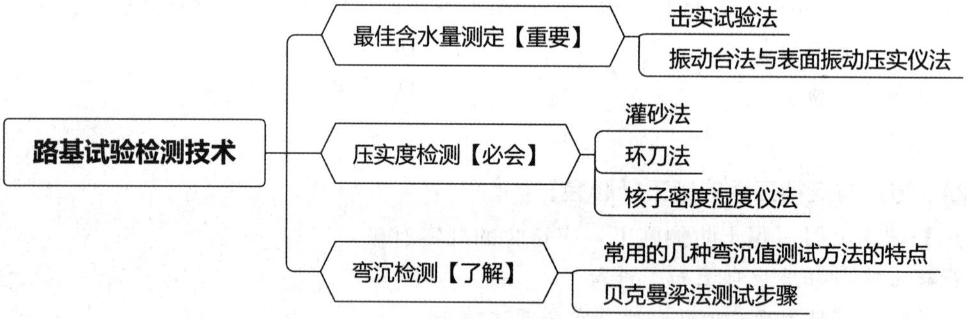

考点 1　最佳含水量测定【重要】

1. 【多选】根据击实功的不同，击实试验可分为（　　）。

A. 重型击实　　B. 中型击实

C. 轻型击实　　D. 湿土法击实

E. 干土法击实

2. 【单选】击实曲线上（　　）对应最佳含水量。

A. 最小干密度　　B. 最大干密度

C. 最小湿密度　　D. 最大湿密度

3. **【多选】**路基的含水量的试验方法有（　　）。
A. 击实试验法
B. 振动台法
C. 表面振动压实仪法
D. 环刀法
E. 灌砂法
4. **【单选】**最佳含水量是根据不同土类的性质，采用不同的试验方法确定的，测定无黏聚性自由排水粗粒土和巨粒土的最大干密度可采用的方法是（　　）。
A. 轻型击实试验
B. 中型击实试验
C. 振动台法
D. 灌砂法

考点 2 压实度检测【必会】

1. **【单选】**（　　）适用于路基土压实度检测，不宜用于填石路堤等有大孔洞或大孔隙材料的测定。
A. 灌砂法
B. 环刀法
C. 核子密度湿度仪法
D. 无核密度仪法
2. **【单选】**采用灌砂法检测压实度，不宜用于（　　）。
A. 填石路堤
B. 二灰基层
C. 砂石路面
D. 沥青贯入式路面
3. **【单选】**在进行压实度检测时，用于细粒土的密度测试，属于现场密度测定方法中的（　　）。
A. 灌砂法
B. 环刀法
C. 核子密度湿度仪法
D. 表面振动压实仪法

考点 3 弯沉检测【了解】

1. **【单选】**弯沉是路基或路面质量控制的重要指标之一，其单位为（　　）。
A. mm
B. cm
C. 0.01mm
D. 0.01cm
2. **【单选】**下列属于静态的弯沉检测方法是（　　）。
A. 贝克曼梁法
B. 核子密度湿度仪法
C. 落锤弯沉仪法
D. 环刀法
3. **【多选】**关于贝克曼梁法测定弯沉，下列说法正确的有（　　）。
A. 测点应在轮迹带上，并用白油漆或粉笔画上记号
B. 将试验车后轮对准测点后约 10～15cm 处位置上
C. 将弯沉仪插入汽车后轮之间的缝隙处，与汽车方向一致
D. 汽车行进速度宜为 5km/h 左右
E. 测得的数字整理计算，求得代表弯沉值

2B311040　公路工程施工测量技术

知识脉络

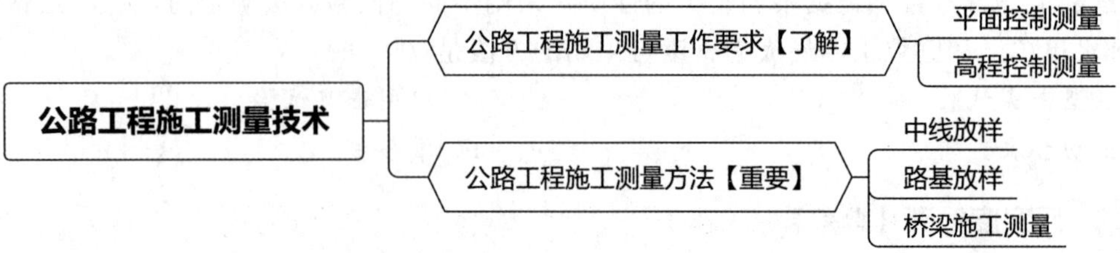

考点 1　公路工程施工测量工作要求【了解】

1. **【多选】**平面控制测量应采用的方法有（　　）。

A. 卫星定位测量　　B. 导线测量

C. 三角测量　　D. 三边测量

E. 坐标法测量

2. **【单选】**沿路线每（　　）m 宜有一个水准点。

A. 100　　B. 200

C. 500　　D. 1000

3. **【单选】**某二级公路高程控制测量等级应为（　　）。

A. 二等　　B. 三等

C. 四等　　D. 五等

考点 2　公路工程施工测量方法【重要】

1. **【多选】**中线测量放样常用的方法有（　　）。

A. 切线支距法　　B. 偏角法

C. 渐近法　　D. 坐标法

E. GPS-RTK 技术放样

2. **【单选】**一级公路中线放样宜采用（　　）进行测量放样。

A. 切线支距法　　B. 偏角法

C. 图解法　　D. 坐标法

3. **【单选】**GPS-RTK 技术用于道路中线施工放样时，应先计算出线路上里程桩的（　　）。

A. 方位角　　B. 坐标

C. 距离　　D. 高程

4. **【单选】**某山区高速公路的横断面边桩放样，可采用（　　）。

A. 渐近法　　B. 图解法

C. 计算法　　D. 偏角法

5. **【多选】**路基横断面边桩放样方法有（　　）。

A. 渐近法　　B. 坐标法

C. 图解法　　D. 计算法

E. 偏角法

6.【单选】主要用于公路平坦地形或地面横坡较均匀一致地段的路基边桩放样方法是（　　）。

A. 渐近法　　B. 坐标法

C. 图解法　　D. 计算法

7.【单选】为防止差错，施工单位自行测定的重要标志，必须至少由（　　）组相互检查核对。

A. 2　　B. 3

C. 4　　D. 5

2B311050　路基工程质量通病及防治措施

知识脉络

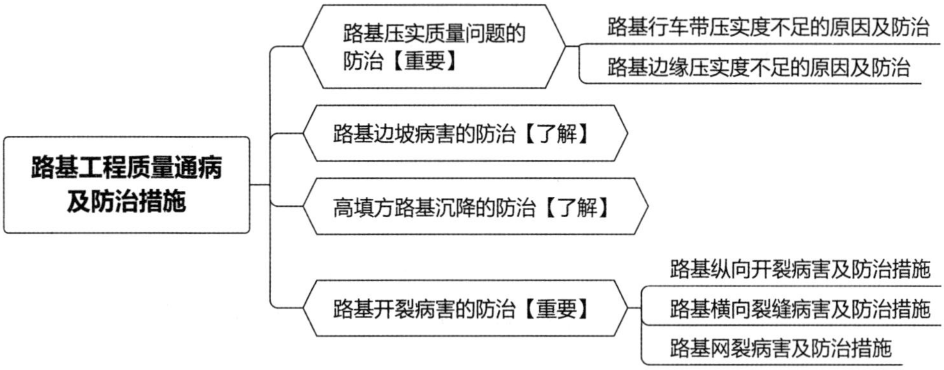

考点 1　路基压实质量问题的防治【重要】

1.【多选】路基行车带施工中压实度不能满足质量标准要求，主要原因有（　　）。

A. 压实遍数不够

B. 碾压不均匀，局部有漏压现象

C. 未处理好填挖交界面

D. 土场土质种类多，出现不同类别土混填

E. 基底存在软土

2.【多选】路基边缘压实度不足的预防措施有（　　）。

A. 超宽填筑

B. 增加路基边缘带压实遍数

C. 放缓填筑边坡横坡度

D. 确保段落搭接超压长度

E. 路基边缘填料选用高塑性指数的黏土

3.【单选】路基填筑宽度不足时，可采用的返工方法是（　　）。

A. 开挖台阶补宽填筑

B. 贴坡填筑

C. 提高路缘带压实遍数

D. 提高路缘带碾压频率

考点 2 路基边坡病害的防治【了解】

【多选】下列会引起路基边坡病害的做法有（　　）。

A. 边坡二期贴补

B. 换填土时清淤不彻底

C. 路基所处的原地面斜坡面（横断面）陡于 1∶5 时，原地面应开挖反坡台阶

D. 纵坡大于 12%的路段采用纵向水平分层法填筑施工

E. 路基处于陡峭的斜坡面上

考点 3 高填方路基沉降的防治【了解】

【单选】下列不属于高填方路基沉降的原因的是（　　）。

A. 按照一般路堤设计，没有验算路堤稳定性、地基承载力和沉降量

B. 地基处理不彻底，压实度达不到要求

C. 工程地质不良，且未作地基孔隙水压力观察

D. 高填方路堤受水浸泡部分应采用水稳性及透水性好的填料

考点 4 路基开裂病害的防治【重要】

1.【单选】半填半挖路段，地面横坡大于 1∶5，应按规范要求将原地面挖成宽度不小于（　　）m 的台阶。

A. 0.5　　B. 1.0

C. 2.5　　D. 5.0

2.【多选】下列关于路基产生横向裂缝的预防措施的说法，错误的有（　　）。

A. 路基填料禁止直接使用液限大于 50、塑性指数大于 26 的土

B. 不同种类的土应分层填筑，同一填筑层可混用

C. 路基顶填筑层分段作业施工，两段交接处应按要求处理

D. 严格控制路基每一填筑层的标高、平整度，确保路基顶填筑层压实厚度不小于 8cm

E. 严格控制路基每一填筑层的标高、平整度，确保路基顶填筑层压实厚度不小于 5cm

3.【单选】下列关于路基网裂病害预防及治理措施的说法中，错误的是（　　）。

A. 采用合格的填料，或采取掺加石灰、水泥改性处理措施

B. 选用塑性指数符合规范要求的土填筑路基，控制填土最佳含水量时碾压

C. 采用塑性指数偏高的土

D. 加强养护，避免表面水分过分损失

2B312000 路面工程

2B312010 路面基层（底基层）施工技术

扫码即听
本章导学

知识脉络

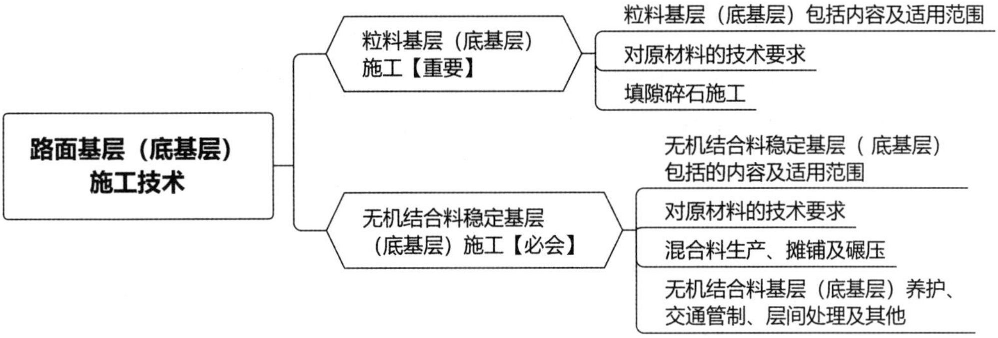

考点 1 粒料基层（底基层）施工【重要】

1.【单选】下列可作为各级公路基层和底基层的材料是（　　）。

A. 泥结碎石　　B. 填隙碎石

C. 级配碎石　　D. 级配砾石

2.【单选】下列属于级配型粒料基层的是（　　）。

A. 石灰稳定级配碎石　　B. 天然砂砾

C. 泥结碎石　　D. 砾石经轧制掺配而成的级配砾石

3.【多选】下列属于粒料类级配型路面基层的有（　　）。

A. 符合级配的天然砂砾基层　　B. 级配砾石基层

C. 级配砾、碎石基层　　D. 水泥稳定级配碎石基层

E. 石灰稳定级配碎石基层

4.【多选】下列不属于嵌锁型粒料基层的有（　　）。

A. 级配碎石　　B. 泥结碎石

C. 水泥稳定碎石　　D. 泥灰结碎石

E. 填隙碎石

5.【单选】填隙碎石适用于（　　）。

A. 二级公路基层　　B. 三级公路面层

C. 二、三、四级公路基层　　D. 各级公路的底基层

6.【单选】填隙碎石用作基层时，集料的公称最大粒径应不大于（　　）mm；用作底基层时，应不大于（　　）mm。

A. 50，63　　B. 37.5，35

C. 37.5，50　　D. 53，63

7. 【单选】填隙碎石用作基层时，集料的压碎值应不大于（　　）；用作底基层时应不大于（　　）。
A. 25%，30%　　B. 25%，35%
C. 26%，30%　　D. 30%，40%

8. 【单选】填隙碎石施工时，填隙料的用量宜为集料质量的（　　）。
A. 20%～30%　　B. 30%～40%
C. 30%～50%　　D. 40%～50%

9. 【多选】关于填隙碎石基层施工技术要求的说法，正确的有（　　）。
A. 填隙碎石层上为薄沥青面层时，碾压后宜使集料的棱角外露3～5mm
B. 填隙料应干燥
C. 宜采用胶轮压路机静压，碾压时，表面集料间应留有空隙
D. 填隙碎石基层未洒透层沥青或未铺封层时，不得开放交通
E. 碾压后基层的固体体积率宜不小于85%

10. 【多选】下列关于填隙碎石施工的说法，错误的有（　　）。
A. 填隙料应洒水湿润
B. 填隙碎石施工，宜采用振动压路机碾压
C. 单层填隙碎石的压实厚度宜为公称最大粒径的2.0～2.5倍
D. 填隙碎石碾压后，表面集料间的空隙应填满，但表面应看得见集料
E. 干旱缺水地区宜采用干法施工

11. 【多选】下列填隙碎石湿法施工符合规定的有（　　）。
A. 初压宜用两轮压路机碾压，目的是使集料稳定就位
B. 填隙料应采用石屑撒布机或类似的设备均匀地撒铺在已压稳的集料层上
C. 应采用振动压路机快速碾压，将全部填隙料振入集料间的空隙中
D. 集料层表面空隙全部填满后，宜立即用洒水车洒水，直到饱和
E. 碾压完成的路段应立即覆盖，防止水分蒸发

12. 【多选】某路段在进行填隙碎石底基层备料时，计算该段所需的粗碎石体积数量需要考虑的参数有（　　）。
A. 底基层宽度　　B. 底基层厚度
C. 运料车辆的车厢体积　　D. 松铺系数
E. 粗碎石的含水量

考点 2　无机结合料稳定基层（底基层）施工【必会】

1. 【单选】下列材料可用于高级路面基层材料的是（　　）。
A. 石灰稳定级配碎石
B. 水泥稳定细粒土
C. 石灰土
D. 石灰工业废渣稳定土

2. 【多选】下列选项中，适合用于高速公路基层的有（　　）。
A. 水泥稳定级配碎石　　B. 水泥稳定级配砾石
C. 石灰土　　D. 二灰土
E. 二灰砂

3. 【单选】无机结合料稳定基层的水泥材料应选用（　　）的水泥。

A. 初凝时间 3h 以上和终凝时间大于 5h 且小于 8h

B. 初凝时间 3h 以上和终凝时间大于 6h 且小于 10h

C. 初凝时间 3h 以内和终凝时间大于 5h 且小于 10h

D. 初凝时间 3h 以内和终凝时间大于 6h 且小于 10h

4. 【多选】无机结合料稳定基层施工中，对原材料的技术要求正确的有（　　）。

A. 高速公路和一级公路的基层，不应采用磨细消石灰

B. 高速公路和一级公路用石灰应不低于Ⅱ级技术要求

C. 水泥强度等级为 32.5 或 42.5

D. 水泥初凝时间大于 3h，终凝时间大于 6h 且小于 12h

E. 拌合使用的非饮用水应进行水质检验

5. 【多选】无机结合料稳定材料组成设计包括（　　）。

A. 原材料检验

B. 设计配合比设计

C. 目标配合比设计

D. 生产配合比设计

E. 施工参数确定

6. 【单选】石灰稳定材料或石灰粉煤灰稳定材料层宜在当天碾压完成，最长不应超过（　　）d。

A. 1

B. 3

C. 4

D. 7

7. 【多选】水泥稳定土基层施工时，确定每日施工作业段长度，宜综合考虑的因素包括（　　）。

A. 施工机械生产效率和数量

B. 施工人员数量及操作熟练程度

C. 增加施工接缝的数量

D. 施工季节和气候条件

E. 水泥的终凝时间

8. 【单选】无机结合料混合料在摊铺时应保证足够的厚度，碾压成型后每层的摊铺厚度宜为（　　）mm。

A. 150～200

B. 160～200

C. 150～250

D. 160～250

9. 【单选】路面基层在摊铺施工期间，两台摊铺机的前后间距宜不大于 10m，且两个施工段面纵向应有（　　）mm 的重叠。

A. 200～300

B. 200～400

C. 300～400

D. 300～500

10. 【单选】在路拌法水泥稳定土基层施工中，主要工艺流程有：①准备下承层；②洒水、闷料；③拌合；④摆放和摊铺无机结合料；⑤施工放样；⑥备料、摊铺土。下列选项中，排序正确的是（　　）。

A. ⑤①⑥②④③

B. ⑤①⑥④②③

C. ①⑤⑥④②③

D. ①⑤⑥②④③

11. 【单选】关于水泥稳定土基层路拌法施工的说法，正确的是（　　）。

A. 摊铺土应在摊铺水泥的前一周进行

B. 同日施工的两工作段的衔接处，前一段拌合整形后留 5～8m，与后一段再加水泥重新

拌合后一起碾压

C. 当必须分两幅施工时，纵缝必须斜接，不得垂直相接

D. 应先采用重型压路机后采用轻型压路机进行碾压

12. **【单选】**无机混合料基层路拌法施工中，下承层为粒料底基层时，应检测（　　）。

A. 强度　　B. 配合比

C. 弯沉值　　D. 最大粒径

13. **【单选】**关于水泥稳定土摊铺碾压施工的做法，错误的是（　　）。

A. 应采用沥青混凝土摊铺机或稳定材料摊铺机摊铺混合料

B. 对无法使用机械摊铺的超宽路段，应采用人工同步摊铺、修整，并同时碾压成型

C. 因故中断时间大于 2h 时，应设置横向接缝

D. 当必须分两幅施工时，纵缝必须斜接，不得垂直相接

14. **【单选】**关于无机结合料基层人工摊铺与碾压的说法，不正确的是（　　）。

A. 混合料拌合均匀后，应及时用平地机初步整形

B. 在初平的路段上，应用拖拉机、平地机或轮胎压路机快速碾压一遍

C. 应尽量将高处料直接摊铺，形成薄层贴补现象

D. 有"弹簧"、松散、起皮等现象时，应及时翻开重新拌合

15. **【单选】**粒料基层横向宽度范围的碾压方向应是（　　）碾压。

A. 由低向高　　B. 由路肩向路中心

C. 由内侧向外侧　　D. 由外侧向内侧

16. **【单选】**关于无机结合料基层养护的说法，正确的是（　　）。

A. 养护期不宜少于 3d

B. 养护期不宜少于 7d

C. 养护期不宜少于 14d

D. 养护期不宜少于 28d

17. **【多选】**在无机结合料稳定材料层之间的处理中，上层施工前 1～2h，宜撒布（　　）。

A. 水泥　　B. 石灰

C. 无机结合料　　D. 水泥净浆

E. 水泥砂浆

18. **【单选】**关于无机结合料稳定材料层之间的处理，下列说法正确的是（　　）。

A. 下承层清理后应封闭交通

B. 采用连续摊铺方式施工的结构层，可用一套设备在上下层之间来回施工

C. 稳定细粒材料结构层，最后一道碾压工艺不可用凸块式压路机碾压

D. 在上层施工前一天，撒布水泥或水泥净浆

19. **【单选】**下列关于薄膜覆盖养护的说法，错误的是（　　）。

A. 混合料摊铺碾压成型后，可覆盖薄膜，薄膜厚度宜不小于 1mm

B. 薄膜之间应搭接完整，避免漏缝

C. 养护至上层结构层施工前 2～3d，方可将薄膜掀开

D. 对蒸发量较大的地区或养护时间大于 15d 的工程，在养护过程中应适当补水

2B312020 沥青路面施工技术

知识脉络

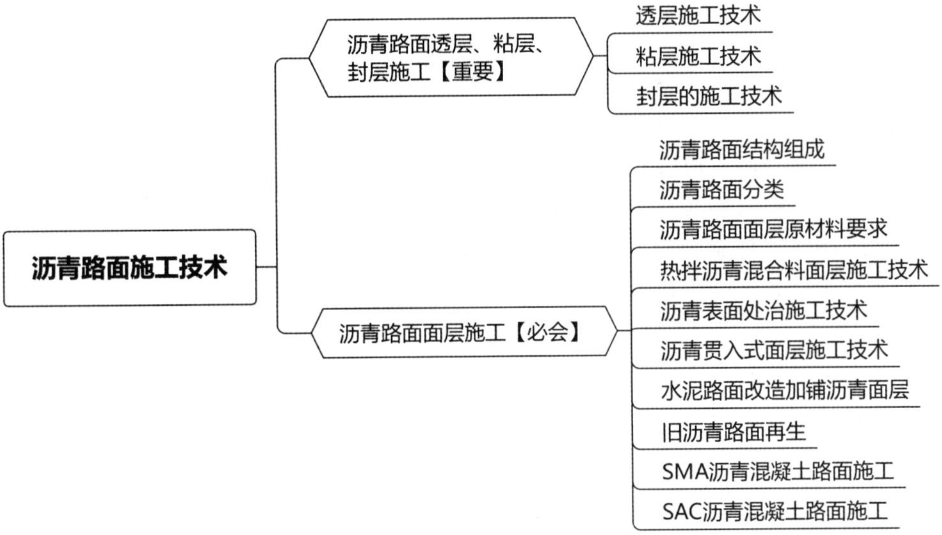

考点 1 沥青路面透层、粘层、封层施工【重要】

1. 【单选】为使沥青面层与基层结合良好，在基层上浇洒的沥青薄层称为（　　）。

A. 透层　　B. 粘层
C. 封层　　D. 结合层

2. 【单选】沥青路面施工中，必须喷洒透层沥青的情况是（　　）。

A. 沥青稳定碎石基层　　B. 级配碎石基层
C. 旧沥青路面层上加铺沥青层　　D. 旧水泥混凝土路面上铺筑沥青层

3. 【多选】透层是为了使沥青面层与基层结合良好，透层油通常采用（　　）。

A. 乳化沥青　　B. 改性乳化沥青
C. 煤沥青　　D. 快、中凝液体石油沥青
E. 液体沥青

4. 【单选】在无机结合料粒料基层上洒布透层油时，宜在铺筑沥青层前（　　）洒布。

A. 1～2h　　B. 1～2d
C. 2～4h　　D. 2～4d

5. 【多选】下列选项中，属于沥青路面粘层作用的有（　　）。

A. 为使沥青面层与基层结合良好，在基层上浇洒乳化沥青等而形成透入基层表面的薄层
B. 封闭某一层起保水、防水作用
C. 使上下层沥青结构层完全粘结成一个整体
D. 使沥青结构层与结构物（或水泥混凝土路面）完全粘结成一个整体
E. 基层与沥青表面层之间的过渡和有效联结

6. 【多选】在沥青路面施工中，必须喷洒粘层沥青的有（　　）。

A. 旧沥青路面层上加铺沥青层　　B. 无机结合料基层上铺筑沥青层

C. 水泥混凝土路面上铺筑沥青层
D. 半刚性基层上铺筑沥青层
E. 有裂缝或已修补的旧沥青路面

7. 【单选】为封闭表面空隙，防止水分浸入面层或基层而铺筑的沥青混合料薄层称为（　　）。
A. 透层
B. 粘层
C. 封层
D. 结合层

8. 【单选】下列关于封层作用的说法，不正确的是（　　）。
A. 封闭某一层，起保水、防水作用
B. 提高基层的整体强度
C. 起基层与沥青表面之间的过渡和有效联结作用
D. 路的某一层表面破坏离析松散处的加固补强

9. 【多选】下列稀浆封层施工做法中，正确的有（　　）。
A. 施工前，应彻底清除原路面的泥土、杂物
B. 施工时应在湿润情况下进行
C. 铺筑后，必须待乳液破乳、水分蒸发、干燥成型后方可开放交通
D. 稀浆封层施工气温不得低于5℃
E. 摊铺后尚未成型的混合料遇雨时应予铲除

10. 【单选】沥青路面的稀浆封层混合料的加水量应根据施工摊铺和易性由稠度试验确定，要求的稠度应为（　　）cm。
A. 1～2
B. 1～3
C. 2～3
D. 2～5

考点 2　沥青路面面层施工【必会】

1. 【多选】沥青路面结构层包括（　　）。
A. 面层
B. 基层
C. 底基层
D. 垫层
E. 过渡层

2. 【单选】沥青混凝土路面结构层中，起主要承重作用的层次是（　　）。
A. 面层
B. 基层
C. 垫层
D. 底基层

3. 【单选】沥青混凝土路面结构层中，直接承受行车荷载作用的是（　　）。
A. 面层
B. 基层
C. 垫层
D. 底基层

4. 【单选】沥青路面结构层中，（　　）有排水、隔水、防冻、防污的作用。
A. 面层
B. 基层
C. 底基层
D. 垫层

5. 【单选】关于沥青混凝土路面的说法，错误的是（　　）。
A. 不含矿粉是沥青混凝土的显著特点
B. 可以承受比较繁重的车辆交通
C. 具有透水性小、水稳性好、耐久性高、有较大抵抗自然因素的能力
D. 适用于各级公路面层

6. 【多选】关于沥青表面处治施工技术的说法，正确的有（　　）。
A. 沥青表面处治可分为单层式、双层式、三层式

B. 沥青表面处治适用于一级及一级以下公路的沥青面层
C. 沥青表面处治可作为沥青路面的磨耗层
D. 沥青表面处治可采用层铺法施工
E. 沥青表面处治可采用拌合法施工

7. **【单选】**沥青路面按组成结构分类中，密实-骨架结构的典型代表是（　　）。
A. AC-I　　B. AM
C. OGFC　　D. SMA

8. **【单选】**工程中常用的 AC-I 型沥青混凝土由连续级配矿料组成的沥青混合料结构为（　　）。
A. 密实-悬浮结构　　B. 骨架-空隙结构
C. 密实-嵌挤结构　　D. 密实-骨架结构

9. **【单选】**按矿料级配分类，属于开级配沥青混合料的是（　　）。
A. AC-I　　B. AM
C. OGFC　　D. SMA

10. **【单选】**SMA 沥青混合料的级配类型是（　　）。
A. 连续级配　　B. 半开级配
C. 开级配　　D. 间断级配

11. **【单选】**由连续密级配矿料组成的沥青混合料结构为（　　）。
A. 密实-悬浮结构　　B. 骨架-空隙结构
C. 密实-骨架结构　　D. 密级配结构

12. **【单选】**关于改性沥青的说法，错误的是（　　）。
A. 改性沥青宜在固定式工厂或在现场设厂集中制作，也可在拌合厂现场边制造边使用
B. 改性沥青的加工温度不宜超过 160℃
C. 现场制造的改性沥青宜随配随用
D. 需作短时间保存，或运送到附近的工地时，使用前必须搅拌均匀，在不发生离析的状态下使用

13. **【单选】**沥青混合料中掺加的矿物纤维稳定剂宜采用（　　）制造。
A. 石灰岩　　B. 玄武岩
C. 花岗岩　　D. 页岩

14. **【单选】**在热拌沥青混合料面层施工中，混合料开铺前将摊铺机的熨平板进行加热至不低于（　　）。
A. 65℃　　B. 100℃
C. 135℃　　D. 150℃

15. **【多选】**下列关于沥青混合料压实的说法中，正确的有（　　）。
A. 压路机由 2～3 台双轮双振压路机及 2～3 台重量不小于 16t 胶轮压路机组成
B. 初压采用钢轮压路机静压 1～2 遍
C. 边角部分压路机碾压不到的位置，使用人工夯实
D. 密级配沥青混凝土优先采用胶轮压路机进行搓揉碾压
E. 采用雾状喷水法，以保证沥青混合料碾压过程中不粘轮

16. **【单选】**下列沥青路面面层施工接缝处理的做法，错误的是（　　）。
A. 半幅施工不能采用热接缝时，采用人工顺直刨缝或切缝

B. 半幅施工铺另半幅前必须将边缘清扫干净，并涂洒少量粘层沥青

C. 横接缝首先用3m直尺检查端部平整度，不符合要求时，按45°斜交于路中线切齐清除

D. 横向接缝的碾压先用双轮双振压路机进行横压

17. **【多选】**关于沥青表面处治施工技术的说法，正确的有（　　）。

A. 沥青表面处治可采用道路石油沥青、乳化沥青、煤沥青铺筑

B. 沥青表面处治适用于一级及一级以下公路的沥青面层

C. 沥青表面处治的集料最大粒径为处治层厚度的0.8倍

D. 沥青表面处治通常采用层铺法施工

E. 沥青表面处治宜选择在春季施工

18. **【单选】**关于沥青贯入式面层，下列说法正确的是（　　）。

A. 适用于二级及二级以下公路的沥青面层

B. 可作为沥青路面的联结层或基层

C. 强度和稳定性较差

D. 是一种少空隙结构

19. **【单选】**水泥路面采用直接加铺法改造时，具体的工艺流程中，钻孔的下一步骤是（　　）。

A. 制浆　　B. 灌浆

C. 灌浆孔封堵　　D. 交通控制

20. **【单选】**水泥路面改造采用碎石化法施工时，两幅破碎一般要保证（　　）cm左右的搭接破碎宽度。

A. 5　　B. 10

C. 15　　D. 20

21. **【单选】**水泥路面碎石化施工时，表面凹处在10cm×10cm以上的，应利用（　　）找平，以保证加铺沥青面层的平整度。

A. 密级配碎石　　B. 沥青混合料

C. 水泥砂浆　　D. 水泥混凝土

22. **【多选】**在旧沥青混凝土路面再生法中，属于现场热再生法的施工工艺有（　　）。

A. 整形再生法　　B. 加热再生法

C. 重铺再生法　　D. 复拌再生法

E. 厂拌再生法

23. **【多选】**关于SMA施工的说法，正确的有（　　）。

A. 摊铺前必须将工作面清扫干净，如用水冲，必须晒干后才能进行下一步作业

B. 碾压温度越高越好，铺后应立即压实，不得等候

C. SMA的碾压遵循“紧跟、慢压、高频、低幅”的原则

D. SMA面层施工宜使用胶轮压路机或组合式压路机碾压

E. 复压工作区间严格分开，降低压路机工作区段长度，保证在足够高温度下进行压实作业

24. **【单选】**对于SMA路面接缝处理，下列说法错误的是（　　）。

A. 应尽可能避免冷接缝

B. 如不可避免冷接缝，应在施工完毕、路面尚未完全冷却前，用切割机切割好，然后用水将缝处冲刷干净

C. 当采用两台摊铺机时的纵向接缝宜采用冷接缝

D. 横向接缝先进行横向碾压，再进行纵向碾压

25.【单选】碎石沥青混凝土在施工时，采用小料堆集料堆放，主要是为了（　　）。

A. 防止集料表面结硬　　　　B. 避免集料产生离析

C. 方便施工　　　　D. 避免集料温度过高

2B312030　水泥混凝土路面施工技术

知识脉络

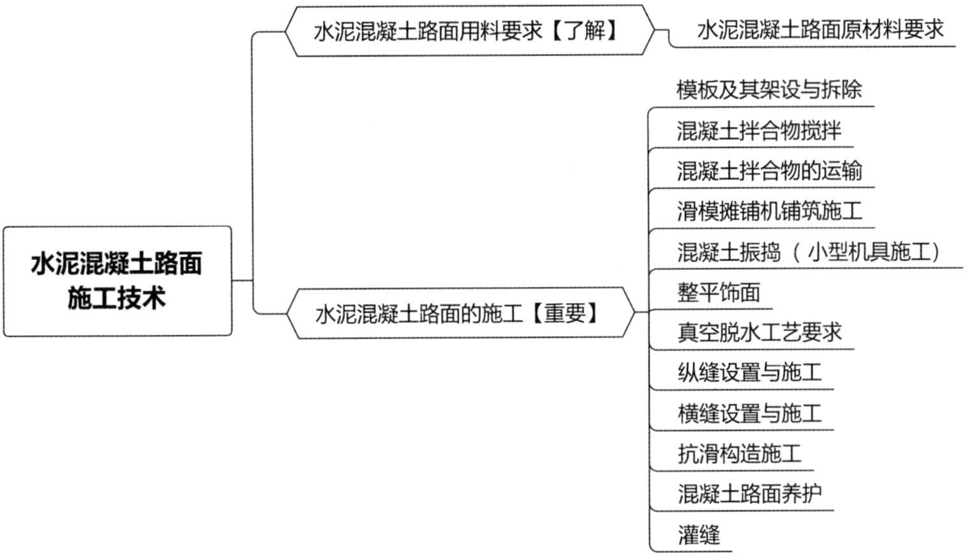

考点1　水泥混凝土路面用料要求【了解】

1.【多选】公路工程中使用的水泥，应符合（　　）。

A. 高温期施工宜采用早强型水泥，低温期宜采用普通型水泥

B. 选用水泥时应对拟采用厂家水泥进行混凝土配合比对比试验，根据所配制的混凝土弯拉强度、耐久性和工作性，选择适宜的水泥品种、强度等级

C. 极重、特重、重交通荷载等级公路面层水泥混凝土应采用旋窑生产的道路硅酸盐水泥、硅酸盐水泥、普通硅酸盐水泥

D. 中、轻交通荷载等级公路面层水泥混凝土可采用矿渣硅酸盐水泥

E. 采用滑模摊铺机铺筑时，宜选用袋装水泥

2.【单选】处在海水、海风、氯离子环境或冬季撒除冰盐的路面或桥面钢筋混凝土、钢纤维混凝土，宜添加的外加剂是（　　）。

A. 缓凝剂　　B. 早强剂　　C. 阻锈剂　　D. 减水剂

考点2　水泥混凝土路面的施工【重要】

1.【单选】关于水泥混凝土路面模板及其架设与拆除，下列说法错误的是（　　）。

A. 施工模板可使用木模板

B. 纵横曲线路段应采用短模板

C. 模板与混凝土拌合物接触表面应涂隔离剂

D. 模板拆除应在混凝土抗压强度不小于 8.0MPa 时方可进行

2. 【单选】混凝土搅拌楼在施工中，应每（　　）校验一次搅拌楼计量精确度。

A. 15d　　B. 20d

C. 28d　　D. 30d

3. 【单选】关于混凝土拌合物运输的说法，不正确的是（　　）。

A. 应根据施工进度、运量、运距及路况，选配车型和车辆总数

B. 总运力应比总拌合能力略有富余

C. 混凝土的工作性不满足时应通过试验，加大缓凝剂或保塑剂的剂量

D. 自卸车应快速起步和停车，减少颠簸

4. 【单选】适用滑模摊铺机进行水泥混凝土路面施工的路段是（　　）。

A. 纵坡大于5%的上坡路段　　B. 纵坡大于6%的下坡路段

C. 平面半径为50～100m的平曲线路段　　D. 超高横坡大于7%的路段

5. 【单选】滑模摊铺高速公路、一级公路水泥混凝土路面时，应采用（　　）。

A. 单向坡双线基准线　　B. 单向坡单线基准线

C. 双向坡双线基准线　　D. 双向坡单线基准线

6. 【单选】水泥混凝土面板采用小型机具进行混凝土振捣时，振动板在一个位置的持续振捣时间不应少于（　　）。

A. 15s　　B. 20s

C. 25s　　D. 30s

7. 【单选】振动梁振实后，应拖动滚杠往返（　　）遍提浆整平。

A. 1～2　　B. 1～3

C. 2～3　　D. 2～5

8. 【多选】水泥混凝土路面纵缝包括（　　）。

A. 施工缝　　B. 缩缝

C. 胀缝　　D. 竖缝

E. 斜缝

9. 【单选】纵缝拉杆应采用螺纹钢筋，设在板厚中央，并应对拉杆中部（　　）mm 进行防锈处理。

A. 50　　B. 80

C. 100　　D. 150

10. 【单选】关于水泥混凝土路面横缝的说法，错误的是（　　）。

A. 横缝包括横向施工缝、缩缝和胀缝

B. 每天摊铺结束应设置横向施工缝

C. 摊铺中断时间超过 30min 时应设置横向施工缝

D. 普通混凝土路面横向缩缝宜采用斜缝

11. 【单选】横向施工缝需设置在缩缝之间时，应采用（　　）。

A. 设传力杆假缝型　　B. 设传力杆平缝型

C. 不设传力杆假缝型　　D. 设拉杆企口缝型

12. 【多选】关于混凝土路面抗滑构造施工的说法，不正确的有（　　）。
A. 人工修整表面时，宜使用钢抹
B. 当日施工进度超过 200m 时，抗滑沟槽制作宜选用拉毛机械施工
C. 用钢抹修整过的光面，不用再做拉毛处理，以恢复细观抗滑构造
D. 特重和重交通混凝土路面宜采用硬刻槽
E. 凡使用圆盘、叶片式抹面机整平后的混凝土路面必须采用硬刻槽方式制作抗滑沟槽

13. 【多选】下列关于混凝土路面养护的说法中，不正确的有（　　）。
A. 混凝土路面铺筑完成或软作抗滑构造完毕后立即开始养护
B. 养护时间根据混凝土弯拉强度增长情况而定，不宜小于设计弯拉强度的 75%
C. 一般养护天数宜为 14～21d
D. 高温天不宜小于 21d，低温天不宜小于 14d
E. 掺粉煤灰的混凝土路面，最短养护时间不宜少于 28d

14. 【单选】下列关于混凝土路面灌缝的说法中，不正确的是（　　）。
A. 应先采用切缝机清除接缝中夹杂的砂石、凝结的泥浆等
B. 使用压力不小于 0.5MPa 的压力水和压缩空气彻底清除接缝中的尘土及其他污染物
C. 缝壁检验以擦不出灰尘为灌缝标准
D. 在灌缝料养护期间不应封闭交通

2B312040　路面防、排水施工技术

知识脉络

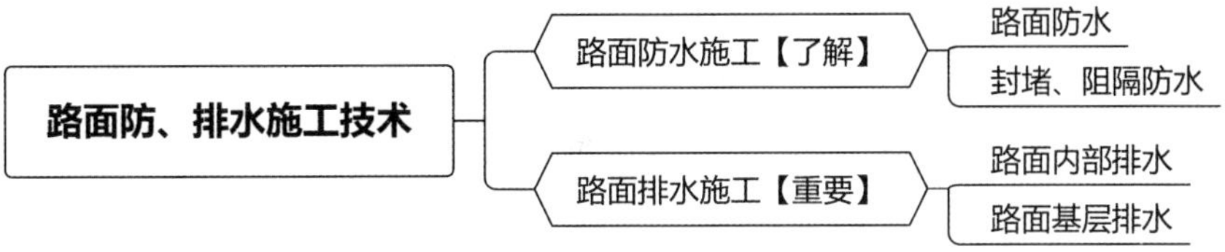

考点 1　路面防水施工【了解】

1. 【多选】应采用在路堤边坡上横向漫流的方式排除路面表面水的情况包括（　　）。
A. 路线纵坡平缓
B. 汇水量不大
C. 路堤较高
D. 边坡坡面未做防护
E. 边坡坡面不会受到冲刷

2. 【单选】路面防水施工中，对于封堵、阻隔防水，下列说法错误的是（　　）。
A. 在干旱、少雨地区，通常采用透水性大的密级配沥青混合料做表面层
B. 对多雨、潮湿地区，表面层可采用上封层组成防滑面层，以利于防水
C. 当面层渗水性大而基层、底基层及路基的水稳定性较差时，可在基层做下封层防止或减少地表水下渗
D. 对于地下水位较高、路基长期处于潮湿状态的地区，强度和稳定性会降低，在重载作用下路面会出问题的地段，应设置渗透性小的垫层，隔绝地下水向上入浸

考点 2 路面排水施工【重要】

1. 【单选】路面内部排水施工时，下列要求错误的是（　　）。

A. 渗入水在路面结构内渗流路径长度不宜超过 45～60m

B. 路面内部排水系统中各项排水设施的泄水能力均应大于渗入路面结构内的水量

C. 下游排水设施的泄水能力应低于上游排水设施的泄水能力

D. 各项排水设施不应被渗流从路面结构、路基或路肩中带来的细料堵塞

2. 【单选】路面基层排水系统是直接在（　　）下设置透水性排水基层。

A. 面层　　B. 垫层

C. 上基层　　D. 下基层

3. 【多选】路面基层排水层的透水材料可采用（　　）。

A. 未经处治的开级配碎石集料

B. 未经处治的密级配碎石集料

C. 沥青处治的碎石集料

D. 水泥处治的碎石集料

E. 石灰处治的碎石集料

2B312050　路面试验检测技术

知识脉络

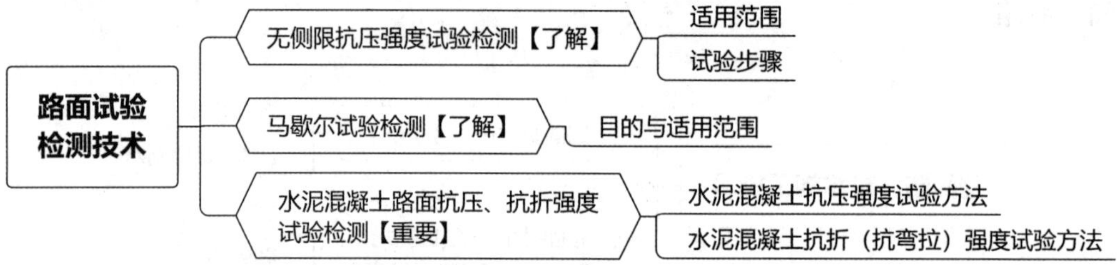

考点 1 无侧限抗压强度试验检测【了解】

1. 【单选】关于测定无机结合料稳定土（包括稳定细粒土、中粒土和粗粒土）试件的无侧限抗压强度的说法，正确的是（　　）。

A. 试件采用 150mm×150mm×550mm 的梁形试件

B. 试件采用边长为 150mm 的正立方体为标准试件

C. 试件都是高：直径＝1：1 的圆柱体标准试件

D. 试件采用边长为 70.7mm 的正立方体为标准试件

2. 【单选】无侧限抗压强度的试验步骤包括：①试料准备；②按预定的干密度制作试件；③确定最佳含水量和最大干密度；④整理报告；⑤试件养护；⑥试验。下列排序正确的是（　　）。

A. ①②③④⑤⑥　　B. ①③②④⑤⑥

C. ①②③⑤⑥④　　D. ①③②⑤⑥④

考点 2　马歇尔试验检测【了解】

1. 【单选】沥青饱和度又称为（　　）。

A. 沥青稳定度　　B. 沥青饱和率

C. 沥青填隙率　　D. 沥青孔隙率

2. 【单选】沥青混合料在外力作用下抵抗变形的能力用（　　）表示。

A. 空隙率　　B. 沥青饱和率

C. 流值　　D. 稳定度

考点 3　水泥混凝土路面抗压、抗折强度试验检测【重要】

1. 【单选】水泥混凝土抗压强度试验步骤为（　　）。

A. 制作试件→养护→试件修整→压力试验→试验报告

B. 养护→制作试件→试件整修→压力试验→试验报告

C. 制作试件→试件整修→养护→压力试验→试验报告

D. 制作试件→试件修整→养护→试验报告→压力试验

2. 【单选】下列关于水泥混凝土抗折强度试验检测的说法，正确的是（　　）。

A. 水泥混凝土抗折强度试件采用 150mm×150mm×550mm 的梁形试件

B. 水泥混凝土抗折强度试件采用边长为 150mm 的正立方体为标准试件

C. 水泥混凝土抗折强度试件都是高：直径=1：1 的圆柱体试件

D. 水泥混凝土抗折强度试件采用边长为 70.7mm 的正立方体为标准试件

2B312060　路面工程质量通病及防治措施

知识脉络

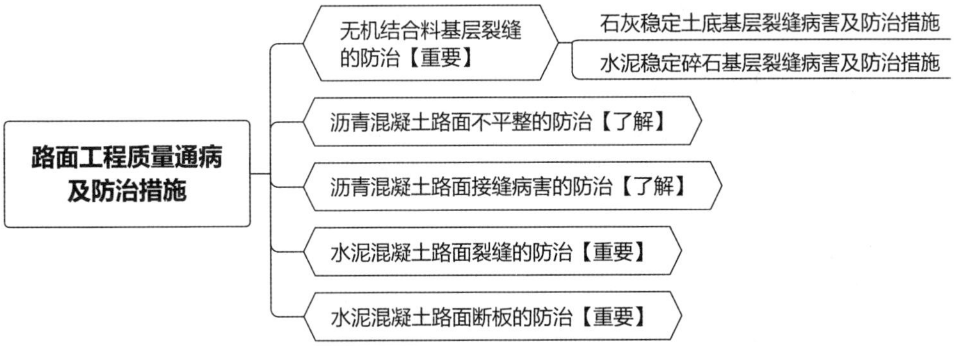

考点 1　无机结合料基层裂缝的防治【重要】

1. 【多选】有利于石灰稳定土基层裂缝的防治措施有（　　）。

A. 超出规范标准提高水泥用量

B. 采用塑性指数适中的土

C. 石灰土成型后应及时洒水或覆盖塑料薄膜养护

D. 选择在晚秋、初冬之后进行施工

E. 施工用土中适量掺加粉煤灰

2. 【单选】关于造成水泥稳定碎石基层产生裂缝的原因，下列说法错误的是（　　）。

A. 在保证强度的情况下，尽量降低水泥稳定碎石混合料的水泥用量

B. 碾压时混合料含水量偏大，不均匀

C. 混合料碾压成型后未及时洒水养护

D. 增加碎石级配中细粉料的含量

考点 2 沥青混凝土路面不平整的防治【了解】

【多选】沥青混凝土路面不平整的原因不包括（　　）。

A. 摊铺机自动找平装置失灵，摊铺时产生上下漂浮

B. 基准线拉力不够，钢钎较其他位置高而造成波动

C. 保证基准线水平，防止造成波动

D. 确保摊铺机自动找平装置处于良好的工作状态

E. 施工缝接茬处理不好

考点 3 沥青混凝土路面接缝病害的防治【了解】

【多选】关于沥青混凝土路面横向接缝病害的预防措施，说法正确的有（　　）。

A. 尽量采用斜接缝

B. 压路机先进行横向碾压，再纵向碾压

C. 预热软化已压实部分路面，加强新旧混合料的粘结

D. 摊铺机起步速度要慢，并调整好预留高度

E. 碾压的温度要符合要求

考点 4 水泥混凝土路面裂缝的防治【重要】

1. 【单选】下列关于水泥混凝土路面龟裂原因的叙述中，不正确的是（　　）。

A. 混凝土配合比不合理，水泥用量和砂率过大

B. 混凝土拌制时水灰比过大

C. 模板与垫层过于干燥，吸水大

D. 混凝土施工时，振捣不均匀

2. 【多选】下列做法中，容易造成水泥混凝土路面产生横向裂缝的有（　　）。

A. 选用硅酸盐水泥或普通硅酸盐水泥

B. 混凝土振捣均匀

C. 混凝土路面基础发生不均匀沉陷

D. 混凝土路面切缝不及时

E. 混凝土路面板厚度与强度不足

考点 5 水泥混凝土路面断板的防治【重要】

【单选】关于水泥混凝土路面断板的预防措施，下列说法错误的是（　　）。

A. 做好压缝并及时切缝　　B. 车辆应尽早通行

C. 采用合格的原材料　　D. 严格控制施工工艺

2B313000　桥涵工程

2B313010　桥梁工程

扫码即听
本章导学

知识脉络

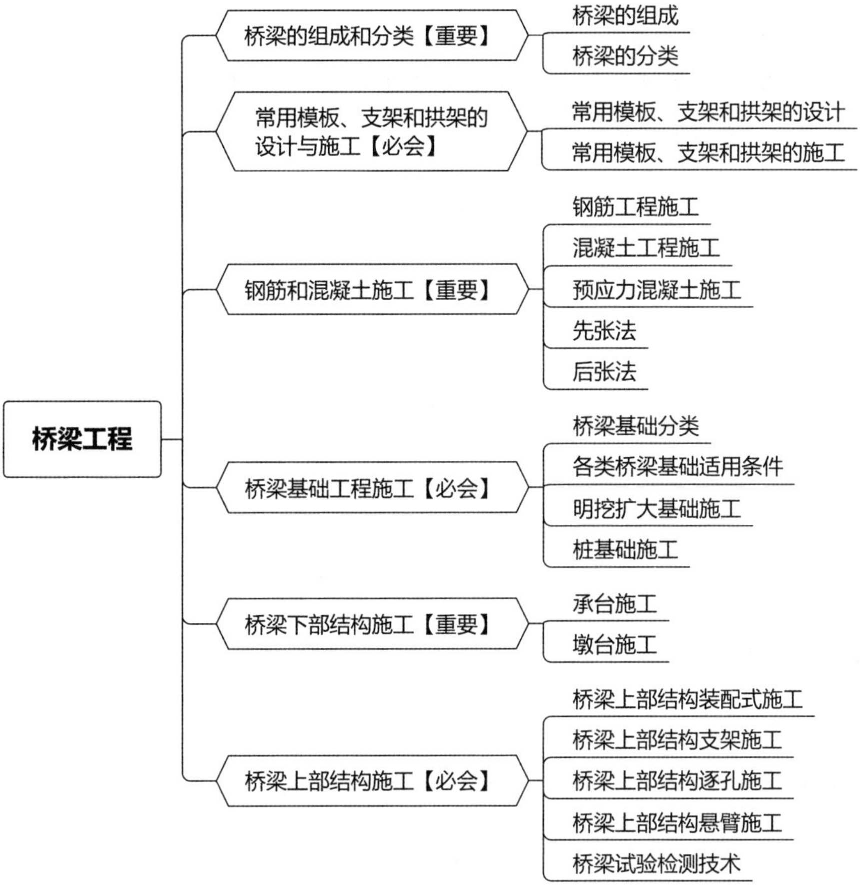

考点 1　桥梁的组成和分类【重要】

1. **【多选】**桥梁的下部结构包括（　　）。

A. 桥跨结构　　B. 桥墩

C. 桥台　　D. 基础

E. 桥面结构

2. **【单选】**下列不属于桥梁附属设施的是（　　）。

A. 监控系统　　B. 桥面系

C. 伸缩缝　　D. 桥头搭板

3. **【多选】**桥梁的基本组成除了上部结构、下部结构，还包括（　　）。

A. 桥面铺装　　B. 支座系统

C. 伸缩缝　　D. 附属设施
E. 桥头搭板

4. 【单选】对于拱式桥，拱圈（或拱肋）各截面形心点的连线称为拱轴线，拱轴线两端点之间的水平距离为（　　）。
A. 标准跨径　　B. 净跨径
C. 计算跨径　　D. 总跨径

5. 【多选】桥下净空高度是（　　）至桥跨结构最下缘间的距离。
A. 设计洪水位　　B. 低水位
C. 计算通航水位　　D. 高水位
E. 桥下线路路面

6. 【单选】某简支梁桥桥面标高为 43.35m，板厚 60cm，桥面铺装厚 12cm，桥下线路路面标高为 27.80m，则该桥梁高度为（　　）m。
A. 15.43　　B. 14.95
C. 14.83　　D. 15.55

7. 【多选】桥梁基本体系有（　　）。
A. 梁式桥　　B. 拱桥
C. 刚架桥　　D. 高架桥
E. 悬索桥

8. 【单选】梁式体系是古老的结构体系，梁作为承重结构是以它的（　　）来承受荷载的。
A. 抗压能力　　B. 抗折能力
C. 抗拉能力　　D. 抗弯能力

9. 【单选】承重结构以承压为主的桥型是（　　）。
A. 梁式桥　　B. 拱式桥
C. 悬索桥　　D. 刚架桥

10. 【单选】预应力水泥混凝土单塔斜拉桥属于（　　）。
A. 组合体系桥　　B. 梁式桥
C. 拱式桥　　D. 吊桥

11. 【多选】按跨越障碍的性质，公路桥梁可划分为（　　）。
A. 跨河桥　　B. 跨线桥
C. 高架桥　　D. 栈桥
E. 铁路桥

考点 2　常用模板、支架和拱架的设计与施工【必会】

1. 【单选】桥梁施工模板吊环设计计算拉应力应不大于（　　）MPa。
A. 25　　B. 50
C. 65　　D. 75

2. 【单选】支架在设置时，所用托架结构宜设置成（　　）。
A. 菱形　　B. 三角形
C. 正方形　　D. 平行四边形

3. 【单选】验算模板的刚度时，结构表面外露的模板，变形值不得超过模板构件跨度的（　　）。
A. 1/250　　B. 1/300　　C. 1/400　　D. 1/500

4.【单选】支架受载后挠曲的杆件，其弹性挠度为相应结构跨度的（　　）。

A. 1/250　　B. 1/300

C. 1/400　　D. 1/500

5.【单选】当验算模板及其支架在自重和风荷载等作用下的抗倾倒稳定时，验算倾覆的稳定系数不得小于（　　）。

A. 1.2　　B. 1.3

C. 1.4　　D. 1.5

6.【单选】承包人应在拟定拆模时间的12h以前，向（　　）报告拆模建议，并应取得同意。

A. 技术负责人　　B. 安全负责人

C. 监理工程师　　D. 建设单位

7.【单选】对位于软土地基或软硬不均的地基上的支架，宜通过（　　）的方式，消除地基的不均匀沉降和支架的非弹性变形。

A. 预压　　B. 增加传力杆

C. 硬化地面　　D. 增加剪刀撑

8.【多选】自行设计的普通支架应在适当部位设置卸落装置，常采用（　　）。

A. 木楔　　B. 木马

C. 千斤顶　　D. 砂袋

E. 砂筒

9.【多选】在进行模板安装时，施工预拱度应考虑的因素包括（　　）。

A. 模板、支架承受施工荷载引起的弹性变形

B. 受载后由于杆件接头的挤压和卸落装置压缩而产生的非弹性变形

C. 结构自重产生的挠度

D. 1/2汽车荷载产生的挠度

E. 支架地基在受载后的沉降变形

10.【单选】非承重侧模板应在混凝土强度能保证其表面及棱角不致因拆模而受损坏时拆除，一般应在混凝土抗压强度达到（　　）MPa时拆除侧模板。

A. 2.0　　B. 2.5

C. 3.5　　D. 5.5

11.【单选】下列关于支架制作及安装的说法中，错误的是（　　）。

A. 主要压力杆的接长连接，宜使用对接法

B. 对位于刚性地基上的刚度较大，且非弹性变形可确定控制在一定范围内的支架，在经计算并通过一定审核程序，确认其满足强度、刚度和稳定性等要求的前提下，可不预压

C. 对支架进行预压时，预压荷载宜为支架所承受荷载的1.05～1.10倍

D. 支架搭设时，设置的预拱度值等于施工需要的预拱度

12.【单选】关于模板、支架和拱架拆除的技术要求，错误的是（　　）。

A. 模板拆除应按先支先拆，后支后拆的顺序，拆时严禁抛扔

B. 满布式拱架卸落时，可从拱顶向拱脚依次循环卸落

C. 悬臂梁结构的模板宜从悬臂端开始顺序卸落

D. 简支梁、连续梁宜从跨中向支座依次循环卸落

考点 3 钢筋和混凝土施工【重要】

1. 【单选】弯钩平直部分的长度，一般结构不宜小于箍筋直径的（　　）。

A. 4 倍　　B. 5 倍

C. 8 倍　　D. 10 倍

2. 【单选】关于普通钢筋焊接施工的说法，错误的是（　　）。

A. 接头采用搭接电弧焊时，应使接合钢筋轴线一致

B. 接头搭接双面焊时，两钢筋不得弯曲，应直接紧贴焊接

C. 焊接接头应设置在弯矩、剪力较小断面

D. 焊接接头应错开布置

3. 【多选】下列关于预应力钢筋进场验收的说法，正确的有（　　）。

A. 应对质量证明书、包装、标志和规格进行检查

B. 钢丝分批检验时每批质量应不大于 60t

C. 钢绞线分批检验时每批质量应不大于 100t

D. 每批钢绞线进行表面质量、直径偏差和力学性能试验

E. 热轧带肋钢筋分批检验时每批质量应不大于 100t

4. 【单选】预应力筋的下料切断时，严禁采用（　　）。

A. 切断机　　B. 砂轮机

C. 砂轮锯　　D. 电弧

5. 【多选】关于普通钢筋加工制作的说法，正确的有（　　）。

A. 成盘的钢筋和弯曲的钢筋均应调直才能使用

B. 钢筋的连接宜采用焊接接头或机械连接接头

C. 轴心受拉和小偏心受拉构件应采用绑扎接头

D. 钢筋焊接前，应进行试焊，试焊质量经检验合格后方可正式施焊

E. 受力钢筋焊接或绑扎接头应设置在内力较大处，并错开布置

6. 【多选】混凝土拌合物运至灌注地点时，应检查其（　　）等。

A. 均匀性　　B. 密度

C. 水灰比　　D. 配合比

E. 坍落度

7. 【单选】进行混凝土强度试配和质量评定时，抗压强度标准试件的边长为（　　）cm。

A. 90　　B. 100

C. 150　　D. 200

8. 【单选】当工程需要获得较大的坍落度时，可在不改变混凝土的水胶比、不影响混凝土的质量的情况下，适当掺加（　　）。

A. 水　　B. 水泥

C. 矿粉　　D. 外加剂

9. 【单选】泵送混凝土不宜使用（　　）。

A. 硅酸盐水泥　　B. 普通硅酸盐水泥

C. 道路硅酸盐水泥　　D. 火山灰质硅酸盐水泥

10. 【多选】关于大体积混凝土施工的说法，正确的有（　　）。

A. 大体积混凝土的温度控制宜按照“内保外降”的原则

B. 粗集料宜采用连续级配，细集料宜采用细砂

C. 宜采取改善粗集料级配、提高掺合料和粗集料的含量、提高水胶比等措施

D. 宜选用低水化热和凝结时间长的水泥品种

E. 大体积混凝土的浇筑宜在气温较低时进行

11. **【多选】**关于高性能混凝土使用减水剂性能的要求，正确的有（　　）。

A. 减水率高

B. 坍落度损失大

C. 木质硫酸盐含量高

D. 与水泥的相容性好

E. 能明显改善混凝土耐久性

12. **【单选】**张拉机具应进行校验，当千斤顶使用超过（　　）次，应重新进行标定。

A. 100

B. 200

C. 300

D. 400

13. **【多选】**预应力张拉的千斤顶与压力表，需要重新标定的情形有（　　）。

A. 使用时间达到 3 个月

B. 张拉次数超过 200 次

C. 千斤顶检修后

D. 更换新压力表

E. 压力表出现异常情况

14. **【单选】**预应力筋采用应力控制方法张拉时，应以（　　）进行校核。

A. 应力损失

B. 初应力

C. 伸长值

D. 弹性模量

15. **【单选】**预应力筋张拉时，实际伸长值与理论伸长值的差值应控制在（　　）以内。

A. 5%

B. 6%

C. 8%

D. 12%

16. **【单选】**预应力张拉的实际伸长值 $\Delta L=\Delta L_1+\Delta L_2$，其中 ΔL_2指的是（　　）。

A. 0 到初应力的实际值

B. 0 到初应力的推算值

C. 初应力至最后张拉应力的实测值

D. 初应力至最后张拉应力的推算值

17. **【单选】**先张法预制梁板时，承力台座应有足够的强度、刚度和稳定性，锚固横梁受力后，挠度应不大于（　　）mm。

A. 1

B. 1.2

C. 1.5

D. 2

18. **【单选】**先张法预制梁板时，施工工艺包括：①浇筑混凝土；②穿预应力筋、调整初应力；③放松预应力筋；④立模；⑤张拉预应力筋；⑥拆模。正确的流程是（　　）。

A. ④①②⑤③⑥

B. ④①⑥②⑤③

C. ②⑤④①③⑥

D. ②⑤④①⑥③

19. **【单选】**关于先张法预应力钢筋张拉施工的说法，错误的是（　　）。

A. 同时张拉多根预应力筋时，应预先调整其初应力，使相互之间的应力一致

B. 预应力筋张拉完毕后，与设计位置的偏差不得大于 5mm，且不应大于构件最短边长的 4%

C. 预应力筋张拉完毕后，宜在 4h 内浇筑混凝土

D. 同一构件内断筋数量不得超过 1%

20. 【单选】预应力筋在张拉控制应力达到稳定后方可锚固，下列做法正确的是（　　）。
A. 锚固完毕方可切割端头多余的预应力筋
B. 切割时应采用电弧切割
C. 切割后预应力筋的外露长度不应小于 30mm，且不应小于 1 倍预应力筋直径
D. 锚具应采用封端混凝土保护

21. 【单选】预应力筋张拉锚固后，孔道应尽早压浆，且应在（　　）内完成，否则应采取避免预应力筋锈蚀的措施。
A. 10h　　B. 24h
C. 48h　　D. 72h

考点 4 桥梁基础工程施工【必会】

1. 【多选】桥梁工程中，常用的基础工程包括（　　）。
A. 刚性基础　　B. 桩基础
C. 条形基础　　D. 沉井
E. 地下连续墙

2. 【单选】桥梁基础施工中，（　　）一般适用于松散、中密砂土、黏性土。
A. 静力压桩法　　B. 锤击沉桩法
C. 振动沉桩法　　D. 射水沉桩法

3. 【单选】下列选项中，不适合采用挖孔灌注桩的是（　　）。
A. 无地下水　　B. 有少量地下水
C. 未风化岩层　　D. 空气污染地区

4. 【多选】在桥梁工程施工中，可以适用于各种土质的基底，尤其在深水、岩面不平、无覆盖层的自然条件下，不宜修建其他类型基础时，可以采用的处理方法有（　　）。
A. 刚性基础　　B. 桩基础
C. 管柱　　D. 沉井
E. 地下连续墙

5. 【单选】深基坑四周距基坑边缘不小于（　　）处应设立钢管护栏、挂密目式安全网。
A. 0.3m　　B. 0.5m
C. 0.8m　　D. 1.0m

6. 【单选】基坑开挖深度小于 10m 的较完整中风化基岩，宜采用（　　）。
A. 喷射混凝土　　B. 锚杆喷射混凝土
C. 预应力锚索　　D. 土钉支护

7. 【多选】对于一般软弱地基土层，加固处理方法有（　　）。
A. 换填土法　　B. 挤密土法
C. 抛石挤淤法　　D. 胶结土法
E. 土工聚合物法

8. 【单选】采用井点降水法排水时，井点降水曲线应低于基底设计高程或开挖高程至少（　　）。
A. 0.3m　　B. 0.5m　　C. 0.8m　　D. 1.0m

9. 【单选】桥梁桩基础施工时，对于挖孔桩施工时孔口处应设置高出地面至少（　　）的护圈。
A. 200mm　　B. 250mm

C. 300mm　　D. 350mm

10. 【单选】桥梁基础采用钻孔灌注桩时，护壁泥浆是从上向下流动，孔壁坍塌的可能性较大，这种钻孔方法称为（　　）。

A. 冲击钻孔法　　B. 正循环回转钻孔法

C. 反循环回转钻孔法　　D. 旋挖钻机钻孔法

11. 【单选】桥梁桩基钻孔时，钻渣从钻杆下口吸进，通过钻杆中心排出至沉淀池内，这种钻孔方法称为（　　）。

A. 冲击钻孔法　　B. 正循环回转钻孔法

C. 反循环回转钻孔法　　D. 旋挖钻机钻孔法

12. 【单选】钻孔灌注桩施工中，钻孔至设计孔深后，其紧后工序是（　　）。

A. 下放导管　　B. 清孔

C. 钢筋笼制作及安放　　D. 灌注水下混凝土

13. 【单选】采用导管法灌注水下混凝土前，应对导管做（　　）。

A. 抗剪和抗拉试验　　B. 水密和抗压试验

C. 水密承压和抗拉试验　　D. 闭水和抗弯试验

14. 【多选】下列关于人工挖孔桩安全控制要求的说法，错误的有（　　）。

A. 同排桩应采用跳槽开挖方法

B. 土层或破碎岩石中挖孔桩应采用混凝土护壁

C. 孔口处应设置护圈，且护圈应高出地面 0.3m

D. 孔内爆破宜采用深眼松动爆破

E. 爆破后应先通风排烟 10min 并经检查确认无有害气体后，施工人员方可进入孔内继续作业

考点 5　桥梁下部结构施工【重要】

1. 【单选】钢板桩围堰施打顺序一般由（　　）。

A. 上游分两头向下游合龙　　B. 下游分两头向上游合龙

C. 下游按逆时针方向合龙　　D. 上下游分两头合龙

2. 【单选】当承台底与河床之间距离较大时，一般采用（　　）。

A. 钢板桩围堰　　B. 有底套箱围堰

C. 无底套箱围堰　　D. 双臂钢围堰

3. 【单选】关于高度小于 40m 的桥墩施工的说法，错误的是（　　）。

A. 桥墩高度小于或等于 10m 时可整体浇筑施工

B. 分节段施工时，节段的高度宜根据施工环境条件和钢筋定尺长度等因素确定

C. 上一节段施工时，已浇节段的混凝土强度应不低于 2.5MPa

D. 各节段之间浇筑混凝土的间歇期宜控制在 3d 以内

4. 【单选】钢筋混凝土桥墩分节施工时，上一节段施工时，已浇节段的混凝土强度应不低于（　　）MPa。

A. 0.5　　B. 2.5

C. 5.0　　D. 5.5

5. 【单选】关于石砌墩台砌筑的说法，错误的是（　　）。

A. 砌筑前应清理基础，保持洁净

B. 砌体应采用坐浆法分层砌筑

C. 砌筑墩台应先砌筑里层再砌筑外圈行列

D. 砌筑的石料应清洁干净，保持湿润

考点 6 桥梁上部结构施工【必会】

1. **【单选】**装配式桥的构件在脱底模、移运、存放和吊装时，混凝土的强度应不低于设计规定的吊装强度；设计未规定时，应不低于设计强度的（　　）。

A. 60%　　B. 75%

C. 80%　　D. 85%

2. **【多选】**关于先简支后连续的梁在施工时应符合的规定，下列说法正确的有（　　）。

A. 湿接头处的梁端，应按施工缝的要求进行凿毛处理

B. 永久支座应在设置湿接头底模之后安装

C. 湿接头的混凝土宜在一天中气温相对较高的时段浇筑

D. 湿接头混凝土的养护时间应不少于14d

E. 同一片梁的临时支座应同时拆除

3. **【多选】**支架现浇梁施工时，地基处理形式可采用（　　）。

A. 地基换填压实　　B. 力学平衡

C. 焙烧　　D. 混凝土条形基础

E. 桩基础加混凝土横梁

4. **【多选】**支架现浇箱梁的模板组成有（　　）。

A. 底模　　B. 面模

C. 侧模　　D. 内模

E. 外模

5. **【单选】**关于钢筋混凝土梁桥支架施工的说法，错误的是（　　）。

A. 支架应根据技术规范的要求确定是否采取预压措施

B. 支架预拱度一般按二次抛物线设置

C. 支架预拱度设置时应考虑张拉上拱的影响

D. 对高度超过15m的支架，应对其稳定性进行安全论证

6. **【多选】**移动模架结构按行走方式分为（　　）。

A. 自行式　　B. 非自行式

C. 上行式　　D. 下行式

E. 复合式

7. **【单选】**主梁在待制梁体上方，借助已成梁体和桥墩移位的称为（　　）移动模架。

A. 复合式　　B. 上行式

C. 下行式　　D. 翻转式

8. **【单选】**模架在移动过孔时的抗倾覆稳定系数应不小于（　　）。

A. 1.2　　B. 1.3

C. 1.4　　D. 1.5

9. **【多选】**桥梁悬拼法施工，梁段预制方法有（　　）。

A. 长线法　　B. 短线法

C. 中线法　　D. 装配法

E. 正装法

10. 【多选】挂篮按结构形式可分为（　　）。

A. 桁架式　　B. 钢板梁式

C. 自锚式　　D. 三角斜拉带式

E. 斜拉式

11. 【单选】下列关于悬臂浇筑施工的说法，错误的是（　　）。

A. 0 号、1 号块的施工一般采用扇形托架浇筑

B. 扇形托架可支撑在桥墩基础承台上或墩身上

C. 对于连续箱梁，必须在施工中采取临时固结措施

D. 悬臂浇筑法解除固结采用动态破碎方法

12. 【单选】桥梁上部结构悬臂浇筑法施工中，为减少因温度变化而使合龙段混凝土产生拉应力，合龙段混凝土浇筑时间应安排在一天中（　　）的时段浇筑。

A. 气温最佳　　B. 气温最低

C. 气温最高　　D. 任意

13. 【多选】桥梁试验的任务主要包括（　　）。

A. 确定新建桥梁结构的承载能力和使用条件

B. 推定混凝土的强度和缺陷

C. 评估既有桥梁的使用性能与承载能力

D. 检测混凝土的强度、弹性模量

E. 研究结构（构件）的受力行为，总结结构受力行为的一般规律

2B313020　涵洞工程

知识脉络

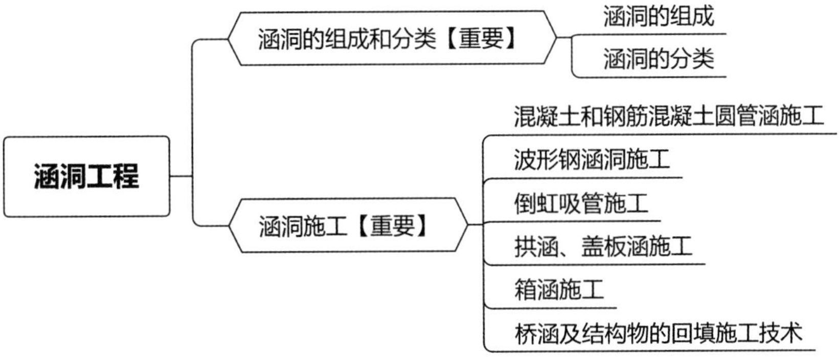

考点 1　涵洞的组成和分类【重要】

1. 【多选】涵洞包括（　　）两部分。

A. 基础　　B. 洞口

C. 洞身　　D. 铺底

E. 锥形护坡

2. 【多选】涵洞的附属工程不包括（　　）。

A. 锥形护坡　　B. 洞口铺砌

C. 进口　　D. 出口
E. 路基边坡铺砌

3.【多选】涵洞按构造形式不同可分为（　　）。
A. 圆管涵　　B. 拱涵
C. 板涵　　D. 箱涵
E. 盖板涵

4.【多选】涵洞按建筑材料可分为石涵、砖涵、混凝土涵和（　　）。
A. 木涵　　B. 土涵
C. 钢筋混凝土涵　　D. 陶瓷管涵
E. 铸铁管涵

5.【多选】涵洞按水力性能分为（　　）。
A. 无压涵　　B. 半压力涵
C. 高压力涵　　D. 小压力涵
E. 压力涵

考点 2　涵洞施工【重要】

1.【单选】圆管涵施工的主要工序为（　　）。
A. 砌筑管座基础→基坑开挖→出入口浆砌→防水层施工→安装圆管→涵洞回填及加固
B. 砌筑管座基础→基坑开挖→出入口浆砌→安装圆管→防水层施工→涵洞回填及加固
C. 基坑开挖→砌筑管座基础→安装圆管→防水层施工→出入口浆砌→涵洞回填及加固
D. 基坑开挖→砌筑管座基础→安装圆管→出入口浆砌→防水层施工→涵洞回填及加固

2.【多选】关于波形钢涵洞施工要求的说法，正确的有（　　）。
A. 管节、块件及连接螺栓宜采用定型产品并做防腐处理
B. 管节地基应予压实，做成与管身弧度密贴的弧形管座
C. 波形钢管可以直接置于岩石地基或混凝土基座
D. 根据地基可能下沉量、涵底纵坡和填土高度等因素设置预拱度
E. 管涵中心的高程应不低于进水口的高程

3.【单选】倒虹吸管宜采用钢筋混凝土或混凝土圆管，进出水口必须设置（　　）。
A. 锥坡　　B. 竖井
C. 八字墙　　D. 检查井

4.【单选】在拱涵施工中，拱圈砌筑砂浆或混凝土强度达到设计强度的（　　）时，方可拆除拱架。
A. 50%　　B. 75%　　C. 85%　　D. 100%

5.【单选】盖板涵施工中，吊装盖板的后一道工序为（　　）。
A. 浆砌墙身　　B. 现浇板座
C. 出入口浆砌　　D. 防水层施工

6.【单选】箱涵施工时，设计无具体要求的，混凝土强度达到设计强度的（　　）后，方可进行涵顶回填。
A. 50%　　B. 75%
C. 85%　　D. 100%

7.【单选】台背和涵洞洞身两侧的填土应分层夯实，其压实度不应小于（　　）。
A. 85%　　B. 90%　　C. 95%　　D. 96%

8. 【多选】关于结构物回填施工的说法，错误的有（　　）。

A. 桥台台背回填宜采用不透水的黏土作填料

B. 台背回填应采用倾填方法

C. 压实尽量使用大型机械，在临近桥台边缘或狭窄地段，则采用小型夯压机械

D. 桥台台背和锥坡的回填不能同步进行

E. 为保证填土与桥台衔接处的压实质量，施工中可采用夯压机械横向碾压的方法

2B313030 桥涵工程质量通病及防治措施

知识脉络

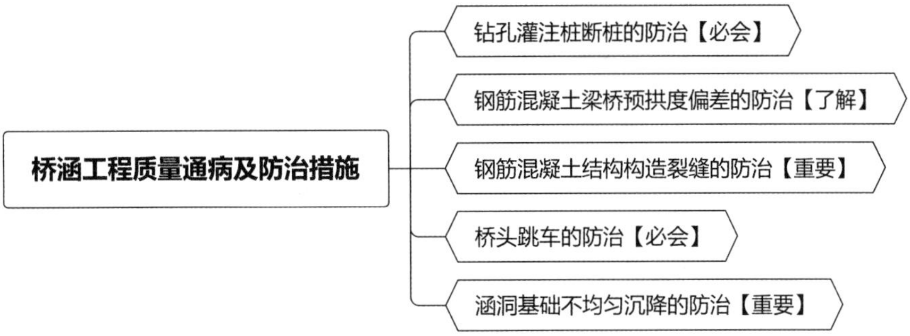

考点1 钻孔灌注桩断桩的防治【必会】

1. 【多选】下列情形中，可能导致钻孔灌注桩断桩的有（　　）。

A. 集料级配差，混凝土和易性差

B. 导管埋深过大，管口混凝土已凝固

C. 混凝土浇筑时间超过混凝土初凝时间

D. 混凝土浇筑过程中导管埋置深度偏小

E. 在钢筋笼制作时，采用对焊连接钢筋

2. 【单选】在灌注过程中，要防止导管埋置深度过深，导管的埋置深度一般控制在（　　）范围内，防止导管埋置深度过深。

A. 2.0～4.0m　B. 2.0～6.0m　C. 3.0～4.0m　D. 3.0～6.0m

考点2 钢筋混凝土梁桥预拱度偏差的防治【了解】

【单选】关于钢筋混凝土梁桥预拱度偏差防治措施的说法，正确的是（　　）。

A. 提高现浇梁支架及模板的施工质量

B. 施工中保证预拱度不变

C. 控制张拉的混凝土试块采用标准条件养护

D. 预制梁应尽量延长存梁时间

考点3 钢筋混凝土结构构造裂缝的防治【重要】

【多选】钢筋混凝土结构构造裂缝形成原因不包括（　　）。

A. 集料含泥料过大

B. 混凝土搅拌及运输时间过长

C. 混凝土水胶比较大

D. 混凝土中掺加了粉煤灰

E. 采取了推迟水化热峰值出现的措施

考点 4 桥头跳车的防治【必会】

1. 【单选】关于桥梁“桥头跳车质量通病”防治措施的说法，错误的是（　　）。

A. 路堤施工留有必要的自然固结沉降期

B. 加大台背填土的含水量

C. 做好桥头路堤的排水、防水工程

D. 设置桥头搭板

2. 【单选】下列不属于桥头跳车的原因的是（　　）。

A. 台后地基强度与桥台地基强度不同

B. 台后压实度达不到标准

C. 台后填土材料不当

D. 桥台基坑采用小型压实机械夯实

考点 5 涵洞基础不均匀沉降的防治【重要】

1. 【单选】涵洞基础混凝土浇筑施工前，对被水泡软的地基应采取（　　）。

A. 修建截水沟　　B. 采用轻便触探仪检测

C. 超挖　　D. 换填

2. 【多选】涵洞基础不均匀沉降形成的主要原因有（　　）。

A. 预留涵底地基土的保护土层

B. 基坑开挖到接近设计标高时，采用轻便触探仪检测基底承载力

C. 分离式基础涵洞的基底换填处理未同步施工

D. 沉降缝上下不贯通

E. 填土含水量稍大

2B314000 隧道工程

2B314010 隧道围岩分级与隧道构造

扫码即听
本章导学

知识脉络

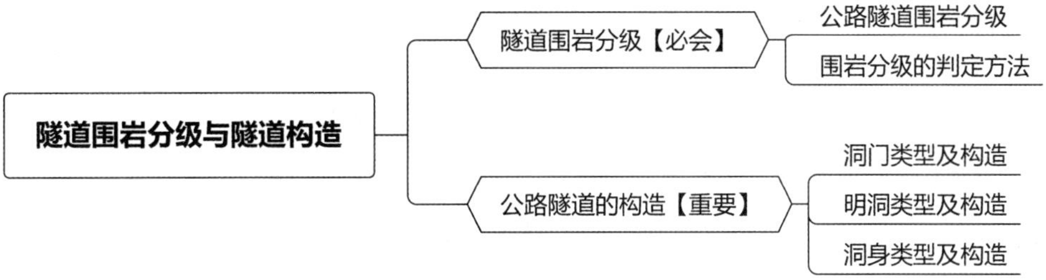

考点 1 隧道围岩分级【必会】

1. **【单选】**隧道进出口段的围岩为较坚硬岩，岩体较破碎～破碎，镶嵌碎裂结构，则该洞口围岩为（　　）级。

A. Ⅱ　　B. Ⅲ　　C. Ⅳ　　D. Ⅴ

2. **【单选】**隧道穿越的岩层为坚硬岩，岩体较完整，围岩基本质量指标为550，则该围岩的级别为（　　）。

A. Ⅱ级　　B. Ⅲ级
C. Ⅳ级　　D. Ⅴ级

3. **【单选】**围岩的主要定性特征为坚硬岩，围岩基本质量指标BQ为450，此围岩的级别为（　　）。

A. Ⅱ级　　B. Ⅲ级
C. Ⅳ级　　D. Ⅴ级

4. **【单选】**隧道穿越的岩层主要是坚硬岩，岩体较完整，块状或厚层状结构，该隧道的围岩分级为（　　）。

A. Ⅱ级　　B. Ⅲ级
C. Ⅳ级　　D. Ⅴ级

5. **【单选】**如遇地下水情况，应对围岩岩体基本质量指标BQ进行修正，该步骤属于（　　）。

A. 两步分级　　B. 初步分级
C. 详细定级　　D. 最终定级

6. **【单选】**围岩分级是隧道中重要的参数，下列不属于围岩分级指标的是（　　）。

A. 围岩构造　　B. 应力场
C. 地下水的影响　　D. 瓦斯浓度

7. **【多选】**对公路隧道围岩详细定级时，应对岩体基本质量指标进行修正的情况有（　　）。

A. 有地下水　　B. 存在高初始应力
C. 存在低初始应力　　D. 围岩土体潮湿

E. 围岩稳定性受软弱结构面影响，且由一组起控制作用

考点 2 公路隧道的构造【重要】

1. 【多选】隧道工程由（　　）组成。

A. 主体构造物　　B. 洞身衬砌

C. 附属构造物　　D. 洞门

E. 照明及安全设备

2. 【单选】（　　）不属于隧道的附属构造物。

A. 通风设施　　B. 照明设施

C. 安全设施　　D. 洞门构造物

3. 【多选】隧道的洞门类型有（　　）。

A. 端墙式　　B. 翼墙式

C. 连拱式　　D. 柱式

E. 台阶式

4. 【单选】隧道洞口仰坡坡脚至洞门墙背的水平距离不应小于（　　）m。

A. 0.5　　B. 1.0

C. 1.5　　D. 2.0

5. 【单选】公路隧道按长度进行分类，长度为1000m的隧道属于（　　）。

A. 特长隧道　　B. 长隧道

C. 中隧道　　D. 短隧道

6. 【单选】在隧道洞口，洞门墙顶应高出仰坡坡脚（　　）m以上。

A. 0.5　　B. 1.0

C. 1.5　　D. 2.0

7. 【单选】明洞主要分为拱式明洞和（　　）明洞两类。

A. 端墙式　　B. 棚式

C. 环框式　　D. 遮光式

8. 【多选】拱式明洞按荷载分布进行分类，分为（　　）。

A. 路堑对称型　　B. 路堑全压型

C. 路堑偏压型　　D. 半路堑偏压型

E. 半路堑单压型

9. 【多选】棚式明洞外边墙可以采用（　　）结构。

A. 刚架式　　B. 柱式

C. 墙式　　D. 连拱式

E. 加筋式

10. 【多选】下列关于设置明洞的说法，正确的有（　　）。

A. 隧道洞口受塌方、落石、泥石流等危害时，通常应设置明洞

B. 明洞主要分为拱式明洞和棚式明洞

C. 拱式明洞整体性好，能承受较大的垂直压力和侧压力，墙体对地基的要求不高

D. 受地形、地质条件限制，难以修建拱式明洞时，可以采用棚式明洞

E. 棚式明洞由顶拱和内外边墙组成

11. 【多选】隧道洞身类型有（　　）。

A. 端墙式　　B. 翼墙式

C. 曲墙式　　D. 直墙式

E. 连拱式

12. **【多选】**隧道洞身构造包括（　　）。

A. 一次衬砌　　B. 二次衬砌

C. 照明设施　　D. 防排水构造

E. 内装饰

2B314020　隧道地质超前预报和监控量测技术

知识脉络

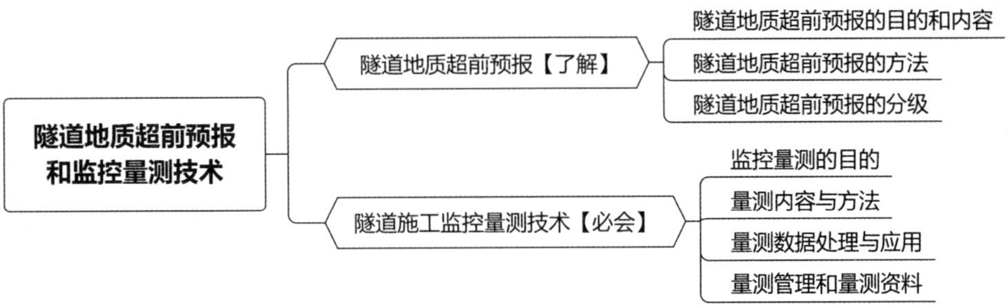

考点 1　隧道地质超前预报【了解】

1. **【多选】**隧道地质超前预报的内容包括（　　）。

A. 地层岩性　　B. 地质构造

C. 不良地质　　D. 地下水

E. 初始应力

2. **【单选】**适用于各种地质条件隧道超前地质预报的是（　　）。

A. 地质调查法　　B. 弹性波反射法

C. 地质雷达法　　D. 红外探测法

3. **【多选】**物理勘探法包括（　　）。

A. 弹性波反射法　　B. 地质雷达法

C. 陆地声纳法　　D. 红外探测法

E. 超前导洞法

4. **【单选】**富水构造破碎带、煤系或油气地层、瓦斯发育区等地质复杂隧道和水下隧道必须采用（　　）评价前方地质情况。

A. 地质调查法　　B. 物理勘探法

C. 地质雷达法　　D. 超前钻探法预报

5. **【单选】**存在中、小型突水突泥隐患的地段，物探有较大异常的地段，断裂带等属于（　　）级地质灾害。

A. A　　B. B

C. C　　D. D

6. **【单选】**隧道地质灾害分为四类，属于B级地质灾害的是（　　）。

A. 存在中、小型突水突泥隐患地段，物探有较大异常地段，断裂带

B. 非可溶岩地段，发生突水突泥可能性较小地段
C. 存在重大地质灾害地段，特殊地质地段，重大物探异常地段，可能产生大型、特大型突水突泥隐患地段
D. 小型断层破碎带，发生突水突泥可能性较小地段

7. 【单选】在隧道地质灾害中，属于D级地质灾害的是（　　）。
A. 存在中、小型突水突泥隐患地段，物探有较大异常地段，断裂带
B. 非可溶岩地段，发生突水突泥可能性极小地段
C. 存在重大地质灾害地段，重大物探异常地段，可能产生大型、特大型突水突泥地段
D. 小型断层破碎带，发生突水突泥可能性较小地段

8. 【单选】A级地质灾害应采用（　　）级预报。
A. 1　　B. 2
C. 3　　D. 4

考点2　隧道施工监控量测技术【必会】

1. 【单选】关于隧道监控量测的说法，错误的是（　　）。
A. 监控量测应贯穿施工的全过程
B. 监控量测应掌握围岩和支护的静态信息并及时反馈
C. 监控量测通过对围岩和支护的变形、应力量测，为修改设计提供依据
D. 监控量测分析各项量测信息，确认或修正设计参数

2. 【单选】下列复合式衬砌隧道施工监控量测项目中，属于选测项目的是（　　）。
A. 周边位移　　B. 锚杆轴力
C. 拱顶下沉　　D. 洞内、外观察

3. 【多选】下列复合式隧道监控量测项目中，属于必测项目的是（　　）。
A. 周边位移　　B. 拱顶下沉
C. 钢架内力及外力　　D. 围岩体内位移
E. 围岩压力

4. 【单选】隧道现场监控量测中，地表下沉量测应使用（　　）。
A. 地质罗盘　　B. 各种类型收敛计
C. 应力计　　D. 水准仪

5. 【单选】位于Ⅳ～Ⅵ级围岩中且覆盖层厚度小于（　　）m的隧道，应进行地表沉降量测。
A. 35　　B. 40
C. 45　　D. 50

6. 【单选】当位移-时间曲线出现反弯点时，则表明围岩（　　）。
A. 刚刚稳定　　B. 已经稳定
C. 不稳定　　D. 已经垮塌

7. 【单选】隧道施工中，发现水体颜色或悬着物发生变化时，应采取（　　）处理。
A. 正常施工　　B. 加强支护
C. 暂停施工　　D. 加快施工

8. 【单选】隧道二次衬砌施作前应满足的条件不包括（　　）。
A. 隧道水平净空变化速度明显下降
B. 初期支护已拆除
C. 隧道位移相对值已达到相对位移量的90%以上

D. 拱顶或底板垂直位移速度明显下降

9.【单选】关于隧道现场监控量测的说法，不正确的是（　　）。

A. 隧道现场监控量测任务由设计单位承担

B. 应成立专门量测小组，负责测点埋设、日常量测、数据处理和仪器保养维修工作

C. 量测小组及时将量测信息反馈于施工和设计

D. 各预埋测点应易于识别并妥善保护

2B314030　公路隧道施工

知识脉络

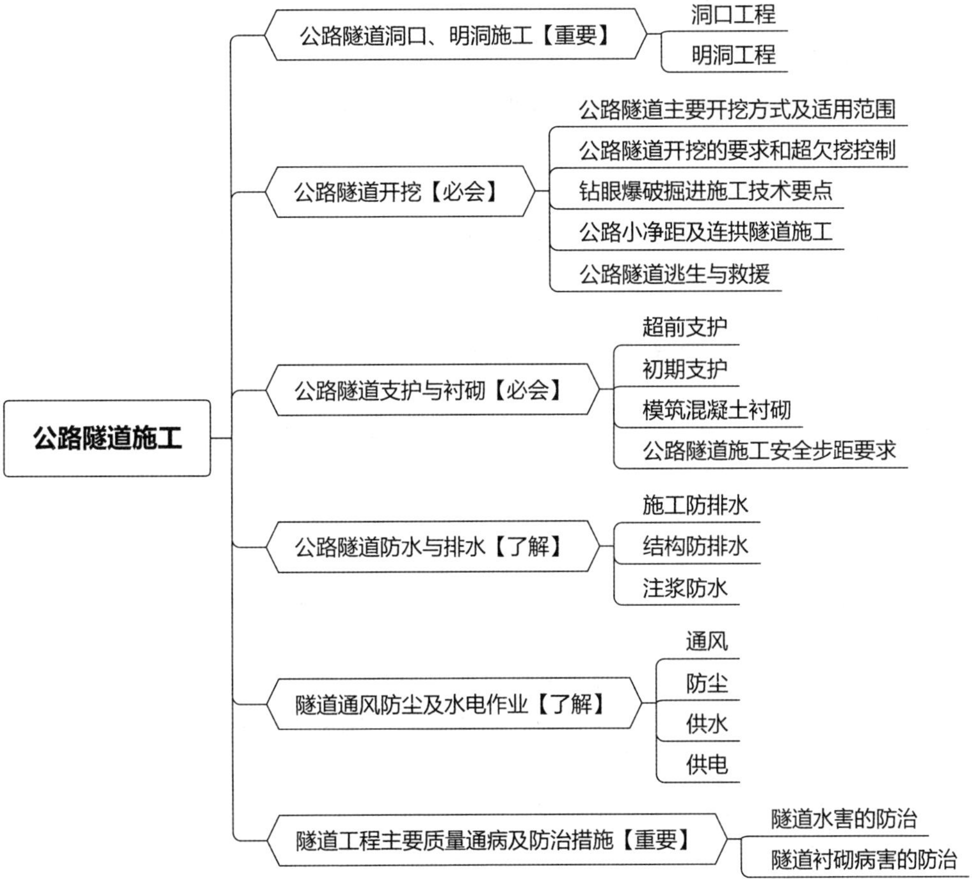

考点 1　公路隧道洞口、明洞施工【重要】

1.【单选】洞门端墙的砌筑与回填应（　　）进行。

A. 先内后外　　B. 先上后下

C. 先下后上　　D. 两侧对称

2.【多选】隧道洞门应在隧道开挖的初期完成，并应符合（　　）。

A. 基础必须置于稳固的地基上

B. 端墙施工应保证其位置准确

C. 洞门衬砌完成后，其上方仰坡脚再受破坏时，可不进行处理

D. 洞门的排水设施施工完成后再进行洞门工程施工

E. 洞门的排水沟砌筑在填土上时，填土必须夯实

3. 【单选】明洞拱背回填应对称分层夯实，每层厚度不得大于0.3m，两侧回填高差不得大于（　　）m。

A. 0.3　　B. 0.5

C. 1.0　　D. 1.2

4. 【单选】明洞回填施工中，做法错误的是（　　）。

A. 墙背回填应两侧对称进行

B. 墙背回填时，底部应铺填0.5～1.0m厚碎石并夯实

C. 墙后有排水设施时，应先将排水设施处回填夯实后，再整体回填

D. 拱背回填应对称分层夯实，每层厚度不得大于0.3m

考点 2　公路隧道开挖【必会】

1. 【单选】在中隔壁法的基础上增加临时仰拱，更快地封闭初支的施工方法称为（　　）。

A. 环形开挖预留核心土法　　B. 交叉中隔壁法

C. 双侧壁导坑法　　D. 中导洞法

2. 【单选】隧道围岩为Ⅰ～Ⅲ级的中小跨度隧道，最适宜采用（　　）。

A. 全断面法　　B. 环形开挖预留核心土法

C. 中隔壁法　　D. 中导洞法

3. 【单选】先开挖隧道两侧的导坑，并进行初期支护，再分部开挖剩余部分的施工方法是（　　）。

A. 环形开挖预留核心土法　　B. 中隔壁法

C. 中导洞法　　D. 双侧壁导坑法

4. 【单选】下列公路隧道超欠挖控制的说法中，错误的是（　　）。

A. 应采取光面爆破、提高钻眼精度、控制药量等措施

B. 当岩层完整、岩石抗压强度大于30MPa，并确认不影响衬砌结构稳定和强度时，允许岩石个别突出部分欠挖，但其隆起量不得大于50mm

C. 宜采用断面仪或激光投影仪直接测定开挖面面积

D. 当采用钢架支撑时，如围岩变形较大，支撑可能沉落或局部支撑难以拆除时，应适当减小开挖断面

5. 【多选】钻眼爆破掘进工作面的炮眼可分为（　　）。

A. 掏槽眼　　B. 辅助眼

C. 周边眼　　D. 直眼

E. 斜眼

6. 【单选】下列关于掘进工作面的掏槽眼的说法，错误的是（　　）。

A. 掏槽眼的作用是将开挖面上某一部位的岩石掏出一个槽

B. 为其他炮眼的爆破创造有利条件

C. 掏槽炮眼一般要比其他炮眼浅10～20cm

D. 掏槽眼可分成斜眼掏槽和直眼掏槽两大类

7. 【单选】（　　）布置主要是解决间距和最小抵抗线问题，可以由施工经验决定。

A. 掏槽眼　　B. 辅助眼

C. 周边眼　　D. 直掏槽眼

8. 【单选】采用预裂爆破法施工隧道时，其分区起爆顺序为（　　）。
A. 底板眼→辅助眼→掏槽眼→周边眼
B. 辅助眼→掏槽眼→周边眼→底板眼
C. 掏槽眼→周边眼→底板眼→辅助眼
D. 周边眼→掏槽眼→辅助眼→底板眼

9. 【多选】隧道光面爆破的主要参数包括（　　）。
A. 周边眼的间距　　B. 爆破层的厚度
C. 周边眼密集系数　　D. 周边眼的线装药密度
E. 一次爆破断面形状

10. 【单选】下列关于光面爆破的说法中，不正确的是（　　）。
A. 先引爆掏槽眼，接着引爆辅助眼，最后才引爆周边眼
B. 在减轻对围岩的扰动程度上，光面爆破较预裂爆破的效果更好一些
C. 大大地减少了超欠挖量
D. 加快了施工进度

11. 【单选】小净距连拱隧道主洞开挖时，左右两洞开挖掌子面错开距离宜大于（　　）m。
A. 20　　B. 25
C. 30　　D. 50

12. 【单选】公路隧道逃生通道内径不宜小于（　　）m。
A. 0.5　　B. 0.6
C. 0.8　　D. 1.2

考点 3　公路隧道支护与衬砌【必会】

1. 【多选】下列隧道支护措施中，属于超前支护措施的有（　　）。
A. 管棚　　B. 围岩预注浆加固
C. 超前锚杆　　D. 超前小导管
E. 喷射混凝土

2. 【单选】下列隧道支护措施中，不属于超前支护措施的是（　　）。
A. 搭设管棚　　B. 围岩预注浆加固
C. 径向注浆　　D. 超前小导管注浆

3. 【多选】预注浆加固围岩方式通常有（　　）。
A. 超前小导管注浆预支护　　B. 洞内超前注浆
C. 地表超前注浆　　D. 平导超前注浆
E. 喷射注浆

4. 【单选】对于围岩压力来得快、来得大，对围岩变形及地表下沉有严格限制要求的软弱破碎围岩隧道工程施工应采用（　　）预支护形式。
A. 超前锚杆　　B. 超前小导管
C. 管棚　　D. 插板

5. 【单选】隧道初期支护施工中，目前施工现场使用较多的喷射混凝土工艺是（　　）。
A. 干喷法　　B. 潮喷法
C. 湿喷法　　D. 复合喷射法

6. 【多选】关于采用工字钢钢拱架进行隧道支护的说法，正确的有（　　）。
A. 混凝土能充满钢拱架和围岩间空隙，钢拱架与喷射混凝土粘结好
B. 可作临时支撑并单独承受较大的围岩压力
C. 可设于混凝土内作为永久衬砌的一部分
D. 架设后能够立即承载
E. 在Ⅴ、Ⅵ级软弱破碎围岩中使用较多
7. 【单选】关于隧道模筑混凝土衬砌的说法，错误的是（　　）。
A. 单层现浇整体式混凝土衬砌常用于Ⅱ、Ⅲ级围岩中
B. 在隧道纵向，需分段进行，分段长度一般为8～12m
C. 在全断面开挖成形或大断面开挖成形的隧道衬砌施工中，应尽量使用金属模板台车灌注混凝土整体衬砌
D. 衬砌施工多采用由上而下、先墙后拱的顺序连续浇筑
8. 【单选】仰拱衬砌混凝土应整幅一次浇筑成形，不得左右半幅分次浇筑，一次浇筑长度不宜大于（　　）m。
A. 2.0　　B. 5.0
C. 10.0　　D. 50.0
9. 【单选】隧道安全步距是指隧道仰拱或二次衬砌到（　　）的安全距离，安全步距主要由隧道围岩级别决定。
A. 入口　　B. 安全通道
C. 初期支护　　D. 掌子面
10. 【单选】仰拱与掌子面的距离，Ⅴ级围岩不得超过（　　）m。
A. 90　　B. 70
C. 50　　D. 40
11. 【单选】软弱围岩及不良地质隧道的二次衬砌应及时施作，Ⅳ级围岩中二次衬砌距掌子面的距离不得大于（　　）m。
A. 90　　B. 70
C. 50　　D. 40

考点 4　公路隧道防水与排水【了解】

1. 【单选】关于隧道洞内反坡排水的说法，错误的是（　　）。
A. 根据距离、坡度、水量、设备和施工组织布置管路，一次或分段接力将水排出洞外
B. 抽水机的集水坑容积应按实际排水量确定
C. 井下工作水泵的排水能力应不小于1.2倍正常涌水量
D. 做好停电时的应急排水预案
2. 【单选】关于隧道结构防排水的说法，不正确的是（　　）。
A. 隧道防水应提高混凝土自防水性能，在有冻害地区，防水混凝土的抗渗等级应适当提高
B. 防水板宜选用高分子材料，厚度不宜小于1.5mm
C. 防水板铺设应紧跟开挖掌子面
D. 初期支护不平处用喷射混凝土或砂浆找平
3. 【单选】围岩有一定自稳能力，开挖后水压和水量较小，但出水量超过设计允许排放量时，宜采用的注浆方法是（　　）。
A. 全断面帷幕注浆　　B. 周边注浆

C. 超前局部注浆　　D. 径向注浆

考点 5　隧道通风防尘及水电作业【了解】

1. 【多选】隧道施工通风方式包括（　　）。
   A. 风管式通风　　B. 巷道式通风
   C. 通道式通风　　D. 风墙式通风
   E. 通风管通风
2. 【多选】风流经由管道输送，风管式通风可分为（　　）。
   A. 压入式　　B. 抽出式
   C. 混合式　　D. 巷道式
   E. 风墙式
3. 【多选】隧道防尘应做到（　　）。
   A. 湿式凿岩标准化　　B. 机械通风正常化
   C. 喷雾洒水正规化　　D. 操作人员集中化
   E. 个人防护普遍化
4. 【单选】关于隧道供水方案的说法，不符合要求的是（　　）。
   A. 水源的水量应满足工程和生活用水的需要
   B. 水池的容量应有一定的储备量
   C. 采用机械站供水时，应有备用的抽水机
   D. 严禁利用洞内地下水源
5. 【单选】隧道供电线路布置和安装时，瓦斯地段的输电线必须使用（　　）。
   A. 绝缘铜线　　B. 胶皮线
   C. 绝缘铝线　　D. 密封电缆

考点 6　隧道工程主要质量通病及防治措施【重要】

1. 【多选】隧道工程水害的防治措施包括（　　）。
   A. 种植树木、草皮，减少流沙
   B. 因势利导，给地下水以可排走的通道，将水迅速地排到洞外
   C. 将流向隧道的水源截断，或尽可能使其水量减少
   D. 堵塞衬砌背后的渗流水，集中引导排出
   E. 合理选择防水材料，严格施工工艺
2. 【单选】隧道衬砌裂缝病害的防治中，对于钢筋保护层必须保证不小于（　　）cm，钢筋使用前应做除锈、清污处理。
   A. 2　　B. 2.5
   C. 3　　D. 5
3. 【多选】隧道发生衬砌裂缝的原因主要有（　　）。
   A. 围岩压力不均　　B. 衬砌背后局部空洞
   C. 衬砌厚度严重不足　　D. 混凝土收缩性小
   E. 不均匀沉降
4. 【单选】关于隧道衬砌裂缝病害预防措施的说法中，错误的是（　　）。
   A. 钢筋保护层厚度必须保证不小于3cm　　B. 宜采用较大的水胶比，降低骨胶比
   C. 混凝土拆模时，内外温差不得大于20℃　　D. 衬砌施工时应设置沉降缝、伸缩缝

5. **【多选】** 提高围岩稳定性能够有效地保证隧道衬砌结构施工的安全性，加固措施多采用（　　）。

A. 小导管注浆

B. 管棚注浆

C. 锚固注浆

D. 深孔注浆

E. 径向注浆

2B315000 交通工程

2B315010 交通安全设施

扫码即听
本章导学

知识脉络

交通安全设施
- 交通安全设施的主要构成与功能【必会】
- 交通安全设施的施工技术要求【重要】

考点 1 交通安全设施的主要构成与功能【必会】

1. 【多选】交通安全设施主要包括（　　）。

A. 交通标线
B. 交通标志
C. 防撞设施
D. 防眩设施
E. 监控设施

2. 【单选】用图形符号、颜色等向交通参与者传递特定信息，用于管理交通的设施是（　　）。

A. 交通标志
B. 交通标线
C. 里程标
D. 防眩设施

3. 【单选】下列属于交通标志的是（　　）。

A. 禁令标志
B. 线形诱导标
C. 分合流标志
D. 突起路标

4. 【多选】交通标线的主要作用是传递有关道路交通的规则、警告和指引交通。下列设施属于交通标线的有（　　）。

A. 指路标志
B. 指示标志
C. 立面标记
D. 实体标记
E. 突起路标

5. 【多选】防撞设施主要包括（　　）。

A. 护栏
B. 轮廓标
C. 防撞筒
D. 隔离栅
E. 护网

6. 【单选】主要作用是在夜间通过对车灯光的反射，使司机能够了解前方道路的线形及走向，使其提前做好准备的交通安全设施是（　　）。

A. 突起路标
B. 轮廓标
C. 道路中线
D. 指路标志

7. 【单选】避免对向车辆前照灯造成的眩目影响，保证夜间行车安全的交通安全设施是（　　）。

A. 突起路标
B. 轮廓标
C. 防眩设施
D. 指路标志

考点 2 交通安全设施的施工技术要求【重要】

1. 【多选】关于标线施工技术要求的说法，正确的有（　　）。
   A. 标线工程正式开工前，应进行实地试划试验
   B. 在正式划标线前，应保证路面表面清洁干燥
   C. 应根据设计图纸进行放样
   D. 通过划线机的行驶速度控制好标线厚度
   E. 喷涂施工应在气温低时进行
2. 【单选】混凝土护栏采用就地浇筑的方式施工时，错误的做法为（　　）。
   A. 钢筋及预埋件应在浇筑混凝土前安装好
   B. 每节护栏构件的混凝土根据长度可一次或两次浇筑完成
   C. 浇筑的混凝土护栏可采用湿法养护
   D. 浇筑的混凝土护栏可采用塑料薄膜养护

2B315020 监控和照明系统

知识脉络

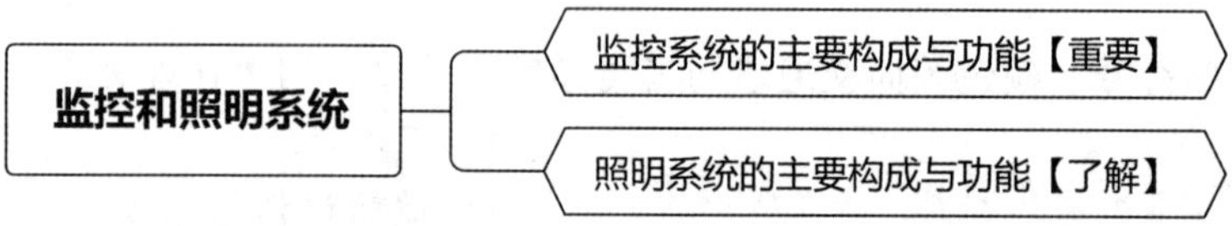

考点 1 监控系统的主要构成与功能【重要】

1. 【多选】监控系统的主要构成有（　　）。
   A. 隧道排水子系统
   B. 视频监控子系统
   C. 交通信号监控子系统
   D. 隧道紧急电话子系统
   E. 隧道广播子系统
2. 【单选】（　　）是高速公路监控系统的主要系统，为管理部门提供有效的管理手段。
   A. 交通信号监控系统　　B. 有线广播系统
   C. 隧道通风控制系统　　D. 调度指令电话系统
3. 【多选】视频监控系统由沿线、隧道、桥梁等地设置的遥控及固定摄像机及编码设备，（　　）等设备组成。
   A. 传输通道　　B. 会议电视终端装置
   C. 监控分中心的视频监视设备　　D. 便携式投影机
   E. 监控分中心的管理和存储设备
4. 【单选】下列关于火灾报警系统的说法，错误的是（　　）。
   A. 火灾报警系统由人工和自动报警两个系统合成
   B. 自动报警系统由洞内火灾自动检测设备、监控分中心（监控所）的火灾报警控制器以及传输通道等组成

C. 自动报警系统通常是在隧道内每50m间距的消防洞处设一个手动报警按钮

D. 发现隧道内有火情时，按动手动报警按钮，即可将信号传送至火灾报警控制器，并产生相应的声光报警信号和火灾地点信号

考点 2 照明系统的主要构成与功能【了解】

1. **【单选】** 公路照明系统按照明方式分类，不包括（　　）。

A. 一般照明　　B. 局部照明

C. 混合照明　　D. 应急照明

2. **【多选】** 公路照明系统按照明种类可分为（　　）。

A. 一般照明　　B. 局部照明

C. 混合照明　　D. 正常照明

E. 应急照明

3. **【多选】** 公路照明一般包括（　　）。

A. 道路照明　　B. 互通立交照明

C. 收费广场照明　　D. 特大桥照明

E. 洞内照明

PART 2

2B320000

公路工程项目施工管理

学习计划：

扫码即听
本章导学

2B320010　公路工程项目施工组织与部署

知识脉络

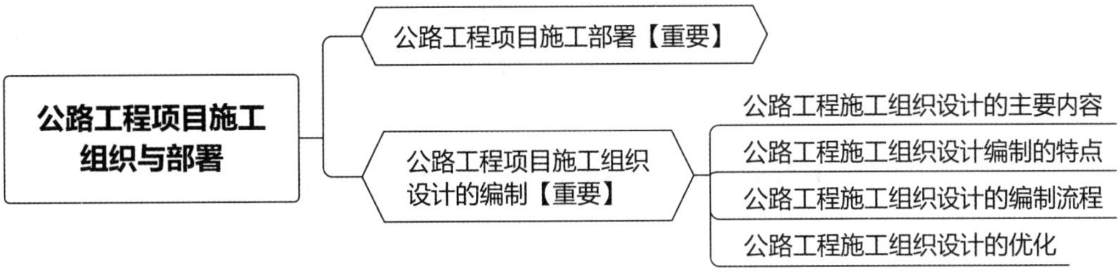

考点 1　公路工程项目施工部署【重要】

1. **【多选】** 公路工程施工项目经理部的组织结构模式包括（　　）。

A. 直线式　　　　B. 职能式

C. 直线职能式　　　　D. 联合组建式

E. 矩阵式

2. **【多选】** 公路工程施工项目经理部的组织结构模式，目前主要采用的有（　　）。

A. 直线式　　　　B. 职能式

C. 直线职能式　　　　D. 矩阵式

E. 行列式

3. **【单选】** 下列施工段落划分中，不符合通常划分原则的是（　　）。

A. 各段落之间工程量基本平衡

B. 土方段落中的小型构造物另划分一个工段

C. 避免造成段落之间的施工干扰

D. 保持构造物的完整性

4. **【多选】** 施工平面布置图的设计原则包括（　　）。

A. 应以生产流程为依据，并有利于生产的连续性

B. 一切设施和布局必须满足施工进度、方法、工艺流程及科学组织生产的需要

C. 充分利用原有地形、地物，多占农田，因地制宜

D. 充分考虑水文、地质、气象等自然条件的影响

E. 必须符合安全生产、环保、消防和文明施工的规定和要求

考点 2　公路工程项目施工组织设计的编制【重要】

1. **【单选】** 公路工程项目施工组织设计中的工程概况不包括（　　）。

A. 施工企业　　　　B. 工程性质

C. 工程位置　　　　D. 地形地貌

2. **【多选】** 下列计划中，属于资源需求计划的有（　　）。

A. 劳动力需求计划　　　　B. 施工进度计划

C. 材料需求计划　　　　D. 施工机械设备需求计划

E. 资金需求计划

3. 【单选】隧道施工中，以（　　）为中心布置施工场地。

A. 掌子面　　B. 支护

C. 洞口　　D. 驻地

4. 【多选】施工方案中，资源利用的优化主要包括（　　）的优化。

A. 施工方法　　B. 物资采购与供应计划

C. 劳动组织　　D. 机械需要计划

E. 施工顺序

2B320020　公路工程施工进度控制

知识脉络

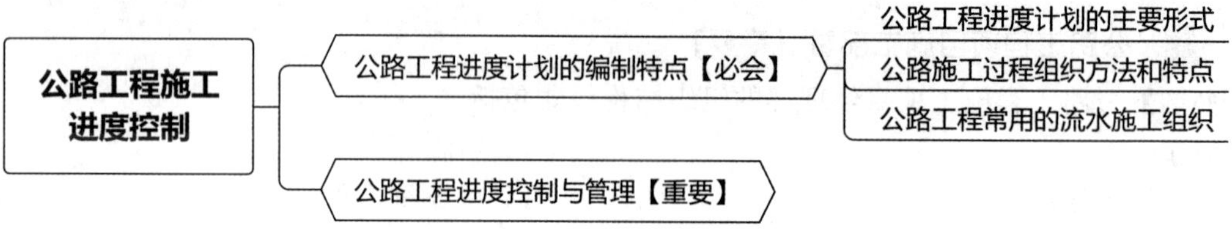

考点 1　公路工程进度计划的编制特点【必会】

1. 【多选】公路工程进度计划的主要形式有（　　）。

A. 横道图　　B. 散点图

C. 斜率图　　D. "S"曲线

E. 网络图

2. 【单选】下列公路工程进度计划的主要形式中，以时间为纵轴的是（　　）。

A. 横道图　　B. 曲线

C. 垂直图　　D. 斜率图

3. 【单选】（　　）很适合表示公路、隧道等线形工程的总体施工进度。

A. "S"曲线　　B. 横道图

C. 垂直图　　D. 斜率图

4. 【单选】公路工程进度计划的主要形式中，既能反映各分部（项）工程的进度，又能反映工程总体进度的是（　　）。

A. 时标网络图

B. "S"曲线和横道图结合的公路工程进度表

C. 单代号搭接网络图

D. "S"曲线

5. 【多选】公路施工过程基本组织方法有（　　）。

A. 顺序作业法　　B. 排序作业法

C. 平行作业法　　D. 垂直作业法

E. 流水作业法

6. 【单选】顺序作业法（又称依次作业法）的主要特点不包括（　　）。
A. 没有充分利用工作面进行施工
B. 施工现场的组织、管理比较简单
C. 专业化作业队能够连续作业
D. 有利于资源供应的组织工作

7. 【单选】公路工程常用的流水参数中，属于时间参数的是（　　）。
A. 流水强度　　B. 工作面
C. 技术间歇　　D. 施工段

8. 【单选】下列流水施工参数，属于空间参数的是（　　）。
A. 组织间歇　　B. 流水强度
C. 工作面　　D. 施工过程数

9. 【单选】路面工程施工中，相邻结构层之间的速度决定了相邻结构层之间的搭接类型，前道工序的速度快于后道工序时选用（　　）搭接类型。
A. 开始到开始　　B. 开始到完成
C. 完成到开始　　D. 完成到完成

考点 2　公路工程进度控制与管理【重要】

1. 【多选】施工进度计划实施的保证从内容上可概括为（　　）。
A. 组织保证　　B. 人员保证
C. 技术保证　　D. 合同保证
E. 资源与经济保证

2. 【单选】在中标通知书发出后合同规定的时间内，承包人应向（　　）书面提交一份详细和格式符合要求的工程总体进度计划。
A. 监理工程师　　B. 业主
C. 质量监督站　　D. 上级公司

3. 【多选】某一非关键工作（工序）的持续时间为 5d，它的总时差为 4d、自由时差为 2d，在进度检查时发现拖延了 7d。下列说法正确的有（　　）。
A. 该工程的工期将拖延 2d
B. 该工程的工期将拖延 3d
C. 该工序已经转变为关键工序，而且关键线路至少增加一条
D. 如果该工序拖延 2d 对后续工序无影响，对总工期也无影响
E. 由于上述拖延是发生在非关键工作中，即使是业主原因，也不批准工期延长的申请

4. 【多选】公路工程进度计划的检查结果可以通过（　　）体现和分析。
A. 横道图比较法　　B. 控制图法
C. 网络计划图　　D. “S”形曲线比较法
E. “香蕉”形曲线比较法

2B320030 公路工程项目技术管理

知识脉络

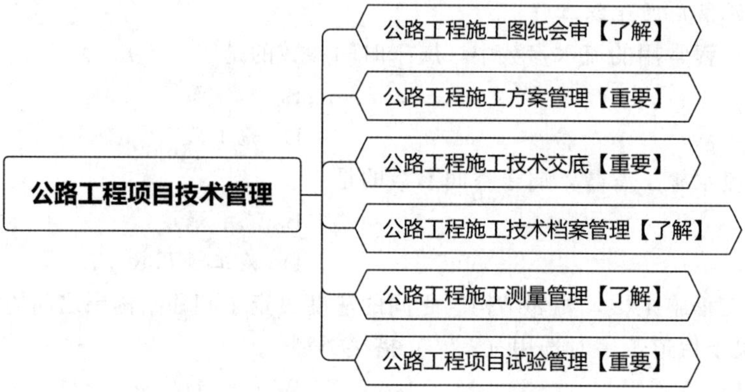

考点 1 公路工程施工图纸会审【了解】

【多选】图纸会审的主要内容有（ ）。

A. 结合现场调查情况，核算主要工程数量

B. 核算工程主要结构的受力条件及主要设计数据

C. 核查设计对施工条件、施工方法的考虑及要求

D. 核对图纸数量是否齐全

E. 施工说明是否清楚准确并符合现行地方标准

考点 2 公路工程施工方案管理【重要】

1. 【单选】对于重大施工方案，应由（ ）。

A. 项目经理组织编制，施工单位技术管理部门组织审核

B. 项目技术负责人组织编制，项目经理组织审核

C. 项目总工程师组织编制，施工单位技术管理部门组织审核

D. 施工单位技术管理部门组织编制，总监理工程师组织审核

2. 【单选】超过一定规模的危险性较大的分部分项工程专项方案应当组织召开专家论证会。实行施工总承包的，由（ ）组织召开专家论证会。

A. 建设单位 B. 设计单位

C. 施工总承包单位 D. 监理单位

考点 3 公路工程施工技术交底【重要】

【单选】施工技术交底通常分为三级进行，属于第三级交底的是（ ）。

A. 项目总工程师向项目各部门负责人及全体技术人员进行交底

B. 项目技术部门负责人或各分部分项主管工程师向现场技术人员和班组长进行交底

C. 现场技术员负责向班组全体作业人员进行技术交底

D. 班组长向班组全体作业人员进行技术交底

考点 4　公路工程施工技术档案管理【了解】

【多选】下列符合技术档案编制要求的有（　　）。

A. 工程施工资料一般按工程项目分类

B. 工程资料应字迹清楚，图样清晰，图表整洁

C. 工程资料中文字材料幅面尺寸规格宜为 A3 幅面

D. 利用施工图改竣工图，必须标明变更修改的依据

E. 凡施工图结构、工艺、平面布置等有重大改变，或变更部分超过图面 1/3 的，应当重新绘制竣工图

考点 5　公路工程施工测量管理【了解】

【多选】施工阶段的测量工作包括（　　）。

A. 施工控制网建立　　B. 工序检查测量

C. 沉降位移变形观测　　D. 施工放样测量

E. 地形地貌复核测量

考点 6　公路工程项目试验管理【重要】

1. 【多选】公路工程项目试验管理有（　　）。

A. 工地试验室等级管理　　B. 工地试验室设备管理

C. 工地试验外委管理　　D. 工地试验室档案管理

E. 工地试验样品管理

2. 【单选】关于工地试验外委管理的说法，不正确的是（　　）。

A. 外委试验应向项目建设单位报备

B. 外委试验取样、送样过程应进行见证

C. 接受外委试验的检测机构上年度信用等级为 B 级及以上

D. 同一合同段中各方外委试验应委托给同一家检测机构

2B320040　公路工程项目质量管理

知识脉络

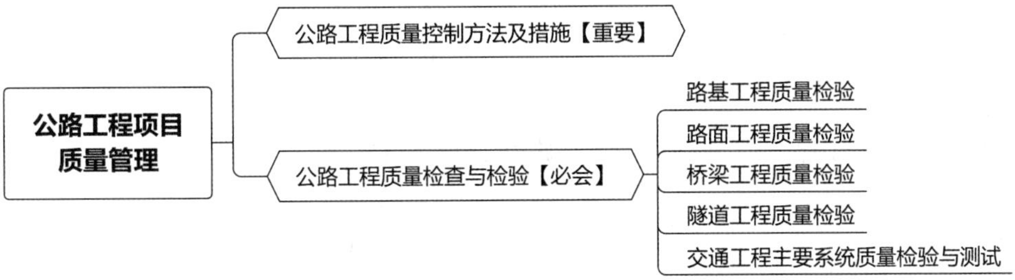

考点 1　公路工程质量控制方法及措施【重要】

1. 【多选】下列属于公路工程施工现场质量检查控制方法的有（　　）。

A. 测量　　B. 观察　　C. 审核　　D. 分析

E. 记录

2. 【多选】现场质量检查控制包括（　　）。

A. 开工前检查　　B. 工序交接检查

C. 隐蔽工程检查　　D. 停工后复工前的检查

E. 竣工验收检查

3. 【多选】下列选项中，可用于测定路基土方最佳含水量的试验方法有（　　）。

A. 灌砂法　　B. 环刀法

C. 振动台法　　D. 重型击实试验

E. 表面振动击实仪法

4. 【单选】路基土在工地测得干密度为 1.63g/cm^3，湿密度为 1.82g/cm^3，而在实验室测得最大干密度为 1.66g/cm^3，则路基土压实度为（　　）。

A. 91.21%　　B. 98.19%

C. 100%　　D. 109.64%

5. 【单选】沥青混凝土路面施工质量控制关键点不包含（　　）。

A. 沥青材料的检查与试验

B. 沥青混凝土的拌合、运输及摊铺温度控制

C. 沥青混凝土施工机械设备配置与压实方案

D. 沥青混凝土摊铺厚度及水灰比的控制

6. 【单选】先简支后连续梁施工过程中，主要应注意控制（　　）。

A. 支架沉降

B. 卸架工艺

C. 临时支座安装与拆除控制

D. 边跨及跨中合龙段混凝土的裂缝控制

考点 2　公路工程质量检查与检验【必会】

1. 【单选】对结构安全、耐久性和主要使用功能起决定性作用的检查项目为关键项目，除机电工程外，关键项目的合格率不得低于（　　），有规定极值的检查项目，任一单个检测值不应突破规定极值，否则该检查项目为不合格。

A. 100%　　B. 95%

C. 90%　　D. 85%

2. 【多选】属于路基质量检验中土方路基实测项目的有（　　）。

A. 压实度　　B. 弯沉

C. 宽度　　D. 土的强度

E. 平整度

3. 【单选】下列不属于路基质量检验中填石路基实测项目的是（　　）。

A. 压实　　B. 弯沉

C. 顶面高程　　D. 平整度

4. 【单选】下列浆砌挡土墙实测项目中，属于关键项目的是（　　）。

A. 砂浆强度　　B. 平面位置

C. 顶面高程　　D. 表面平整度

5. 【多选】下列选项中，属于水泥混凝土面层实测项目的有（　　）。

A. 平整度　　B. 板厚度

C. 路面宽度　　D. 纵断高程

E. 弯沉值

6. 【多选】沥青路面检测中，除平整度、纵断高程、厚度外，还应检测（　　）。

A. 宽度　　B. 横坡

C. 弯沉值　　D. 含水量

E. 压实度

7. 【多选】桥梁总体质量检验的项目有（　　）。

A. 桥梁净空　　B. 桥面中线偏位

C. 桥梁纵坡控制　　D. 桥宽和桥长

E. 桥面高程

8. 【多选】下列选项中，属于悬臂浇筑梁的实测项目有（　　）。

A. 混凝土强度　　B. 轴线偏位

C. 断面高程　　D. 顶面横坡

E. 平整度

9. 【单选】预应力筋的加工和张拉采用后张法时，质量检验的实测项目不包括（　　）。

A. 张拉应力值　　B. 张拉伸长率

C. 断丝滑丝数　　D. 压浆强度

10. 【多选】隧道总体质量检验的实测项目包括（　　）。

A. 车行道宽度　　B. 内轮廓宽度

C. 喷层厚度　　D. 隧道偏位

E. 内轮廓高度

2B320050 公路工程项目安全管理

知识脉络

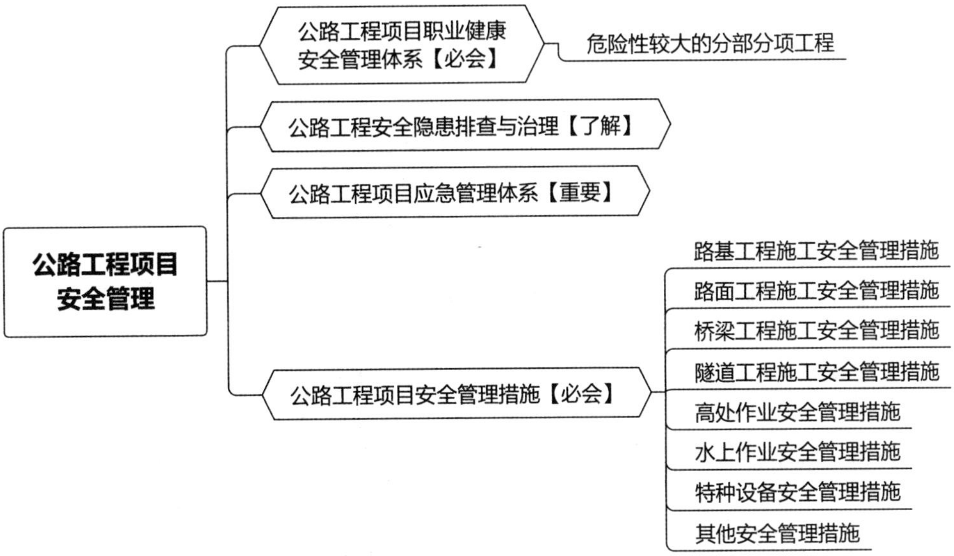

考点 1 公路工程项目职业健康安全管理体系【必会】

1. 【单选】在确定控制措施或考虑改变现行控制措施时，可考虑按（　　）顺序选择风险控制方法。

A. 替代→消除→工程控制措施→标志、警告或管理控制→个人防护设备

B. 消除→替代→工程控制措施→标志、警告或管理控制→个人防护设备

C. 消除→替代→标志、警告或管理控制→工程控制措施→个人防护设备

D. 标志、警告或管理控制→替代→工程控制措施→消除→个人防护设备

2. 【单选】根据《公路水运工程安全生产监督管理办法》(中华人民共和国交通运输部令 2017 年第 25 号) 规定，（　　）依法对项目安全生产工作全面负责。

A. 施工单位主要负责人　　B. 施工单位技术负责人

C. 监理单位总监理工程师　　D. 建设单位主要负责人

3. 【单选】下列分部分项工程中，需要组织专家论证的是（　　）。

A. 开挖深度 3m 的基坑　　B. 深度 15m 的人工挖孔桩

C. 滑坡处理　　D. 悬臂浇筑法挂篮

4. 【单选】根据《公路工程施工安全技术规范》(JTG F90—2015)，下列桥涵分部分项工程中，不管规模大小，都必须组织专家对其专项方案进行论证的是（　　）。

A. 桥梁工程的支架法现浇梁施工　　B. 桥梁上部结构转体施工

C. 打桩船作业　　D. 钢管拱安装施工

5. 【单选】根据《公路水运工程施工安全标准化指南》，下列不属于危险性较大的分部分项工程的是（　　）。

A. 高度 18m 的土质边坡处理　　B. 水深 15m 的围堰工程

C. 深度 7m 的挡墙基础　　D. 高瓦斯隧道

6. 【多选】应当编制专项施工方案的工程有（　　）。

A. 长度 3200m 的隧道工程　　B. 长度 23km 的高速公路路面工程

C. 长路堑路基土石方工程　　D. 挡土墙基础工程

E. 桩基础工程

7. 【多选】专项施工方案的内容包括（　　）。

A. 编制依据　　B. 施工计划

C. 施工安全保证措施　　D. 劳动力计划

E. 文件和档案

考点 2 公路工程安全隐患排查与治理【了解】

1. 【单选】危害和整改难度较大，应当全部或者局部停产停业，并经过一定时间整改治理方可能排除的隐患是（　　）。

A. 一般事故隐患　　B. 较大事故隐患

C. 重大事故隐患　　D. 特别重大事故隐患

2. 【多选】公路工程施工安全生产隐患排查中的“五项制度”包括（　　）。

A. 施工现场危险告知制度　　B. 施工安全监理制度

C. 专项施工方案审查制度　　D. 人员进场登记制度

E. 安全生产费用保障制度

3. 【多选】安全生产事故隐患排查的“两项达标”包括（　　）。

A. 施工人员管理达标

B. 施工现场安全防护达标

C. 机械配置达标

D. 材料检验达标

E. 方案编制达标

4. 【单选】关于隐患的排查与治理，说法错误的是（　　）。

A. 重大隐患经施工单位确认后应向监理单位备案

B. 项目施工单位的主要负责人对隐患排查治理工作全面负责

C. 项目施工单位应定期组织开展安全生产隐患排查

D. 项目监理、建设单位应及时主动向具有项目管辖权的交通运输主管部门报告

考点 3 公路工程项目应急管理体系【重要】

1. 【多选】应急预案体系由（　　）组成。

A. 紧急应急预案

B. 现场处置方案

C. 分项应急预案

D. 专项应急预案

E. 综合应急预案

2. 【单选】关于应急预案评审的说法，错误的是（　　）。

A. 施工单位应当对编制的应急预案组织评审

B. 应急预案组织评审应形成书面评审纪要

C. 参加应急预案评审的人员应当包括有关安全生产及应急管理方面的专家

D. 评审人员与施工单位有利害关系的，不能回避

3. 【单选】施工单位应当在应急预案公布之日起（　　）个工作日内，按照分级属地原则，向属地安全生产监督管理部门和有关部门进行告知性备案。

A. 7

B. 10

C. 20

D. 28

考点 4 公路工程项目安全管理措施【必会】

1. 【单选】下列路基土石方施工安全要求，错误的是（　　）。

A. 取土场底部应平顺并设有排水设施，周围应设置警示标志和安全防护设施

B. 地面横坡陡于 1∶10 时，取土坑应设在路堤上侧

C. 取土坑与路基坡脚表面应设 1%～2%向外倾斜的横坡

D. 土方开挖必须按自下而上顺序放坡进行，严禁挖空底脚

2. 【单选】关于沥青路面施工安全要求的说法，错误的是（　　）。

A. 洒布车行驶中不得使用加热系统

B. 拌合站应配备消防设施

C. 不得在石料溢流管、升起的料斗下方站立或通行

D. 沥青罐内检查应采用明火照明

3. 【单选】下列关于悬臂浇筑施工风险控制措施的说法，错误的是（　　）。

A. 挂篮加工完成后应先进行试拼

B. 挂篮拼装时应两边对称进行

C. 浇筑墩顶段（0 号段）混凝土前，应对托架、模板进行检验和预压

D. 预压的目的是消除杆件弹性变形和地基沉降

4. **【多选】**关于安全带使用的说法，正确的有（　　）。

A. 安全带应低挂高用

B. 安全带的安全绳与悬吊绳应共用连接器

C. 安全带的安全绳可作为悬吊绳

D. 安全带的安全绳严禁打结使用

E. 安全带的安全绳上不得挂钩

5. **【单选】**施工现场临时用电工程专用的低压电力系统，必须符合（　　）。

A. 二级配电一级保护

B. 一级配电一级保护

C. 三级配电二级保护

D. 三级配电三级保护

6. **【单选】**特种设备使用单位应在特种设备检验合格有效期届满前（　　）个月向特种设备检验检测机构提出定期检验要求。

A. 1　　B. 2

C. 3　　D. 4

2B320060　公路工程施工合同管理

知识脉络

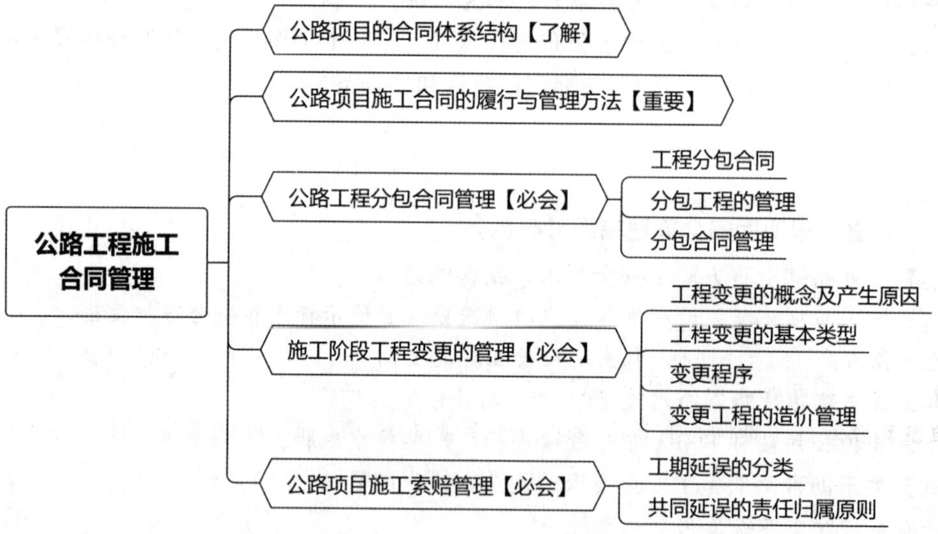

考点 1　公路项目的合同体系结构【了解】

【单选】公路工程合同体系中的核心合同是（　　）。

A. 勘察合同　　B. 设计合同

C. 施工合同　　D. 供货合同

考点 2 公路项目施工合同的履行与管理方法【重要】

【单选】根据《公路工程标准施工招标文件》，合同文件有：①中标通知书；②合同协议书；③已标价工程量清单；④项目专用合同条款。解释合同文件的优先顺序是（　　）。

A. ①③②④
B. ④②③①
C. ②①④③
D. ③②①④

考点 3 公路工程分包合同管理【必会】

1. 【单选】发包人与分包人没有合同关系，但发包人作为工程项目的投资方和施工合同的当事人，对分包合同的管理主要表现为（　　）。

A. 对分包工程的审查
B. 对分包工程的批准
C. 对分包人资质的批准
D. 对分包人资质的审查

2. 【单选】下列关于分包工程管理的说法中，错误的是（　　）。

A. 监理人一般不能直接向分包人下达变更指令，必须通过承包人
B. 分包人不能直接向监理人提出分包工程的变更要求，也必须由承包人提出
C. 若非分包商原因造成分包商的损失，分包商有权向监理工程师提出索赔要求
D. 对于由承包人的原因或责任引起分包人提出索赔，监理人不参与该索赔的处理

考点 4 施工阶段工程变更的管理【必会】

1. 【单选】关于重要工程的变更程序，说法正确的是（　　）。

A. 重要工程变更是指对工程造价影响较大，但是不需要业主批准的工作
B. 监理工程师可以直接下达工程指令
C. 如果超过业主批准的总额，监理工程师应在下达工程变更令之前请求业主作进一步的批准或授权
D. 对这些工程变更工作，业主在审批工程变更之前应事先取得国家计划主管部门的批准

2. 【单选】承包人应在收到变更指示或变更意向书后的（　　）d 内，向监理工程师提交变更报价书。

A. 14
B. 15
C. 20
D. 28

考点 5 公路项目施工索赔管理【必会】

【单选】路基施工期间，有块办理过征地手续的农田因补偿问题发生纠纷，导致施工无法进行，为此延误工期 20d，施工单位提出工期和费用索赔。关于施工单位索赔的说法，正确的是（　　）。

A. 索赔不成立
B. 可以索赔工期
C. 可以索赔费用
D. 可以索赔工期和费用

2B320070 公路项目施工成本管理

知识脉络

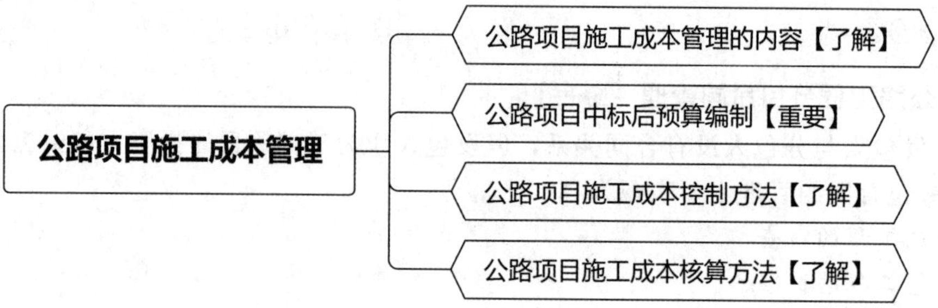

考点1 公路项目施工成本管理的内容【了解】

【单选】施工计划成本偏差正值表示（ ）。

A. 进度超前　　B. 计划预控不到位

C. 进度拖延　　D. 计划预控到位

考点2 公路项目中标后预算编制【重要】

1. **【多选】**从项目管理的角度出发，标后预算的总费用可以划分为（ ）。

A. 上缴企业费　　B. 项目预算总成本

C. 规费　　D. 税金

E. 直接成本费

2. **【单选】**（ ）是成本管理中编制成本计划的依据。

A. 项目预算（直接）成本

B. 计划预算（直接）成本

C. 实际预算（直接）成本

D. 责任目标成本

考点3 公路项目施工成本控制方法【了解】

【多选】公路施工项目成本控制的方法很多，根据项目经理部制定的目标成本控制成本支出，可采用的方法有（ ）。

A. 人工费的控制

B. 材料费的控制

C. 二次搬运费的控制

D. 施工机械使用费的控制

E. 现场管理费的控制

考点4 公路项目施工成本核算方法【了解】

【单选】下列选项中，不属于路线工程成本核算对象划分的是（ ）。

A. 道路　　B. 桥涵

C. 隧道　　D. 临时工程

2B320080　公路工程造价管理

知识脉络

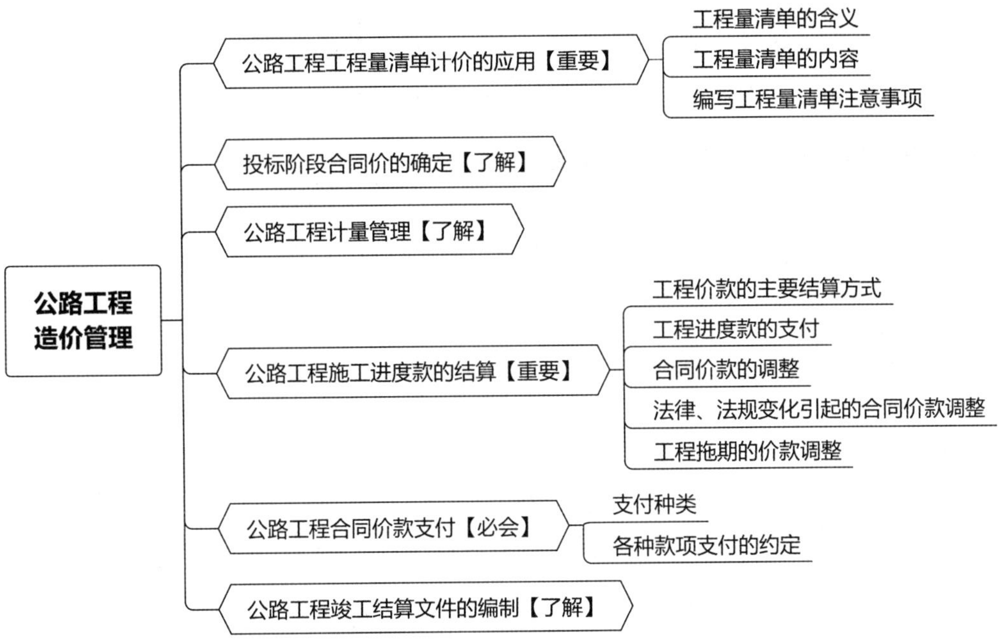

考点 1　公路工程工程量清单计价的应用【重要】

1.【单选】公路工程工程量清单的数量是（　　）。

A. 实际数量　　B. 支付数量

C. 计量数量　　D. 估计数量

2.【单选】下列关于工程量清单的说法，错误的是（　　）。

A. 在工程实施期间，工程量清单对工程费用起到控制的作用

B. 不同种类的工作应分别列出项目

C. 我国的公路工程项目招标，一般均由招标单位提供工程量清单

D. 实际施工过程中，业主应按照清单价格和数量进行结算

考点 2　投标阶段合同价的确定【了解】

【单选】关于投标报价编制原则的说法，错误的是（　　）。

A. 以投标文件中设定的发、承包双方责任划分，作为考虑投标报价费用项目和费用计算的基础

B. 以施工方案、技术措施等作为投标报价计算的基本条件

C. 以反映企业技术和管理水平的企业定额作为计算人工、材料和机械台班消耗量的基本依据

D. 报价计算方法要科学严谨，简明适用

考点 3　公路工程计量管理【了解】

1.【单选】只有经（　　）审查批准的工程项目，才予以支付工程款项。

A. 总监理工程师　　B. 监理工程师

C. 项目经理

D. 计量工程师

2. 【多选】关于工程量计量原则的表述，正确的有（　　）。

A. 所有工程项目，除个别注明者外，均采用我国法定的计量单位

B. 承包人的计量工作可在监理工程师不在场情况下进行

C. 工程量计算的副本由承包人保存

D. 除监理工程师另有批准外，凡超过图纸所示的面积或体积，都不予计量与支付

E. 水泥混凝土的施工现场可以使用电子计量设备称重

考点 4　公路工程施工进度款的结算【重要】

1. 【多选】工程价款价差调整的主要方法有（　　）。

A. 调值公式法

B. 调价文件计算法

C. 估算价格调整法

D. 实际价格调整法

E. 工程造价指数调整法

2. 【单选】某工程合同价为500万元，合同价的60%为可调部分。可调部分人工费占35%，材料费占55%，其余占10%。结算时，人工费价格指数增长10%，材料费价格指数增长20%，其余未发生变化。按照调值公式法计算，该工程的结算工程价款为（　　）万元。

A. 610.00

B. 543.50

C. 511.25

D. 500.00

考点 5　公路工程合同价款支付【必会】

1. 【单选】交工验收证书签发后（　　）d内，承包人应向发包人缴纳质量保证金。

A. 7

B. 10

C. 14

D. 28

2. 【多选】公路工程预付款有（　　）。

A. 开工预付款

B. 期中预付款

C. 材料预付款

D. 人工预付款

E. 承诺预付款

考点 6　公路工程竣工结算文件的编制【了解】

【单选】竣工结算一般是由（　　）进行编制。

A. 施工单位

B. 建设单位

C. 监理单位

D. 施工总承包单位

2B320090 公路工程施工现场临时工程管理

知识脉络

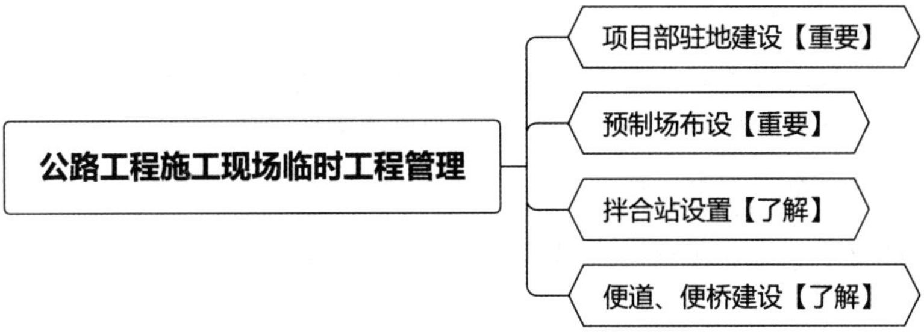

考点1 项目部驻地建设【重要】

1. **【单选】**关于公路工程施工现场项目部驻地房屋的说法，正确的是（　　）。
   A. 项目部驻地房屋必须自建
   B. 项目部驻地房屋为活动板房时，搭建不宜超过三层
   C. 驻地办公区、生活区可采用电力取暖
   D. 项目部驻地房屋房间净高不低于2.6m
2. **【单选】**关于公路工程自建房屋的要求，错误的是（　　）。
   A. 最低标准为活动板房
   B. 建设宜选用阻燃材料
   C. 搭建不宜超过三层
   D. 每组最多不超过10栋
3. **【单选】**下列关于项目部驻地选址的说法，正确的是（　　）。
   A. 可设在交通条件便利的位置
   B. 可设在独立大桥下
   C. 应设在离集中爆破区300m以外
   D. 可设在互通匝道区

考点2 预制场布设【重要】

1. **【多选】**关于预制梁板台座施工的说法，正确的有（　　）。
   A. 先张法施工的张拉台座应采用钢筋混凝土框架式台座
   B. 台座施工时，底模可采用混凝土底模
   C. 存梁区台座混凝土强度等级不低于C20
   D. 台座底模宜采用通长钢板
   E. 设计无规定时，空心板叠层不得超过3层，小箱梁和T形梁堆叠存放不得超过2层
2. **【单选】**关于小型构件预制场场地建设，下列说法正确的是（　　）。
   A. 小型构件预制场的占地面积宜小于2000m^2
   B. 布置要符合工厂化生产的要求，道路和排水畅通，场地四周宜设置砖砌排水沟
   C. 每条生产线可以设置振动台，同时配备小型拌合站1座
   D. 成品可以不按规格堆码

考点3 拌合站设置【了解】

1. **【多选】**凡用于工程的砂石料应按（　　）分场存放。
   A. 级配要求
   B. 不同价格
   C. 不同粒径
   D. 不同重量

E. 不同品种

2.【多选】在拌合站设置要求中，针对拌合设备的要求，正确的有（　　）。

A. 混凝土拌合应采用强制式拌合机，单机生产能力不宜低于 $90m^3/h$

B. 水、外掺剂可采用流量或人工计量方式

C. 沥青混合料采用间歇式拌合机

D. 拌合站计量设备应通过当地有关部门标定后方可投入生产

E. 拌合站应根据拌合机的功率配备相应的备用发电机

考点 4　便道、便桥建设【了解】

1.【单选】便道建设时，单车道路基宽度不小于（　　）m。

A. 3　　B. 4.5

C. 6　　D. 7

2.【多选】下列符合施工便道技术要求的有（　　）。

A. 在大型作业区，进出场的便道 200m 范围应进行硬化，标准为 C10 混凝土

B. 便道两侧设置排水系统

C. 错车道路面宽度不小于 5.5m

D. 单车道便道路基宽度不小于 4.5m，路面宽度不小于 3.0m

E. 便道路面最低标准应采用泥结碎石或级配碎石

3.【单选】便桥的类型有很多，当河窄、水浅时宜选用（　　）

A. 墩架式梁桥　　B. 贝雷桥

C. 浮桥　　D. 索桥

2B320100　公路工程施工机械设备的使用管理

知识脉络

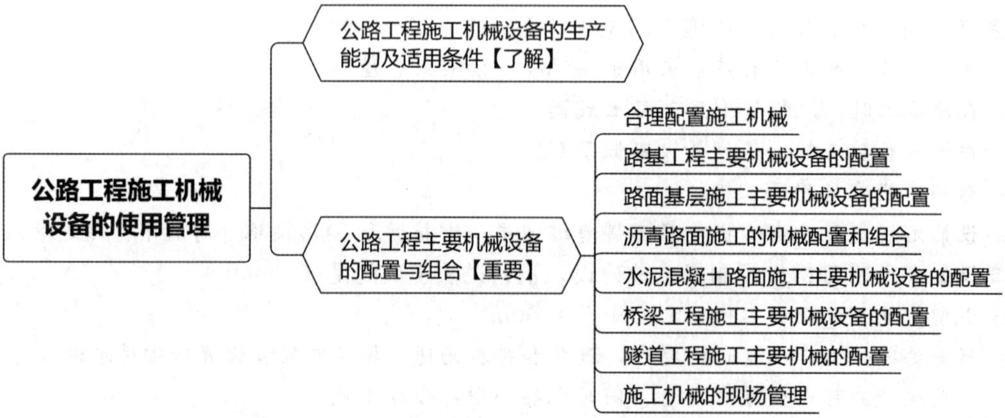

考点 1　公路工程施工机械设备的生产能力及适用条件【了解】

1.【多选】铲运机不适宜在（　　）中施工。

A. 湿度较小（含水量在 25%以下）的松散砂土

B. 地下水位高的潮湿地区

C. 干燥的粉砂土

D. 潮湿的黏土

E. 沼泽地带

2. **【单选】**下列可以同时用于土方开挖、石方开挖、土石填筑和路基整型工程的机械是（ ）。

A. 平地机　　B. 铲运机

C. 挖掘机　　D. 推土机

3. **【多选】**平地机是（ ）同时进行的连续作业机械。

A. 铲土　　B. 装土

C. 运土　　D. 卸土

E. 平整

4. **【单选】**按我国目前规范要求，高等级公路沥青路面建设应使用（ ）设备。

A. 强制间歇式搅拌　　B. 强制连续式搅拌

C. 间歇滚筒式搅拌　　D. 连续滚筒式搅拌

5. **【单选】**关于沥青混凝土搅拌设备的说法，错误的是（ ）。

A. 沥青混凝土搅拌设备分间歇式和连续滚筒式

B. 自落式的搅拌机是搅拌机的搅拌叶强制将物料拌合均匀

C. 强制间歇式搅拌设备是冷矿料的烘干、加热与热沥青的拌合，先后在不同的设备中进行

D. 连续滚筒式搅拌设备是冷矿料的烘干、加热与热沥青的拌合在同一滚筒内连续进行

6. **【多选】**沥青混凝土摊铺机按行走方式可分为（ ）。

A. 自行式　　B. 履带式

C. 轮胎式　　D. 复合式

E. 拖式

7. **【单选】**在桥梁基础施工机械的钻孔设备中，适用于除岩层、卵石、漂石外的各种土质地质条件，尤其在市政桥梁及场地受限的工程中使用的是（ ）。

A. 全套管钻机　　B. 旋转钻机

C. 螺旋钻机　　D. 液压旋挖钻孔机

8. **【多选】**预应力张拉设备的能力主要由（ ）决定。

A. 千斤顶的吨位　　B. 预应力筋的强度

C. 预应力筋的长度　　D. 锚具强度

E. 夹具强度

9. **【多选】**喷锚机械主要有（ ）等。

A. 锚杆台车　　B. 掘进机

C. 吊车　　D. 混凝土搅拌车

E. 混凝土喷射机

考点 2　公路工程主要机械设备的配置与组合【重要】

1. **【多选】**下列各项中，属于施工机械选择的一般原则有（ ）。

A. 适应性　　B. 通用性

C. 高效性　　D. 专用性

E. 经济性

2. **【单选】**某石方路堑开挖的大量石方需调运到 1000m 外的路堤处，宜选择的运输机械

是（　　）。

A. 自行式铲运机　　B. 拖式铲运机

C. 自卸汽车　　D. 推土机

3. 【多选】下列机械设备中，可用于石方开挖工程的设备有（　　）。

A. 移动式空气压缩机　　B. 挖掘机

C. 羊足碾　　D. 铲运机

E. 洒水车

4. 【单选】下列不属于隧道二次衬砌的施工机械设备是（　　）。

A. 锚杆台车　　B. 混凝土搅拌站

C. 搅拌运输车　　D. 混凝土输送泵

5. 【多选】根据机械来源的不同，必须经过不同的检验和试验，一般检验的方法和步骤可分为（　　）。

A. 外部检验　　B. 业主检验

C. 空运转试验　　D. 监理检验

E. 重载试验

PART 3

2B330000

公路工程项目施工相关法规与标准

学习计划：

扫码即听
本章导学

2B331000　公路建设管理法规和标准

知识脉络

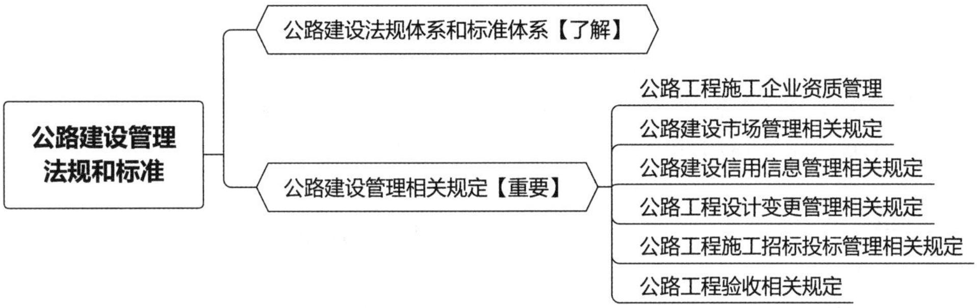

考点 1　公路建设法规体系和标准体系【了解】

1. 【单选】公路建设管理法规体系分为（　　）。

A. 二级五层次　　B. 二级四层次

C. 三级五层次　　D. 三级四层次

2. 【单选】公路工程标准的体系结构中，标准为（　　）。

A. 第一层　　B. 第二层

C. 第三层　　D. 第四层

考点 2　公路建设管理相关规定【重要】

1. 【单选】公路工程施工企业资质等级划分中，公路路面工程专业承包企业不包括（　　）。

A. 特级企业　　B. 一级企业

C. 二级企业　　D. 三级企业

2. 【多选】桥梁工程专业承包企业分为（　　）。

A. 特级企业　　B. 一级企业

C. 二级企业　　D. 三级企业

E. 四级企业

3. 【单选】三级公路工程施工总承包企业可以承包的工程包括（　　）。

A. 高速公路

B. 单跨跨度小于 40m 的桥梁工程施工

C. 长度 2000m 的隧道工程

D. 各种桥梁

4. 【多选】项目施工应当具备的条件有（　　）。

A. 项目已列入公路建设年度计划

B. 建设资金已经落实，并经交通运输主管部门审计

C. 征地手续已办理，拆迁基本完成

D. 建设单位已依法确定

E. 已办理质量监督手续

5. 【单选】下列工程任务不得分包的是（　　）。
A. 勘察工作　　B. 设计工作
C. 施工工作　　D. 监理工作

6. 【多选】下列行为不属于转包的有（　　）。
A. 承包人将承包的全部工程发包给他人的
B. 承包人将工程分包给不具备相应资格的企业或者个人的
C. 分包人以他人名义承揽分包工程的
D. 分包人将分包工程再进行分包的
E. 承包人将承包的全部工程肢解后以分包的名义分别发包给他人的

7. 【多选】公路施工企业信用评价内容由（　　）构成。
A. 投标行为　　B. 经济能力
C. 履约行为　　D. 不良行为信息
E. 信用评价信息

8. 【单选】某公路施工企业在本年的企业信用评价总得分为 65 分，该企业的信用等级为（　　）级。
A. A　　B. B　　C. C　　D. D

9. 【单选】关于公路施工企业信用信息管理的说法，错误的是（　　）。
A. 公路施工企业信用升级实行逐级上升制
B. 公路施工企业资质升级的，其信用评价等级不变
C. 被 1 个省级交通运输主管部门直接认定为 D 级的企业，其全国综合评价直接定为 D 级
D. 公路施工企业信用评价结果有效期为 1 年

10. 【单选】关于公路施工企业信用评价的说法，错误的是（　　）。
A. 企业分立的，新设企业信用评价等级不得高于原评价等级
B. 企业资质升级的，其信用评价应重新进行
C. 企业合并的，按照合并前信用评价等级较低企业等级确定
D. 联合体参与投标时，其信用等级按照联合体各方最低等级认定

11. 【多选】下列属于重大设计变更情形的有（　　）。
A. 连续长度 8km 以上的路线方案调整的
B. 特大桥的数量或结构形式发生变化的
C. 特长隧道的数量或通风方案发生变化的
D. 超过初步设计批准概算的
E. 特殊不良地质路段处置方案发生变化的

12. 【单选】下列设计变更不属于较大设计变更范畴的是（　　）。
A. 超过施工图设计批准预算的
B. 收费方式及站点位置、规模发生变化的
C. 特殊不良地质路段处置方案发生变化的
D. 隧道的数量或方案发生变化的

13. 【单选】根据《公路工程设计变更管理办法》，发生重大设计变更时，负责审批的单位是（　　）。
A. 交通部　　B. 项目建设单位
C. 省级交通主管部门　　D. 勘察设计单位

14. **【多选】**招标人不得在招标文件中设置对分包的歧视性条款，下列属于歧视性条款的有（　　）。

A. 以分包的工作量规模作为否决投标的条件

B. 对投标人符合法律法规以及招标文件规定的分包计划设定扣分条款

C. 按照分包的工作量规模对投标人进行区别评分

D. 在招标文件中要求投标人提交投标保证金

E. 对投标人主要人员以及其他管理和技术人员的数量和资格有要求

15. **【单选】**在《公路工程建设项目招标投标管理办法》中，通过第一信封商务文件和技术文件评审的投标人少于（　　）个的，评标委员会可以否决全部投标。

A. 2　　B. 3

C. 4　　D. 5

16. **【单选】**公路工程招投标过程中，招标人和中标人应当自中标通知书发出之日起（　　）日内订立书面合同。

A. 15　　B. 30

C. 14　　D. 28

17. **【多选】**依法必须进行招标的公路工程建设项目，重新招标的情形有（　　）。

A. 通过资格预审的申请人少于3个的　　B. 投标人没有提交履约保证金

C. 投标人少于3个的　　D. 所有投标均被否决的

E. 中标候选人均未与招标人订立书面合同的

18. **【多选】**交工验收阶段主要工作包括（　　）。

A. 检查施工合同的执行情况

B. 评价工程质量

C. 是否可以移交下一阶段施工或者是否满足通车要求

D. 综合评价工程建设成果

E. 对各参建单位工作进行初步评价

19. **【单选】**公路工程竣工验收的依据不包括（　　）。

A. 批准的工程可行性研究报告

B. 批准的工程初步设计、施工图设计及设计变更文件

C. 招标文件及合同文本

D. 监理部门的有关批复、批示文件

20. **【多选】**关于公路工程竣（交）工验收的说法，正确的有（　　）。

A. 竣工验收委员会由交通运输主管部门、项目法人、质量监督机构等单位代表组成

B. 通车试运营2年以上方可进行竣工验收

C. 竣工验收质量等级评定分为合格和不合格

D. 通过交工验收的合同段，项目法人应及时颁发“公路工程交工验收证书”

E. 批准的项目建议书是竣工验收的重要依据

2B332000　公路施工安全生产和质量管理相关规定

知识脉络

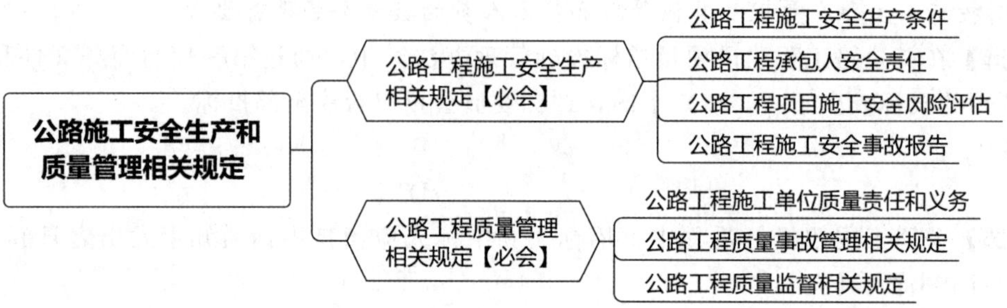

考点 1　公路工程施工安全生产相关规定【必会】

1. 【多选】施工单位从事公路水运工程建设活动，应当取得安全生产许可证及相应等级的资质证书。施工单位的（　　）应当经交通运输主管部门对其安全生产知识和管理能力考核合格。

A. 主要负责人　　B. 项目负责人

C. 安全生产管理人员　　D. 施工员

E. 技术员

2. 【单选】某公路工程施工项目合同金额为 4.25 亿元，合同工期为 1 年，则按相关规定，该项目应配备（　　）名专职安全生产管理人员。

A. 2　　B. 3

C. 4　　D. 8

3. 【单选】翻模、滑（爬）模等自升式架设设施，以及自行设计、组装或者改装的施工挂（吊）篮、移动模架等设施在投入使用前，（　　）应当组织有关单位进行验收。

A. 建设单位　　B. 施工单位

C. 使用单位　　D. 租赁单位

4. 【单选】关于公路工程承包人安全责任的说法，错误的是（　　）。

A. 建设单位对施工现场的安全生产负主体责任

B. 施工单位主要负责人依法对项目安全生产工作全面负责

C. 建设工程实行施工总承包的，由总承包单位对施工现场的安全生产负总责

D. 分包单位不服从管理导致生产安全事故的，由分包单位承担主要责任

5. 【多选】施工单位的专职安全生产管理人员应履行的职责包括（　　）。

A. 及时、如实报告生产安全事故并组织自救

B. 督促落实本单位施工安全风险管控措施

C. 组织或者参与本合同段施工应急救援演练

D. 组织制定项目安全生产教育和培训计划

E. 及时排查、报告安全事故隐患，并督促落实事故隐患治理措施

6. 【单选】总体风险评估等级达到（　　）桥梁或隧道工程，应进行专项风险评估。

A. Ⅰ级及以上　　B. Ⅱ级及以上

C. Ⅲ级及以上　　D. Ⅳ级及以上

7. 【单选】总体风险评估应在项目开工前实施，由（　　）负责组织。

A. 建设单位　　B. 监理单位

C. 施工单位　　D. 施工总承包单位

8. 【多选】根据《关于开展公路桥梁和隧道工程施工安全风险评估试行工作的通知》文件要求，应当进行安全风险评估的有（　　）。

A. 海底隧道工程

B. 浅埋、偏压隧道

C. 中大跨度隧道

D. Ⅵ、Ⅴ级围岩连续长度超过 50m 的隧道

E. 隧道改扩建工程

9. 【多选】根据生产安全事故（以下简称事故）造成的人员伤亡或者直接经济损失，事故一般分为（　　）。

A. 一般事故　　B. 较小事故

C. 较大事故　　D. 重大事故

E. 特别重大事故

10. 【单选】下列属于较大事故的是（　　）。

A. 死亡 3 人　　B. 死亡 10 人

C. 重伤 50 人　　D. 5000 万元经济损失

11. 【单选】道路交通事故、火灾事故自发生之日起（　　）日内，事故造成的伤亡人数发生变化的，应当及时补报。

A. 7　　B. 14

C. 28　　D. 30

12. 【单选】事故发生后，单位负责人应当于（　　）内向事故发生地县级以上人民政府安全生产监督管理部门和负有安全生产监督管理职责的有关部门报告。

A. 1h　　B. 2h

C. 4h　　D. 1d

考点 2　公路工程质量管理相关规定【必会】

1. 【单选】下列关于质量事故的说法，错误的是（　　）

A. 特别重大质量事故是指造成直接经济损失 1 亿元以上的事故

B. 公路水运建设工程质量事故分为特别重大、重大、较大和一般质量事故四个等级

C. 一般质量事故是指 1000 万元以下直接经济损失的事故

D. 特长隧道结构坍塌是重大质量事故

2. 【单选】根据公路工程质量事故等级标准，下列表述为重大质量事故的是（　　）。

A. 死亡 10 人以上，29 人以下

B. 直接经济损失 300 万元以上，不满 500 万元

C. 中小型桥梁主体结构垮塌

D. 特大型桥梁主体结构垮塌

3.【多选】下列工程质量事故中，属于重大质量事故的有（　　）。

A. 某特大桥主体结构垮塌

B. 某挡土墙垮塌造成直接经济损失达 50 万元

C. 某沥青混凝土路面质量低劣，经处理后达到合格标准，处理费用达到 260 万元

D. 某梁桥脚手架垮塌，直接经济损失达 100 万元

E. 某特长隧道结构坍塌

4.【单选】工程项目交工验收前，（　　）为工程质量事故报告的责任单位。

A. 建设单位　　B. 监理单位

C. 施工单位　　D. 施工总承包单位

5.【单选】事故报告责任单位应在接报（　　）内，核实、汇总并向负责项目监管的交通运输主管部门及其工程质量监督机构报告。

A. 1h　　B. 2h

C. 4h　　D. 1d

6.【单选】交通运输主管部门或者其委托的建设工程质量监督机构对从业单位实施监督检查的方式不包括（　　）。

A. 随机抽查　　B. 实时跟踪

C. 备案核查　　D. 专项督查

7.【多选】关于公路工程质量监督相关规定的说法，正确的有（　　）。

A. 实施监督检查时，应当有 2 名以上人员参加，并出示有效执法证件

B. 监督检查过程中，检查人员发现质量问题的，应当当场提出检查意见并做好记录

C. 质量问题较为严重的，检查人员应当将检查时间、地点、内容、主要问题及处理意见形成书面记录

D. 书面记录由检查人员和被检查单位现场负责人签字

E. 有疑问时，被检查单位现场负责人可拒绝签字

2B333000 二级建造师（公路工程）注册执业管理规定及相关要求

知识脉络

- 二级建造师（公路工程）注册执业管理规定及相关要求
  - 二级建造师（公路工程）注册执业工程规模标准【了解】
  - 二级建造师（公路工程）注册执业工程范围【了解】
  - 二级建造师（公路工程）施工管理签章文件目录【了解】

考点1 二级建造师（公路工程）注册执业工程规模标准【了解】

【单选】《注册建造师执业工程规模标准（试行）》规定，桥梁工程注册建造师执业时，大型桥梁工程单跨应（　　）。

A. 不小于13m

B. 不小于30m

C. 不小于50m

D. 13～45m之间

考点2 二级建造师（公路工程）注册执业工程范围【了解】

【单选】二级注册建造师担任中小型工程项目负责人。不同工程类别所要求的注册建造师执业资格不同时，以（　　）执行。

A. 较低资格

B. 平等资格

C. 较高资格

D. 高一级资格

考点3 二级建造师（公路工程）施工管理签章文件目录【了解】

【单选】关于二级注册建造师（公路工程）的说法，错误的是（　　）。

A. 二级注册建造师担任中小型工程项目负责人

B. 不同工程类别所要求的注册建造师执业资格不同时，以较高资格执行

C. 公路工程注册建造师施工管理签章文件由八类文件组成

D. 公路工程根据项目不同类型以及大小，建造师签章的表格由监理工程师视项目管理需要取舍

PART 4

案例专题模块

学习计划：

模块一　路基工程

案例一

【背景资料】

某高速公路N合同段路基工程施工，工期18个月，其中K23+200～K32+200路段以填方为主，合同段附近地表土主要是高液限黏土（液限值在38～49之间），在较远地带分布有膨胀土、有机质土、腐殖质土、粉质土、冻土等。出于控制造价的考虑，业主要求就地取材。

施工单位严格按照施工方案进行施工，经过2个月的填筑，每层的填筑周期超过5d，在雨期，填筑周期达到15d以上，无法满足工期要求。业主在了解情况后，书面要求监理工程师指示施工单位在半个月内变更路堤填料。经过现场考查并征得监理工程师同意和设计单位确认后，选择了粉质土与砂性土两种路堤填料，施工单位随即组织施工。

在路堤施工中，采用一层粉质土，一层砂性土，交错分层水平填筑，每层压实厚度22cm左右。碾压时，采用纵向分层进行，直线段由中间向两边，曲线段由外侧向内侧的方式进行碾压。

路基施工完毕后，施工单位会同相关资料检验人员对土方路基的压实度、弯沉、平整度、横坡等项目进行了实测。

【问题】

1. 背景资料中所列土壤类型，哪些不得用于填筑路堤？哪些经处理后才能用于填筑路堤？

2. 根据《路基施工技术规范》，K23+200～K32+200路段是否需要进行路堤试验路段施工？说明理由。

3. 指出施工单位在路堤施工中的错误，并给出正确做法。

4. 补充土方路基还需实测的项目，并指出实测项目中的关键项目。

案例二

【背景资料】

某公路路线长10km，路基填方平均高度为13m，其中K3＋300～K3＋600软土地基约300m，填土高度平均4.5m，位于冲积平原，地层厚度均匀，层位稳定，地层主要由第四系新近沉积的淤泥质土和第四系下更新统的灰、杂色黏土和砂层构成。其层次由上至下分别为黏土(硬壳层)、淤泥质粉质黏土、粉质黏土、黏土。

该项目采用袋装砂井辅以砂垫层方法处理软基，示意图见图1-1。

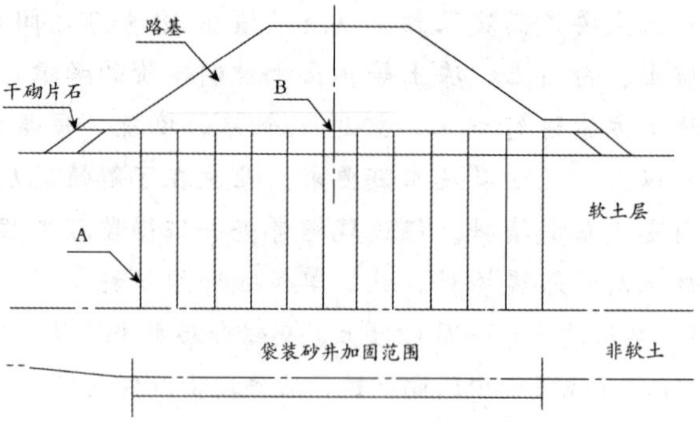

图1-1　袋装砂井加固软土路基示意图

施工工艺流程为：整平原地面→铺设下层砂垫层→设备定位→打入套管→沉入砂袋→埋砂袋头→拔出套管→设备移位→铺筑上层砂垫层。

砂井井径、间距及布置经多次固结计算确定，砂井直径为7cm，间距为1.2m，按梅花形排列，砂垫层厚度60cm，保证高出地表水位20cm。

项目部选用了渗透系数不小于砂的聚丙烯编织砂袋，具有良好的透水、透气性，一定的耐腐蚀、抗老化性能，其抗拉强度能保证承受砂袋自重和弯曲所产生的拉力，砂必须采用大于0.5mm的颗粒占总质量的50%以下、含泥量不大于3%、渗水率较高的细砂。

施工中，套管拔出检查了砂袋的外露长度，砂袋入土深度是否满足要求，共发现有5个砂袋被带出，带出长度为1m左右。

K6＋200～K6＋350段位于粉砂土质，含水量大，地下水位高，采用孔深10～12m、间距60cm、梅花形摆排的CFG桩，施工完毕后经检查，质量合格。

【问题】

1. 改正施工工艺流程。

2. 改正项目部材料选择中的错误。

3. 对5个被带出的砂袋应如何处理？

4. 请写出袋装砂井和CFG桩施工中应配置的主要机械设备。指出图1-1中构筑物A、B名称。

5. CFG桩施工前，应做什么试验？

案例三

【背景资料】

某施工单位，承包了三级公路一合同段路基施工。其中，K12＋000～K12＋300段为填方路基，填料采用粉质黏土（细粒土），路段地面纵坡2%左右，填方高度约4m。填料采用挖掘机配合自卸汽车运输，推土机、平地机进行摊铺，分层填筑，振动压路机碾压。按“四区段、八流程”作业法组织各项作业均衡进行，合理安排施工顺序、工序进度和关键工序的作业循环，做到挖、装、运、卸、压实等工序紧密衔接、连续作业。

针对当地气候条件，施工组织设计中包含的1～2月份路基施工措施有：

(1) 填筑路堤，应按横断面全宽平填，当天填筑的土必须当天完成碾压。

(2) 当路堤顶面施工至距上路床底面1m时，应碾压密实后停止填筑。

(3) 填挖方交界处，不应在1～2月份施工。

路基填至规定高度压实后，施工单位技术人员采用灌砂法测定现场密度，测试的6个测点的干密度见表1-1，在室内击实试验的最大干密度为1.97t/m^3，要求压实度为94%。

表1-1　现场干密度记录表

测点	①	②	③	④	⑤	⑥
里程	K12＋050	K12＋100	K12＋150	K12＋200	K12＋250	K12＋300
干密度/（t/m^3）	1.87	1.96	1.94	1.93	1.89	1.85

【问题】

1. 逐条判断1～2月份施工措施是否正确？并改正错误。
2. 计算6个测点的压实度。（计算结果保留一位小数）
3. 对K12＋000～K12＋300段路基填筑宜采用什么方法？
4. 对K12＋000～K12＋300段路基的压实度检测，还可以采用什么方法？

案例四

【背景资料】

某施工单位承接了某高速公路路基H合同段工程施工，该区段设计车速100km/h，平均挖深19m，路基宽度26m，其中K20+100～K20+230段为土质路堑，K20+300～K20+520段为石质路堑。施工单位采用图1-2所示的工艺流程组织土质路堑的施工，于4月完成该路段边坡施工。

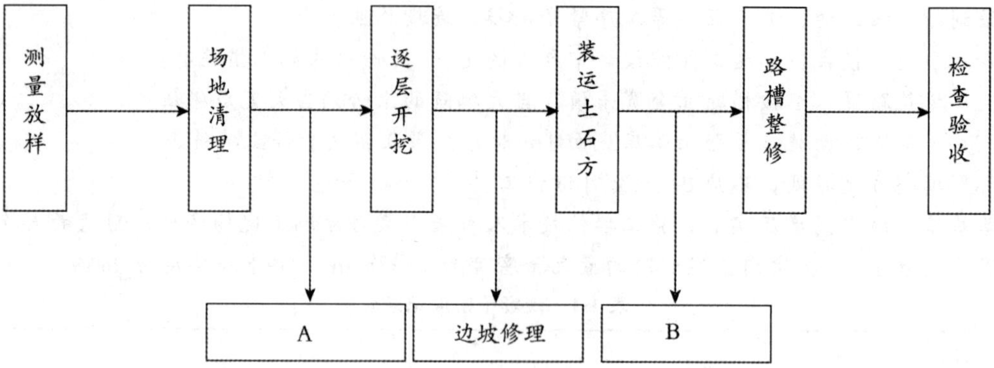

图1-2 土质路堑施工流程图

在进行土质路堑机械开挖时，施工单位利用推土机、挖掘机、凿岩机、钻孔机、平地机等机械进行土方开挖作业。

石质路堑区段岩石为石质系硅质灰岩，岩石较坚硬，多为厚层构造，局部呈薄层状构造，裂隙发育。要求路堑采用钻爆开挖，爆破石渣最大允许直径为30cm，对开挖石渣尽可能提高利用率。

施工单位编制的爆破设计方案如下：

(1) 边坡采用预裂爆破，路基主体尽量采用深孔爆破，局部采用钢钎炮、烘膛炮等方法。

(2) 装药时分单层、分层装药，预裂装药及洞室内集中装药。炮眼装药后用铁杆捣实，填塞砂土，洞室装药时，将预先加好的起爆体放在药包中心位置，周围填以硝酸安全炸药，用砂黏土填塞。

(3) 边坡预裂爆破孔间距为1m，采用“方格形”布置，按边坡坡度控制炮杆位置，路基主体内炮孔间距为4m，采用“梅花形”均匀布置。

【问题】

1. 指出图1-2中A、B分别代表的施工过程。
2. 施工单位在进行土质路堑开挖时所用的机械是否正确？
3. 指出并改正爆破设计方案中的错误之处。
4. 钢钎炮是一种常见的爆破方法，请介绍它的优缺点。

案例五

【背景资料】

某路桥施工企业中标承包某一级公路H合同段的改扩建工程，主线起讫桩号为K0+281.5～K67+046.2，主线路线全长66.744km；连接线起讫桩号为K0+000～K2+181.71，连接线全长2.181km。项目区软土路基分布不均匀，该地区软土普遍存在透水性差、固结时间长、抗滑稳定性差、地基承载能力低等特点，因此施工单位根据建设项目的性质、规模和客观条件编制了施工部署的内容和重点，施工部署主要内容包括项目组织机构设置和施工顺序等，所有项目施工顺序均按照“先地下、后地上，先深、后浅，先主体、后附属，先结构、后装饰”的原则进行安排，主要解决和考虑了路基不均匀沉降、剪切滑动及侧向变形等重大问题。

施工单位针对不同软土路基路段提出相应处理标准：①一般路基段，当采用真空预压工期满足要求时，采用真空预压；采用真空预压工期不满足要求时，采用水泥粉喷桩处理或塑料排水板处理；②桥头路段采用水泥粉喷桩处理，涵洞基底采用水泥粉喷桩处理；③新老路基拼接路段采用水泥粉喷桩处理。为了消除旧路基边坡压实度不足，减小新旧路基结合处不均匀沉降，新老路基拼接路段施工图见图1-3。

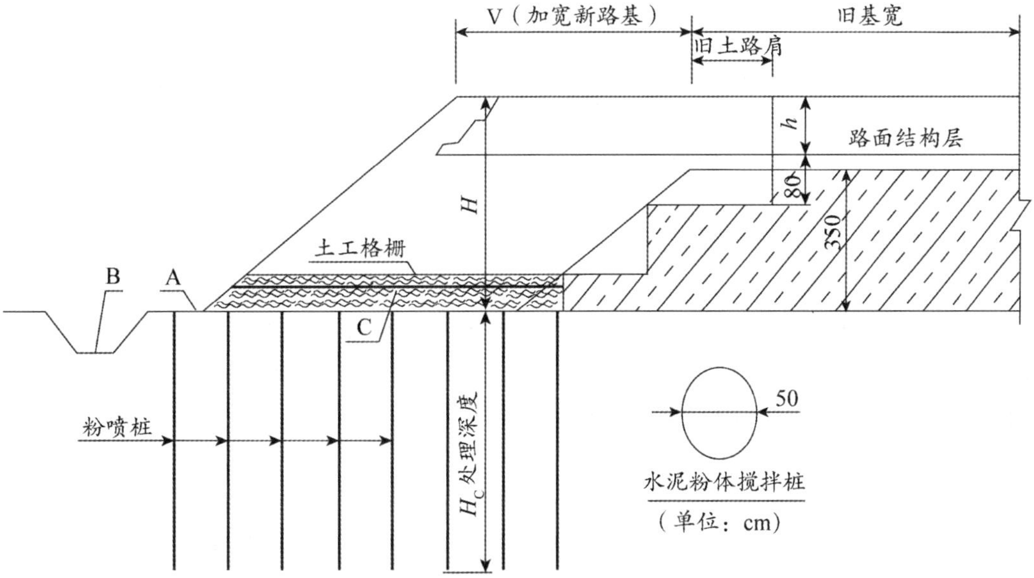

图1-3　新老路基拼接路段施工图

施工单位为了控制水泥粉喷桩施工质量，制定了详细的施工方案。然而施工单位施工过程中遇到以下事件：

事件一：9月28日发现喷粉量不足。

事件二：10月16日遇停电导致粉喷中断，施工单位针对这两种工况提出相应的处理措施。

【问题】

1. 指出背景资料中新老路基拼接路段施工图中A、B的名称。
2. 指出背景资料中新老路基拼接路段施工图错误之处并改正。
3. 指出背景资料中事件的正确处理措施。
4. 背景资料中，真空预压法停止抽气的标准有哪些？

模块二　路面工程

案例一

【背景资料】

某施工单位承接了长 45.6km 的二级公路的路基和路面施工，路面结构见图 2-1。

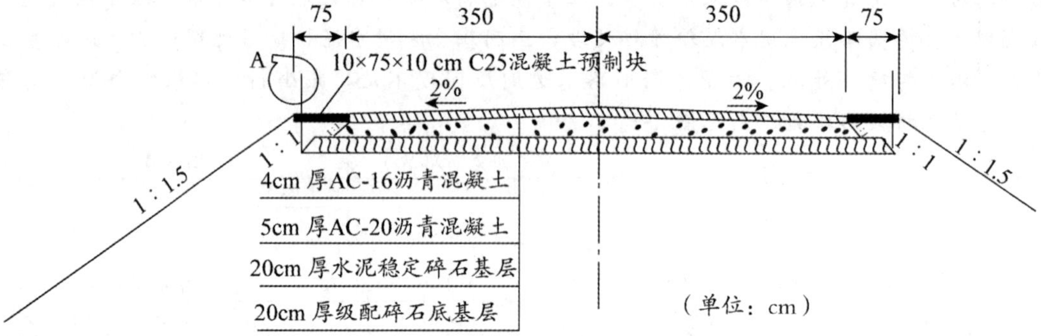

图 2-1　路面结构图

施工单位进场后，在图纸会审的初审阶段，发现 AC-20 沥青混凝土与基层之间没有设计任何过渡层，为加强面层与基层的联结作用，提出在 AC-20 沥青混凝土与基层之间增设 0.5cm 厚稀浆封层的变更申请，并按合同约定组价得到新增项目的单价为 5.8 元/m^2。经正常审批后，设计单位认为该变更属于设计疏漏引起，同意增设，设计单位出具了“变更设计图”。监理单位审核后签发了“工程变更令”，审批后的单价为 5.25 元/m^2。施工单位根据变更设计图组织施工。

其中 K8＋200～K8＋320 段为沿河路基，设计为浆砌块石路肩挡土墙（见图 2-2）。施工单位选择在枯水季节施工，挡土墙施工前全面做好排水系统，施工工艺见图 2-3。

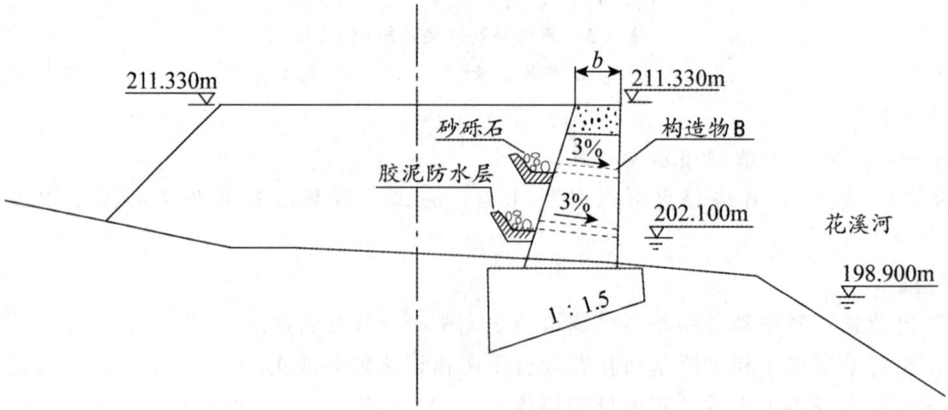

图 2-2　K8＋260 断面示意图

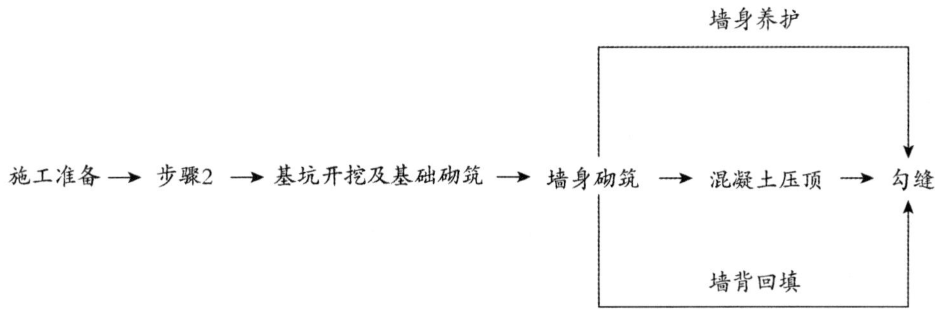

图 2-3 施工工艺图

在基坑挖到设计高程后，经检验基底承载力等各项指标满足要求，开始进行基础砌筑。基础施工完后，立即进行基坑回填。基础圬工强度达到要求后，进行墙身砌筑。

挡土墙砌筑与路基回填交替施工，对挡土墙按高度分阶段验收。墙背填料采用与前后路段路堤填料相同的黏土，做到逐层填筑，逐层压实。

路面施工完成后，施工单位提出对稀浆封层进行单独计量，并呈送了计量报告，监理单位给予了签认。

【问题】

1. 分析监理单位签发“工程变更令”的理由。

2. 写出步骤 2 所对应的工艺名称、墙身中的构筑物 B 的名称以及交通安全设施 A 的名称，并简述交通安全设施 A 的主要作用。

3. 墙背填料采用黏土是否合适？说明理由。

4. 计算施工单位对稀浆封层申请计量的金额。

案例二

【背景资料】

某施工单位承接了某一级公路M合同段路面施工任务，起点桩号K16＋000，终点桩号K37＋300。路面面层为26cm厚C30水泥混凝土，采用滑模机械摊铺施工。施工单位根据施工现场的具体条件，通过方案比较后绘制了施工平面布置示意图，见图2-4。

图2-4 施工平面布置示意图

施工单位对运送至现场的混凝土进行取样，做水泥混凝土抗压强度试验。

由于路面较宽，面层在纵向分两次铺筑，施工单位按要求设置纵向施工缝，施工缝采用平缝加拉杆型。

【问题】

1. 列式计算水泥混凝土拌合料的平均运距。(单位以m计，计算结果保留一位小数)

2. 写出施工平面布置示意图中A区、B区的名称。

3. 结合该路面施工方法，指出应在何时采用何种手段插入拉杆？

4. 水泥混凝土路面横缝设置中，横缝的种类有哪些？

5. 除水泥混凝土抗压强度试验以外，路面用水泥混凝土还应该进行什么强度试验？并简述其试验步骤。

案例三

【背景资料】

某施工单位承接了某一级公路水泥混凝土路面“白改黑”工程施工，该工程路基宽度为2×12m，路面宽度为2×10m，长45.5km，工期4个月。施工内容包括：旧路面病害的治理、玻纤格栅铺设、6cm厚AC-20下面层摊铺、5cm厚AC-16中面层摊铺、4cm厚SBS改性沥青SMA上面层摊铺。设计中规定上面层SMA混合料必须采用耐磨值高的玄武岩碎石。

施工单位采用厂拌法施工。为保证工期，施工单位配置了2台3000型间歇式沥青混凝土拌合站（假设SMA沥青混合料的压实密度为2.36t/m^3，每台3000型拌合站每拌制一满盘料的重量为3000kg），4台10m可变宽摊铺机，8台双钢轮压路机及4台胶轮压路机。

玻纤格栅采用人工铺设：先洒一层热沥青作粘层油（0.4～0.6kg/m^2），然后用固定器将一端固定好，用人工将玻纤格栅拉平、拉紧后，用固定器固定另一端。

施工单位采用马歇尔试验配合比设计法通过三阶段确定了混合料的材料品种、配合比、矿料级配及最佳沥青用量，用以指导施工。

该工程施工期间，原材料价格波动很大，施工合同中约定只对沥青、柴油及玄武岩采用调值公式法进行价差调整。

基期为当年5月，工程款按月计量，每月调整价差。该工程投标函投标总报价中，沥青占35%，柴油占15%，玄武岩占20%。各月现行价格见表2-1。

表2-1　各月现行价格

月份	沥青/（元/t）	柴油/（元/升）	玄武岩/（元/m^3）
5月（基期）	3800	5.90	200
7月	4050	6.13	195
8月	4280	6.13	215
……	…	…	…

施工单位7月份完成工程产值3156万元，8月份完成工程产值4338万元。

【问题】

1. 该工程中，铺设玻纤格栅的主要作用是什么？
2. 指出并改正玻纤格栅施工的错误之处。
3. 配合比设计包含了哪三个阶段？
4. 该工程SMA沥青混合料最少需要拌制多少盘？（列式计算）
5. 8月份调价之后的当月工程款是多少万元？（列式计算）

案例四

【背景资料】

某施工单位承担了某三级公路第五合同段的施工任务，该合同段路线长19.2km，采用沥青混凝土面层和水泥稳定基层。

水泥稳定基层施工时，采用路拌法施工；水泥剂量按照设计图中提供的参考用量再增加1%，选用普通硅酸盐散装水泥，其施工工艺见图2-5。

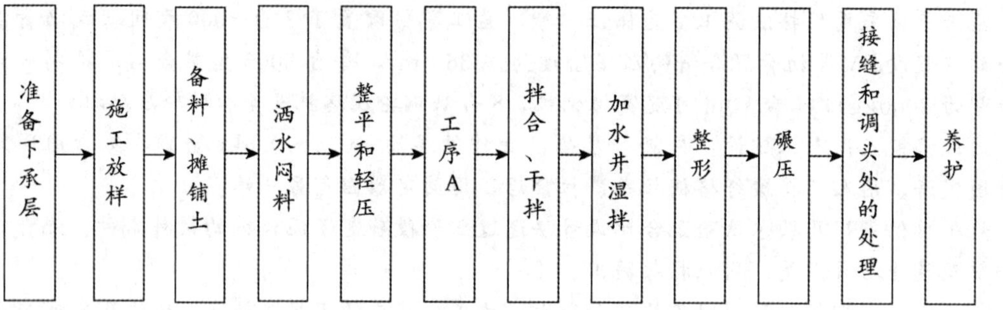

图2-5　路拌法施工工艺图

施工单位在基层施工过程中，发生以下事件：

事件一：碾压完成并经压实度检查合格后，立即开始养护，养护期为48h。

事件二：水泥稳定基层施工时，局部出现了破损裂缝，现场人员未对裂缝做任何处理即准备进入下一道工序，施工技术负责人到达现场后，责令队伍暂停施工，并对破损处进行了处理，然后浇洒了一层沥青，准备铺筑沥青混凝土下面层。

【问题】

1. 指出水泥稳定基层施工时的错误做法并改正。

2. 指出图2-5中工序A的名称。

3. 事件一中的养护时间是否正确？说明理由。

4. 事件二中，铺筑沥青混凝土下面层之前，施工单位浇洒的一层沥青有何作用？可采用哪些沥青进行浇洒？

案例五

【背景资料】

某路桥施工企业中标承包某二级公路的H合同段改扩建工程（K3＋000～K24＋000），项目区软土路基分布不均匀。原有的二级公路K3＋000～K12＋000、K18＋000～K24＋000路段为沥青混凝土路面，K12＋000～K18＋000路段为水泥混凝土路面，沿线城镇化比较严重，过境交通与城市内交通混行，交通量增加引起通行问题，需将其改扩建成一级公路。老路加铺部分路面结构采用上面层：5cm细粒式沥青混凝土（AC-13C）；下面层：7cm粗粒式沥青混凝土（AC-25C）；封层：乳化沥青稀浆封层（1cm）；调平基层：16～36cm厚水泥稳定碎石。根据施工组织和技术要求，施工单位为保证施工质量，提出以下措施：

措施一：施工前对老路路面现况进行详细复核，K12＋000～K18＋000路段主要病害简述：横向裂缝、纵向裂缝、龟裂、断板等。施工单位对出现断板的原因进行调查分析，发现该路段基层顶面标高比设计标高平均高出5cm，而混凝土制备、浇筑工艺、养护都满足要求，切缝及时。

措施二：旧沥青路面段采用现场热再生法重铺，其主要工艺包括摊铺整形、加热、旧料再生、罩新面工艺。

措施三：场地建设按照标准化施工，满足安全、实用和美观等要求，对自建房屋提出下列要求：

（1）最低标准为活动板房，建设宜选用阻燃材料，搭建不宜超过两层。

（2）每组不超过10栋，组与组之间的距离不小于6m。

（3）栋与栋距离不小于4m，房间净高不低于2.5m。

（4）驻地办公区、生活区采用集中供暖设施，严禁电力取暖。

竣工完成后，竣工验收由批准工程设计文件的地方交通主管部门主持，主要是全面考核建设成果，对建设项目进行综合评价，确定工程质量等级。详细核查了交工验收的工程资料及竣工文件，该工程交工验收工程质量得分为85，质量监督机构工程质量鉴定得分为91，竣工验收委员会对工程质量评定得分为92。

【问题】

1. AC-13C按照组成结构、矿料级配分类分别属于哪种类型？
2. 措施一中产生病害的主要原因可能是什么？
3. 简述背景资料中旧沥青路面段现场热再生法重铺的施工流程。
4. 逐条判断自建房屋要求是否正确？并改正错误。
5. 计算路面工程竣工验收工程质量评分，并评定其质量等级。

模块三　桥涵工程

案例一

【背景资料】

某特大桥主桥为连续刚构桥，桥跨布置为（75＋6×120＋75）m。主桥均采用钻孔灌注桩基础，每墩位8根桩，对称布置。其中1#、9#墩桩径均为φ1.5m，其余各墩桩径为φ1.8m，所有桩长均为72m。

施工中发生如下事件：

事件一：钻孔施工的钻孔及泥浆循环系统示意图见图3-1，其中D为钻头、E为钻杆、F为钻机回转装置，G为输送管，泥浆循环见图3-1中箭头所示方向。

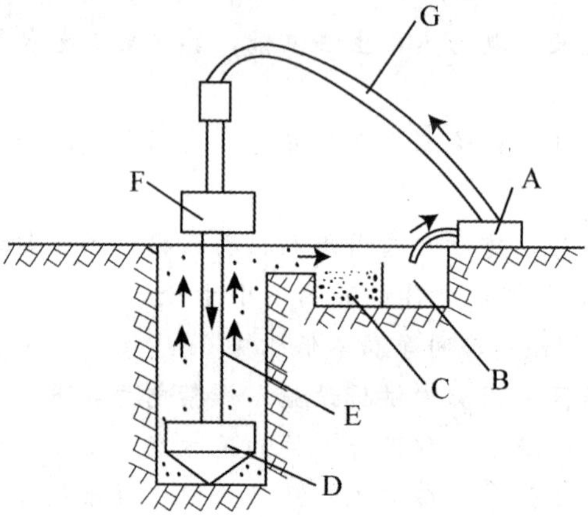

图3-1　钻孔及泥浆循环系统示意图

事件二：3#墩的1#桩基钻孔及清孔完成后，用测深锤测得孔底至钢护筒顶面距离为74m。水下混凝土灌注采用直径为280mm的钢导管，安放导管时，使导管底口距离孔底30cm，导管总长度76m。持续灌注3h后，用测深锤测得混凝土顶面至钢筒顶面距离为47.4m，此时已拆除3m导管4节、2m导管5节。

事件三：某桩基施工过程中，施工单位采取了如下做法：

（1）钻孔过程中，采用空心钢制钻杆。

（2）水下混凝土灌注前，对导管进行压气试压试验。

（3）泵送混凝土中掺入泵送剂或减水剂、缓凝剂。

（4）灌注混凝土过程中注意测量混凝土顶面高程，灌注至桩顶设计标高时即停止施工。

【问题】

1. 写出图中设备或设施A、B、C的名称。
2. 该回旋钻机属于哪种类型？
3. 计算并说明事件二中导管埋置深度是否符合规定？
4. 逐条判断事件三中施工单位的做法是否正确？并改正错误。

案例二

【背景资料】

某公司承建一座桥梁工程。该桥跨越山区季节性流水沟谷，上部结构为三跨式钢筋混凝土结构，重力式U型桥台，基础均采用扩大基础；桥面铺装自下而上为厚8cm钢筋混凝土整平层＋防水层＋粘层＋厚7cm沥青混凝土面层；桥面设计高程为99.630m。桥梁立面布置见图3-2。

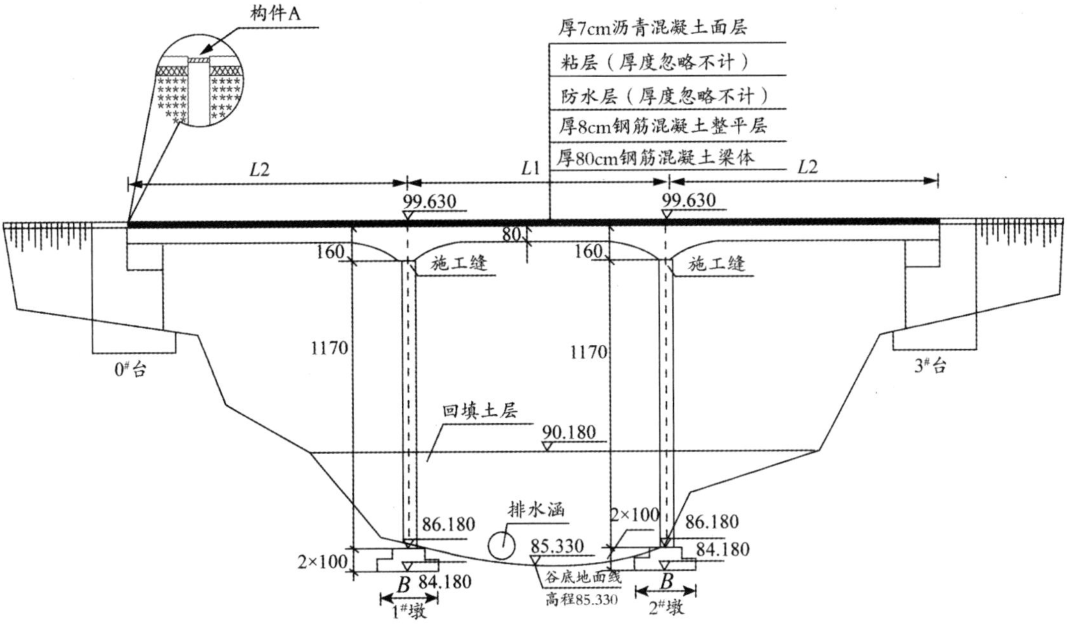

图3-2　桥梁立面布置（高度单位：m　尺寸单位：cm）

项目部编制的施工方案有如下内容：

(1) 根据该桥结构特点，施工时，在墩柱与上部结构衔接处（即梁底曲面变弯处）设置施工缝。

(2) 上部结构采用碗扣式钢管满堂支架施工方案。根据现场地形特点及施工便道布置情况，采用杂土对沟谷一次性进行回填，回填后经整平碾压，场地高程为90.180m，并在其上进行支架搭设施工，支架立柱放置于20cm×20cm楞木上。支架搭设完成后采用土袋进行堆载预压。

支架搭设完成后，项目部立即按施工方案要求的预压荷载对支架采用土袋进行堆载预压，期间遇较长时间大雨，场地积水。项目部对支架预压情况进行连续监测，数据显示各点的沉降量均超过规范规定，导致预压失败。此后，项目部采取了相应整改措施，并严格按规范规定重新开展支架施工与预压工作。

【问题】

1. 写出图中构件A的名称。

2. 根据图3-2判断，按桥梁结构特点，该桥梁属于哪种类型？简述该类型桥梁的主要受力特点。

3. 施工方案（1）中，在浇筑桥梁上部结构时，施工缝应如何处理？

4. 根据施工方案（2），列式计算桥梁上部结构施工图应搭设满堂支架的最大高度；根据计算结果，该支架施工方案是否需要组织专家论证？说明理由。

5. 项目部应采取哪些措施才能顺利地使支架预压成功？

案例三

【背景资料】

某施工单位承接了北方沿海地区某高速公路B合同段施工任务，该段有一座36m×40m的预应力混凝土简支箱梁桥，合同工期为15个月；采用长度为40～50m、直径为Φ1.5m的桩基础，桥位处地层土质为亚黏土；下部结构为圆柱式墩，直径为Φ1.3m，柱顶设置盖梁，墩柱高度为4～12m，桥台为重力式U形桥台。

项目部为了降低成本，制定了先进的、经济合理的施工方案。项目部的预制场和混凝土搅拌站布置示意图见图3-3。

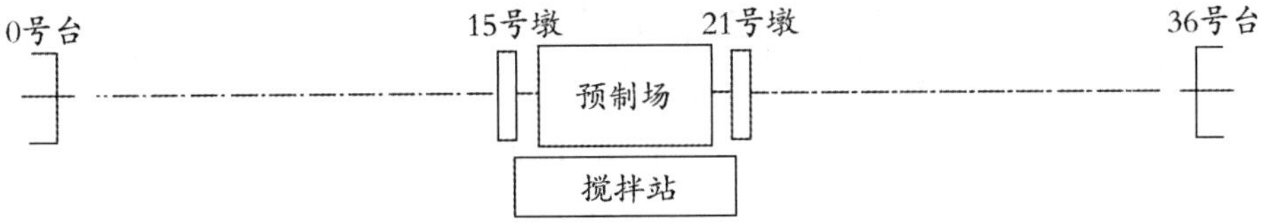

图3-3　项目部的预制场和混凝土搅拌站布置示意图

桩基础采用旋挖钻机成孔。

墩柱钢筋骨架现场整体制作、吊装就位。墩柱施工采用钢模板，整体拼装完成后一次吊装就位，再在顶部钢筋四周插入木楔，让钢筋骨架居中，使钢筋保护层厚度得到有效控制。项目部根据施工组织设计提出了水泥、钢材、碎石和砂等几项大宗材料的采购计划，并邀请了几家材料供应商参加竞标。项目部组织了评标小组，为节约成本，评标的唯一标准就是价格，项目部最终选择了一家报价最低的材料供应商。

【问题】

1. 说明背景材料中的预制场和搅拌站布置方式的优点。

2. 针对0～15号及21～36号跨的主梁吊装施工，采用龙门架和双导梁架桥机哪种更适合本桥？请说明理由。

3. 背景资料中采用的墩柱钢筋保护层控制方法是否可行？请说明理由。

4. 指出背景资料中合格材料供方选择上的缺陷，并说明合格材料供方评价的依据。

案例四

【背景资料】

某公司中标一座跨河桥梁，该桥跨河部分总长 101.5m，上部结构为 30m+41.5m+30m 三跨预应力混凝土连续箱梁，采用支架现浇法施工，考虑周边环境复杂，下部结构采用沉井基础。

为满足河道 18m 宽通航要求，跨河中间部分采用贝雷梁-碗扣组合支架形式搭设门洞；其余部分均采用满堂式碗扣支架（见图 3-4）。

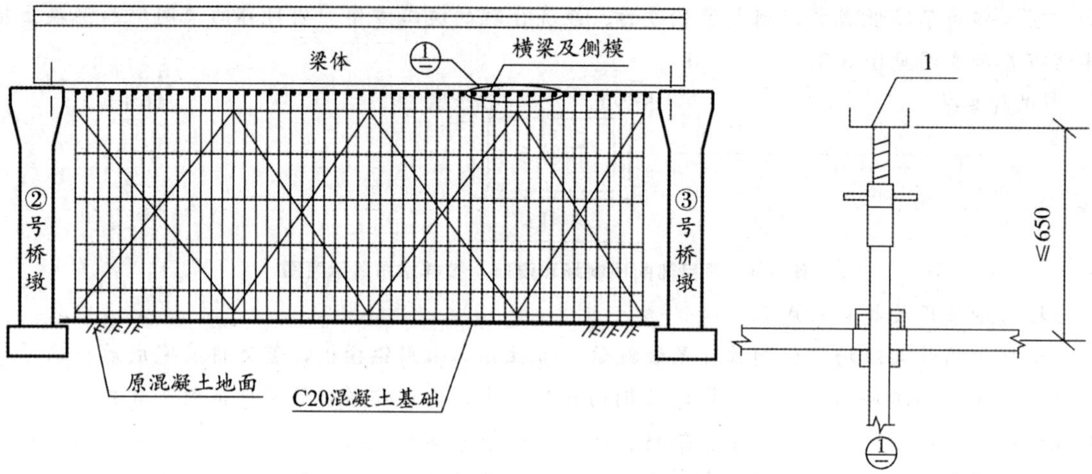

图 3-4　满堂式碗扣支架布置示意图

项目部制定了相关施工专项方案，并对支架结构进行验算。对原地基进行压实处理后作为支架基础，支架施工前，对支架进行预压。支架搭设时，预留拱度考虑了：①支架和拱架在荷载作用下的弹性压缩；②支架和拱架在荷载作用下的非弹性压缩。

沉井基础施工采用筑岛围堰就地浇筑和不排水下沉施工。针对沉井大体积混凝土，施工中采取分层、分块浇筑。分块浇筑时，块与块之间的竖向接缝面平行于结构物的长边；在混凝土浇筑完 12h 内对混凝土表面进行保温保湿养护，养护持续 7d。养护至 72h 时，测温显示混凝土内部温度为 70℃，混凝土表面温度为 35℃。

【问题】

1. 指出图 3-4 中 1 的名称，并说明支架应验算的内容。
2. 本工程搭设的门洞应采取哪些安全防护措施？
3. 指出承台大体积混凝土浇筑及养护的错误之处，并说明正确做法。
4. 对支架进行预压的主要目的有哪些？
5. 根据背景资料，该桥梁需编制哪些专项方案？

案例五

【背景资料】

某施工单位承接的二级公路中有四道单跨 2.0m×2.0m 钢筋混凝土盖板涵，在编制的施工组织设计中，对各涵洞的工序划分与工作时间分析见表 3-1。

表 3-1　工序划分与工作时间分析

工序名（代号）	涵洞工作时间/d			
	1# 涵洞	2# 涵洞	3# 涵洞	4# 涵洞
基础开挖及软基换填（A）	6	7	4	5
基础混凝土浇筑（B）	2	2	4	4
涵台混凝土浇筑（C）	4	3	4	5
盖板现浇（D）	5	4	3	4

施工单位最初计划采用顺序作业法组织施工，报监理审批时，监理认为不满足工期要求，要求改为流水作业法施工。

根据现场施工便道情况，施工单位决定分别针对 A、B、C、D 四道工序组织 4 个专业作业队伍，按 1#→2#→3#→4# 涵洞的顺序采用流水作业法施工，确保每个专业作业队的连续作业。在每个涵洞的“基础开挖及软基换填”工序之后，按《隐蔽工程验收制度》规定，必须对基坑进行检查和验收，检查和验收时间（间歇时间）按 2d 计算。

盖板涵施工主要工序包括：测量放线→基坑开挖→下基础→浆砌墙身→现浇板座→吊装盖板→出入口浆砌→A→涵洞回填及加固。

【问题】

1. 计算按顺序作业法组织四道涵洞施工的工期。
2. 计算按流水作业法组织施工的流水步距及总工期。
3. 绘制按流水作业法组织施工的横道图（要求横向为工期，纵向为工序）。
4. 写出盖板涵施工主要工序中 A 的名称。

模块四　隧道工程

案例一

【背景资料】

某施工单位承接了一座公路隧道的土建及交通工程施工项目，该隧道为单洞双向行驶的两车道浅埋隧道，设计净高5m，净宽12m，总长1600m，穿越的岩层主要由页岩和砂岩组成，裂隙发育，设计采用新奥法施工、分部开挖和复合式衬砌。洞内排水系统见图4-1、图4-2所示。

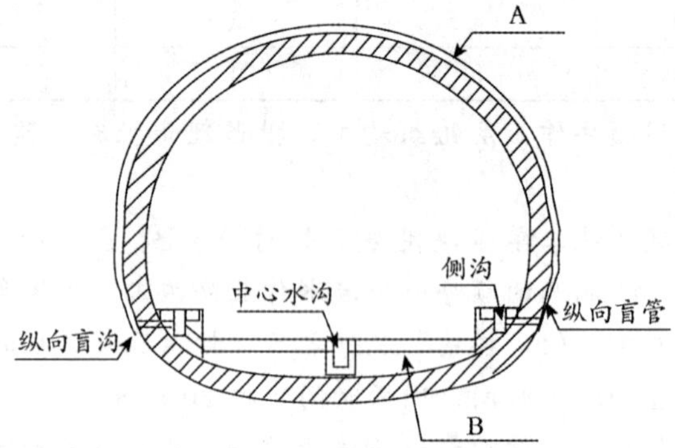

图4-1　排水系统正面示意图

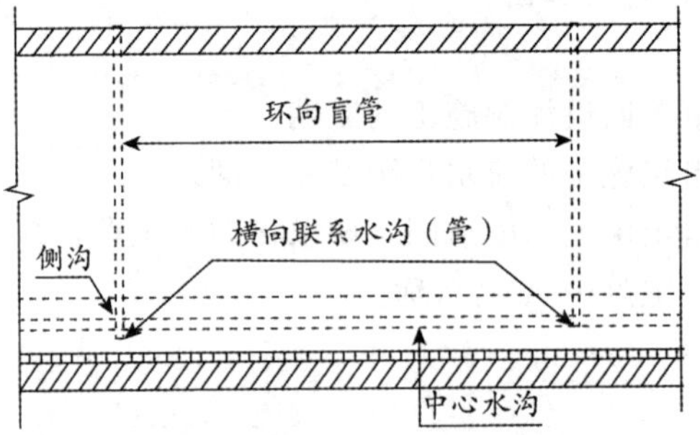

图4-2　排水系统纵剖面示意图

隧道喷锚支护时，为保证喷射混凝土强度，按相关规范要求取样进行抗压强度试验。取样按每组3个试块，共抽取36组，试验时发现试件抗压强度平均值大于设计值，但其中有2组试块抗压强度平均值为设计强度的87%、80%，其他各项指标符合要求。检查中还发现喷射混凝土局部有裂缝、脱落、露筋等情况。

隧道路面面层为厚度5cm、宽度9m的改性沥青AC-13，采用中型轮胎式摊铺机施工，该摊铺机施工生产率为80m^3/台班，机械利用率为0.75，若每台摊铺机每天工作2台班，计划5d完成隧道路面沥青混凝土面层的摊铺。

路面施工完成后，项目部按要求进行了照明、供配电设施与交通标志、防撞设施、里程标、百米标的施工。

【问题】

1. 写出排水系统示意图中A和B的名称。

2. 喷射混凝土的抗压强度评定是否合格？说明理由。针对喷射混凝土出现的局部裂缝、脱落、露筋等缺陷，提出处理意见。

3. 按计划要求完成隧道沥青混凝土面层施工，计算每天所需要的摊铺机数量。

4. 补充项目部还应完成的其他隧道附属设施与交通安全设施。

案例二

【背景资料】

某施工单位承接了南方一座双向四车道分离式隧道施工，隧道穿越的地层有石灰岩、页岩、泥灰岩，局部夹有煤层，该隧道穿越一向斜构造。隧道进出口围岩为Ⅴ级，洞内Ⅲ级和Ⅳ级呈间隔分布，局部为Ⅴ级。其中左线隧道进口桩号为K15＋270，设计控制标高为240.0m，隧道出口桩号为K16＋050，设计控制标高为240.0m。

施工单位结合该隧道的特点进行了施工组织设计，其中内容有：

(1) 采用新奥法施工，尤其是在围岩软弱地段，按照“短进尺、弱爆破、紧封闭”的原则稳步推进。

(2) 为防止地表水危及隧道施工安全，进洞后50m左右，开始做洞口工程，洞口支护时，支护面至开挖面的距离拟定为10m。

(3) 若遇不良地质情况，必须进行超前地质预报，以便提前采取预防措施。

【问题】

1. 在施工组织设计的第（1）条中，还应补充哪些基本原则？
2. 改正施工组织设计中第（2）条的错误做法。
3. 本隧道可能遇到的不良地质情况及危害有哪些？
4. 从隧道进出口标高分析，该隧道设计中宜采用哪种形式的纵坡？说明理由。

案例三

【背景资料】

某施工单位承接了南方一座双向四车道分离式隧道施工，单洞设计为9.75m×5m。左线起止里程桩号ZK33+259～ZK37+099，进口设计隧道路面高程为715.654m，出口设计隧道路面高程为764.560m。右线起止里程桩号YK33+305～YK37+125，进口设计隧道路面高程为715.523m，出口设计隧道路面高程为764.972m，坡度为17.22‰，围岩级别属于Ⅳ～Ⅴ级围岩，稳定性差。

隧道所处围岩软弱，薄层结构，节理很发育，岩体较破碎，隧道开挖时，产生掉块，岩层富水性中等，雨季有滴水、渗水现象。为保证施工安全，施工单位在该隧道施工中采用了TSP法进行超前地质预报，并在隧道施工全过程中，通过对隧道围岩动态的监控量测，掌握围岩动态和支护结构的工作状态，利用量测结果调整设计支护参数，指导施工，量测项目有洞内、外观察，锚杆轴力，围岩体内位移，支护、衬砌内应力，施工监测典型的位移-时间曲线见图4-3。

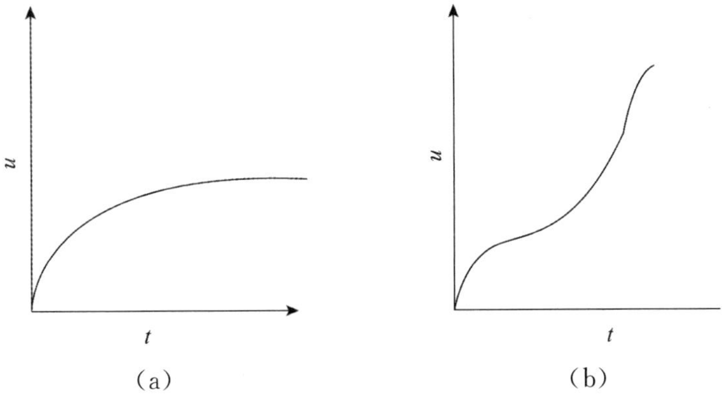

图4-3 位移-时间曲线

项目部还实行安全目标管理，采取了一系列措施，并发生如下事件：

事件一：根据监控量测数据及时反馈信息，适时施作二次衬砌，并保证二次衬砌距掌子面的距离Ⅳ级围岩地段不大于50m，Ⅴ级围岩地段不大于40m；同时为增加结构整体性，仰拱混凝土与拱墙混凝土同时施工。

事件二：在2017年9月26日由于施工单位没有按照监理和监控单位提出衬砌施作时机施工，产生塌方事故，导致3人死亡，塌体矢高6m，跨度12m。施工单位仔细观测塌方的范围、形状、数量大小及塌体的地质状况、地下水的分布、活动情况等，分析塌方发生的原因，研究制订处理方案。

事件三：项目施工后，同时施工该条高速公路监控系统，主要包括：交通（信号）监控子系统、视频监控子系统、调度（指令）电话子系统、火灾自动报警子系统等子系统。

【问题】

1. 补充背景资料中浅埋段监控量测的必测项目。

2. 背景资料中位移-时间曲线代表围岩处于何种状态？并提出合理的施工措施。

3. 指出并改正事件一中的错误之处。

4. 补充事件三的监控系统子系统。

5. 根据2007年颁布的《生产安全事故报告和调查处理条例》，背景中发生的塌方事故属于什么等级？说明理由。

案例四

【背景资料】

某高速公路全长120km，设计行车速度100km/h，双向四车道。其中有一座分离式隧道，隧道左线起讫桩号为ZK2＋815～ZK3＋880，全长1065m；右线起讫桩号为YK2＋840～YK3＋750，全长910m。隧道最大埋深400m，隧道沿纵向设人字坡，坡度为1%。隧道进口段为浅埋段，设40m长的明洞。洞身围岩为Ⅰ～Ⅳ级，岩层含少量地下水。

洞身掘进采用光面爆破，在爆破方案中有如下描述：在开挖面上适当部位掏出小型槽口（炮眼），并沿隧道设计轮廓线布置另一种炮眼。

隧道施工实行安全责任目标管理，项目部决定由专职安全员对隧道的安全生产全面负责。爆破施工前，项目部招聘了6名员工，并立即由专职安全员进行培训，考核合格后安排从事爆破作业。同时严格实行安全技术交底制度和上下班交接制度，严防安全事故的发生。

隧道明洞施工工序为：①明洞路堑土石方开挖；②边、仰坡开挖及加固；③修筑坡顶排水系统；④修筑明洞；⑤回填。

【问题】

1. 指出爆破方案中所选两种炮眼的名称。应先起爆哪种炮眼？说明理由。
2. 指出项目部在爆破施工安全管理方面的不当之处，并提出正确做法。
3. 该隧道宜采用何种排水方式？说明理由。
4. 指出明洞施工工序中应放在首位的工序，并说明理由。

案例五

【背景资料】

某高速公路左右线隧道，洞口间距 42m，左线长 3316m，右线长 3200m，隧道最大埋深 460m，净空宽度 9.64m，净空高度 6.88m，净空面积为 $58.16m^2$，设计车速 100km/h，开工日期为 2017 年 7 月，2019 年 7 月竣工。

该地段地质条件复杂，勘探表明其围岩主要为弱风化硬质页岩，属Ⅳ～Ⅴ级围岩，稳定性差。由于地下水发育，特别是断层地带岩石破碎，裂隙发育，为保证施工安全，施工单位在该隧道施工中采用了超前地质预报，并进行监控量测。根据该隧道的地质条件和开挖断面，施工单位在施工组织设计中拟采用三台阶法施工，左线隧道施工工序划分见图 4-4、图 4-5。

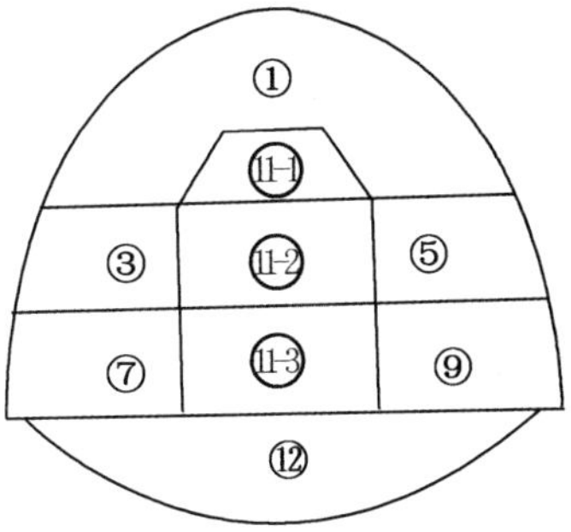

图 4-4　三台阶法开挖示意图

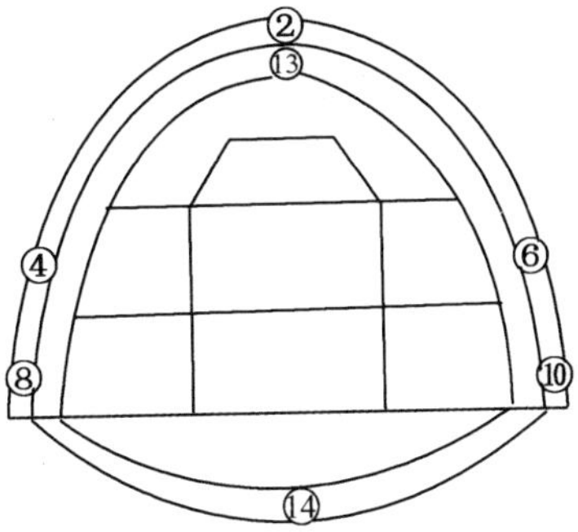

图 4-5　支护、衬砌及仰拱施工工序示意图

针对开挖时右侧围岩相对左侧围岩较弱的特点，施工单位拟按①→②→③→④→⑤→⑥→⑦→⑧→⑨→⑩→⑪→⑫→⑬→⑭的顺序组织施工。

2019 年 6 月 6 日上午，隧道开挖时，量测人员在处理量测数据中，发现"周边位移-时间曲线"出现反弯点，但未及时告知作业班组潜在的危险。当日下午发生较大塌方，当场死亡人数 5 人，重伤 12 人。经补报并核实，截至 2019 年 7 月 6 日，确认累计死亡人数达 10 人。

事故发生后，施工单位根据交通运输部对隐患排查治理提出的"两项达标""四项严禁""五项制度"的总目标，认真总结事故教训，开展了安全生产事故隐患排查治理活动，编制了安全专项方案和应急救援预案，尤其注重落实"五项制度"中的"施工现场危险告知制度"。

【问题】

1. 给出③→⑩、⑫→⑭正确的施工顺序，并说明理由。

2. 隧道可采用哪几种超前地质预报方法？

3. 根据《生产安全事故报告和调查处理条例》，发生的塌方事故属于什么等级？说明理由。

4. 背景资料中提及的"施工现场危险告知制度"包括哪些内容？

PART 5 全真模拟试卷

学习计划：

《公路工程管理与实务》全真模拟试卷一

一、单项选择题（共20题，每题1分，每题的备选项中，只有1个最符合题意）

1. 在一般土质地段，高速公路、一级公路和二级公路基底的压实度不应小于（　　）。

A. 90%

B. 93%

C. 96%

D. 98%

2. 下列柱板式锚杆挡土墙墙后的土压力传递顺序，正确的是（　　）。

A. 墙后的土压力→锚杆→挡土板

B. 墙后的土压力→挡土板→锚杆

C. 墙后的土压力→挡土板→肋柱→锚杆

D. 墙后的土压力→肋柱→挡土板→锚杆

3. 关于强夯置换的说法，错误的是（　　）。

A. 应在桩顶铺设一定厚度的垫层，垫层材料可与桩体材料相同

B. 夯点的夯击次数应通过试夯确定

C. 应按由外向内，隔行跳打的方式进行施工

D. 强夯置换的桩体材料宜采用级配良好的块石、碎石、矿渣等坚硬粗颗粒材料

4. 路基施工局部出现“弹簧土”现象时，不应采用的处理措施是（　　）。

A. 翻土晾晒，当含水量接近最佳含水量时压实

B. 换填含水量适当的素土，碾压密实

C. 掺拌适量消解石灰，翻拌均匀后碾压密实

D. 换用大吨位压路机碾压至密实

5. 下列关于填隙碎石施工，符合规定的是（　　）。

A. 填隙料应干燥

B. 填隙碎石层上为薄沥青面层时，宜使集料的棱角外露4～5mm

C. 碾压后基层的固体体积率宜不小于80%，底基层的固体体积率宜不小于83%

D. 填隙碎石基层未洒透层沥青或未铺封层时，也可以开放交通

6. 水泥混凝土路面改造时，在加铺沥青混凝土面层前，对纵、横缝进行处理的主要目的是防止产生（　　）。

A. 断板

B. 反射裂缝

C. 错台

D. 唧泥

7. 关于钢筋混凝土结构构造裂缝防治措施的说法，错误的是（　　）。

A. 应适当降低混凝土水灰比和坍落度

B. 应选用早强水泥，避免使用缓凝剂

C. 应降低混凝土水化热、推迟水化热峰值出现时间

D. 对支架应采用预压措施

8. 关于挖孔桩施工的技术要求，正确的是（　　）。

A. 挖孔施工时，相邻两桩孔宜同时开挖

B. 桩孔必须挖一节，浇筑一节护壁

C. 孔深大于 15m 时，必须采取机械强制通风措施

D. 桩孔每挖一节后，应进行孔底处理

9. 下列属于反循环回转钻孔的特点的是（　　）。

A. 钻进与排渣效率较低

B. 需要用较高质量的泥浆

C. 钻渣不会堵塞管路

D. 接长钻杆时装卸简单

10. 长线法施工步骤主要包括：①台座立面、平面线形调整；②内模安装；③安装底腹板普通钢筋及预应力管道；④外模安装；⑤混凝土浇筑及养护；⑥刷隔离剂，堵缝。正确的工序是（　　）。

A. ①④⑥③②⑤

B. ①④⑥②③⑤

C. ④①⑥③②⑤

D. ④①⑥②③⑤

11. 在隧道施工监控量测中，收敛计用来量测（　　）。

A. 拱顶下沉

B. 地表下沉

C. 围岩体内位移

D. 围岩周边位移

12. 隧道安全步距主要由（　　）决定。

A. 施工方法

B. 隧道围岩级别

C. 二次衬砌时间

D. 隧道长度

13. 关于隧道施工供电线路安装要求的说法，不符合规定的是（　　）。

A. 成洞地段固定的电力线路应使用绝缘良好的胶皮线

B. 瓦斯地段输电线必须使用胶皮线

C. 竖井、斜井应采用铠装电线

D. 施工地段临时电线应采用橡套电缆

14. 为防止隧道衬砌施工中裂缝的产生，衬砌厚度应根据（　　）确定。

A. 衬砌混凝土的强度要求

B. 衬砌混凝土的坍落度要求

C. 围岩类别、性状、结构

D. 超挖和欠挖情况

15. 可用于测定路基土方最佳含水量的试验方法是（　　）。

A. 灌砂法

B. 环刀法

C. 重型击实试验法

D. 核子密度湿度仪法

16. 根据《公路工程施工安全技术规范》，下列需要组织专家论证的是（　　）。

A. 开挖深度 4m 的基坑

B. 深度 15m 的人工挖孔桩

C. 水深 8m 的围堰

D. 悬臂浇筑法挂篮

17. 根据《公路工程施工分包管理办法》，下列说法错误的是（　　）。

A. 分包工程在开工前，承包人必须填报开工报审表，并附有监理人审批且取得发包人同意的书面文件

B. 监理人收到分包工程开工报审表后，审查其是否具备开工条件，确定是否批复其开工申请

C. 监理人应检查核实分包人实施分包工程的主要人员与施工设备

D. 监理人应对分包工程实施现场监管，及时发现分包工程在质量、进度等方面的问题，并通知分包人及时采取措施

18. 关于拌合站水泥混凝土拌合设备的要求，错误的是（　　）。

A. 拌合设备应采用质量自动计量设备

B. 减水剂应采用全自动电子称量设备

C. 拌合用水应采用流量计计量

D. 混凝土拌合应采用强制式拌合机

19. 某公路施工企业在 2017 年的企业信用评价总得分为 94 分，该企业的信用等级为（　　）级。

A. AA

B. A

C. B

D. C

20. 关于公路设计变更的说法，正确的是（　　）。

A. 公路工程设计变更分为重大设计变更、较大设计变更和较小设计变更

B. 经批准的设计变更最多不得变更 3 次

C. 公路工程勘察设计及监理等单位才可以向项目法人提出公路工程设计变更的建议

D. 超过施工图设计批准概算的属于较大设计变更

二、多项选择题（共 10 题，每题 2 分，每题的备选项中，有 2 个或 2 个以上符合题意，至少有 1 个错项。错选，本题不得分；少选，所选的每个选项得 0.5 分）

21. 关于路基改建施工，下列说法正确的有（　　）。

A. 路基填筑时可铺筑土工布，减少反射裂缝

B. 高路堤施工中，为减少路基工后沉降，可采取换填砂石进行处置

C. 采用冲击压实方法可有效提高压实度

D. 拼接宽度小于 0.75m 时，可采取超宽填筑再削坡或翻挖既有路堤等措施

E. 施工中应尽量利用原状土结构强度，不扰动下卧层

22. 下列坡面防护型式中，属于圬工防护的有（　　）。

A. 喷浆

B. 浆砌片石骨架植草护坡

C. 浆砌片石护面墙

D. 种草护坡

E. 干砌片石护坡

23. 某山区高速公路，横断面边桩放样的方法有（　　）。

A. 渐近法

B. 坐标法

C. 图解法

D. 计算法

E. 偏角法

24. 关于半刚性基层原材料的说法，正确的有（　　）。

A. 水泥的终凝时间不应小于 10h

B. 高速、一级公路应至少采用 4 种规格粒径的粗集料

C. 高速公路基层用碎石，应采用反击破碎的加工工艺

D. 高速、一级公路宜采用磨细消石灰粉

E. 水泥稳定煤矸石不宜用于高速公路和一级公路

25. 关于沥青碎石路面的说法，正确的有（　　）。

A. 冬季不易产生冻缩裂缝

B. 沥青用量多，且需要添加矿粉

C. 孔隙率较大，路面容易渗水和老化

D. 热拌沥青碎石可用于高速公路面层

E. 高温稳定性好，路面不易产生波浪

26. 桥面铺装病害形成的原因有（　　）。

A. 梁体预拱度过大，桥面铺装设计厚薄难以调整施工允许误差

B. 桥头跳车和伸缩缝破坏引起连锁性破坏

C. 铺装防水层破损

D. 桥台后填筑采用砂石料作为填料

E. 桥面排水系统堵塞

27. 悬臂浇筑梁的实测项目中，属于关键项目的有（　　）。

A. 混凝土强度

B. 轴线偏位

C. 顶面高程

D. 断面尺寸

E. 平整度

28. 下列关于工程量计量总原则的表述，错误的有（　　）。

A. 所有工程项目，除个别注明者外，均采用我国法定的计量单位

B. 承包人的计量工作可在监理人不在场情况下进行

C. 工程量计算的副本由承包人保存

D. 除监理人另有批准外，凡超过图纸所示的面积或体积，都不予计量与支付

E. 水泥混凝土的施工现场可以使用电子计量设备称重

29. 公路工程合同价款支付，按时间分类，支付可分为（　　）。

A. 预先支付

B. 期中支付

C. 交工结算

D. 竣工支付

E. 最终结清

30. 压实机械按压实作用的原理分为（　　）。

A. 静作用碾压机械

B. 振动碾压机械

C. 平板机械

D. 夯实机械

E. 轮胎压路机械

三、实务操作和案例分析题（共 4 题，每题 20 分）

（一）

【背景资料】

某二级公路路基工程施工，其中 K22＋100～K42＋100 路段以填方为主，合同段附近地表土主要是高液限黏土（液限值在 38～49 之间），为此，施工单位针对高液限黏土填筑路堤做了试验路段，以确定其最大干密度和松铺厚度等措施。

场地清理完毕后，对路基横断面进行了测量放样、动力触探，并绘制出横断面图，提交监理工程师复测，确认后开始填筑路堤。

施工单位严格按照试验段提供的数据指导施工。经过 2 个月填筑发现按试验路段数据控制施工，施工周期长，无法满足工期要求。业主在了解情况后，书面要求监理工程师指示施工单位在半个月后变更路堤填料。经过现场考察并征得监理工程师同意和设计单位确认后，选择了粉土和砂土两种路堤填料，施工单位随即组织施工直接填筑，同时考虑到砂土强度不够，故两种填料混合使用。由于变更后取用的路堤填料需增加较长运距，费用增加，施工单位向业主提出了变更工程价款的报告。

碾压时，施工中填石作业从最低处开始，分层填筑，每一分层先是人工摊铺主骨料，平整作业铺撒嵌缝料。

填筑过程中，发现存在一些质量缺陷，施工单位及时确定了质量缺陷的性质，并采取了应对措施。

土方路基施工完成后，施工单位实测了压实度、中线偏位、平整度、宽度和边坡，各项指标均满足相应规范要求，施工单位提请监理验收。

【问题】

1. 指出施工单位在路堤施工中的错误，并给出正确做法。

2. 根据公路工程变更后合同价款的确定方法，结合背景资料，请写出填料变更的变更价款程序。

3. 质量缺陷性质确定的方法有哪些？

4. 补充土方路基的实测项目，并指出关键项目。

（二）

【背景资料】

某施工单位在北方平原地方承建了一段长 152km 双向车道高速公路的路面工程，路面结构设计示意图见图 1-1。

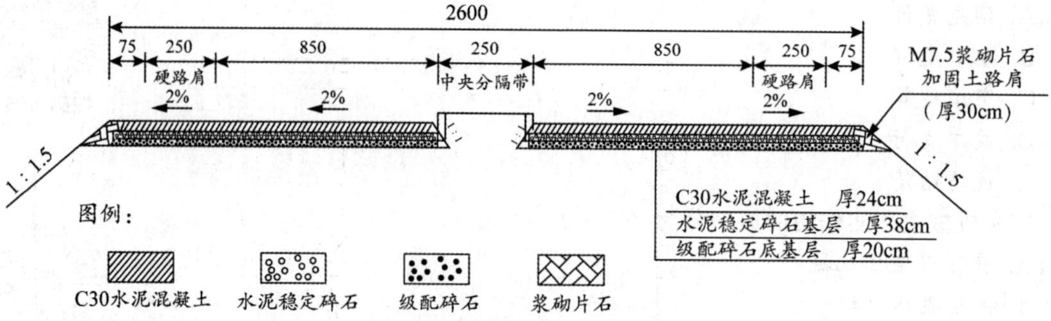

图 1-1 路面结构设计示意图

为保证工期，施工单位采用 2 台滑模摊铺机分左右幅同时组织面层施工，对行车道与硬路肩进行整体滑模摊铺。

施工中发生如下事件：

事件一： 滑模摊铺前，施工单位在基层上进行了模板安装，并架设了单线基准线，基准线材质为钢绞线。

事件二： 滑模摊铺机起步时，先开启振捣棒，在 2～3min 内调整振捣到适宜振捣频率，使进入挤压底板前缘拌合物振捣密实，无大气泡冒出时，方可开动滑模机平稳推进摊铺。因滑模机未配备自动插入装置（DBI），传力杆无法自动插入。

事件三： 施工单位配置的每台摊铺机的摊铺速度为 100m/h，时间利用系数为 0.75，施工单位还配置了专门的水泥混凝土搅拌站，搅拌站生产能力为 $450m^3/h$［滑模摊铺机生产率公式为：$Q=1000hBV_PK_B$（m^3/h），公式中 h 为摊铺厚度，B 为摊铺宽度］。

事件四： 施工过程中，监理工程师发现部分路面出现发亮的砂浆条带，立即要求施工单位停止施工。

【问题】

1. 找出并改正事件一中的错误。
2. 事件二中传力杆应采用什么方法施工？对传力杆以下的混凝土如何振捣密实？
3. 施工单位配置的水泥混凝土搅拌站能否满足滑模摊铺机的生产率？说明理由。
4. 分析事件四的原因并提出处理措施。

扫码听课

（三）

【背景资料】

某施工单位承接了一座二级公路桥梁，其中桥梁上部结构采用预应力连续箱梁、预应力箱采用单箱双室斜腹板断面的形式，梁高为 2.0m。混凝土箱梁采用 C50 混凝土，采用纵向、横向预应力体系，管道采用塑料波纹管成孔及真空辅助压浆技术。箱梁外伸横梁设置预应力，其他位置横梁为钢筋混凝土结构。在相对施工方向的共用墩处，箱梁钢束采用内卡式千斤顶张拉。

预应力混凝土连续箱梁采用碗扣式满堂支架法（见图 1-2）现场浇筑，施工工艺流程如下：施工准备→地基处理→支架位置放线→支架搭设→支架校验调整→铺设纵横方木→安装支座→安装底模板、侧模板→底模板调平→支架预压→A→绑扎底板、侧板钢筋→B→安装内模板→安装顶板模板、边模板→绑扎顶板钢筋→安装波纹管→自检、报检→混凝土浇筑→混凝土养护→拆除边模和内模板→预应力张拉→压浆、封堵端头→养护→拆除底模板和支架。

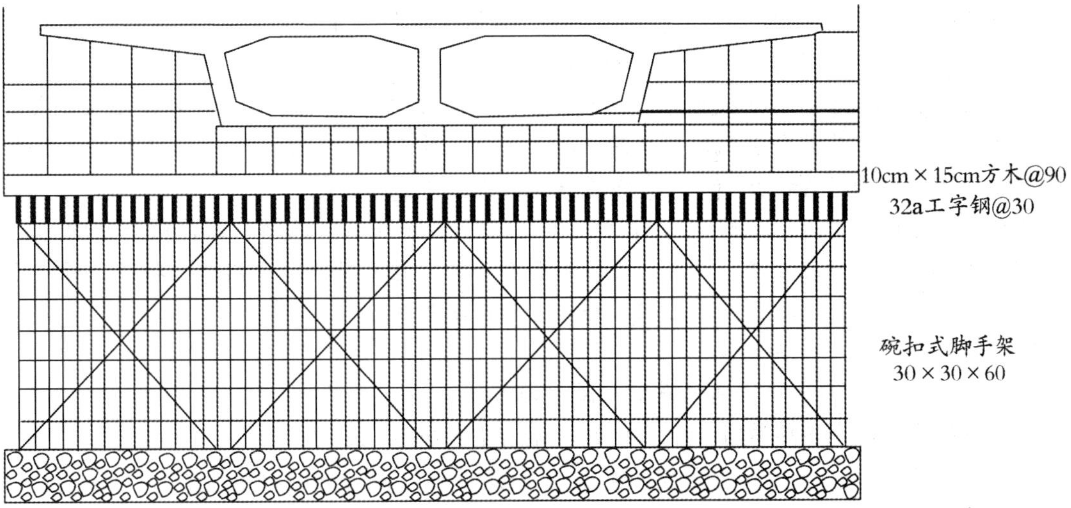

图 1-2 碗扣式满堂支架

钢管支架搭设完成后，采用砂袋静压法对支架进行等载预压（包括梁体荷载及施工荷载），试压的最大加载为设计荷载的1.05倍，预压时砂袋由梁体一侧逐渐向另一侧慢慢堆放，为了赶工期一次性达到设计荷载，卸载后，进行了预拱度估算。施工完毕后，按照纵向从两边向中间，“先装后拆，后装先拆”的原则进行拆除。拆除的钢管堆码整齐，经检查整修后入库待用。

为了保证施工的安全性，成立了领导带班小组及巡查小组进行定期巡查，并针对支架施工编制了安全专项方案和应急救援预案。

【问题】

1. 分别列出工艺流程 A、B 的名称。
2. 背景资料中，为什么要进行支架预压？
3. 指出支架施工过程中的错误之处，并改正。
4. 应急救援预案中保障措施有哪些？（列出 4 种即可）

扫码听课

（四）

背景资料：

某施工单位承接了一座一级公路隧道，该隧道为双向4车道，设计净高5m，净宽24m，总长686m，穿越的岩层含有少量煤层，裂隙发育，设计采用新奥法施工。隧道围岩为较软岩或软硬岩互层，且以软岩为主，岩体较完整～较破碎，中薄层状结构，属于Ⅳ级围岩，采用超前小导管（注浆）和超前锚杆加固围岩，采用短台阶法分部开挖。施工顺序见图 1-3。

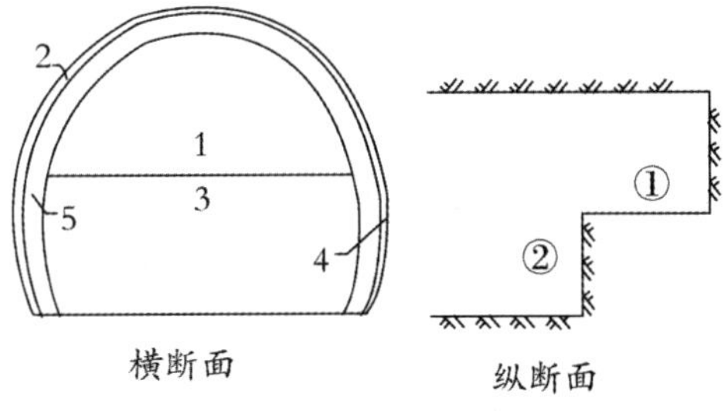

图 1-3 台阶法开挖示意图

事件一： 隧道爆破作业安全要求。

（1）洞内爆破必须统一指挥，必须经过专业培训才能进行作业。爆破作业和爆破器材管理人员必须穿防静电服装。装炮时，应使用木质炮棍装药，严禁火种。为防止点炮时发生照明中断，爆破工应随身携带手电筒，禁止用明火照明。点炮前，无关人员与机具均应撤至安全地点。爆破员实行“一炮三检”制度，放炮员最后离场，班组长清点人数，发出警告5s后方可引爆。

(2) 爆破后必须经过15min通风排烟后，检查人员方可进入工作面，检查有关“盲炮”及可疑现象；有无残余炸药和雷管；顶板两旁有无松动石块、危岩，支护有无损坏与变形。在妥善处理并确认无误后，其他施工人员方可进入工作面。

事件二：隧道施工通风、防尘及有害气体要求：隧道施工通风纳入工序管理，由专人负责；作业过程中，采用纯氧通风换气；隧道内存在矽尘的作业场所，定期进行取样分析空气成分、测定粉尘浓度；隧道作业人员应配备个人劳动保护用品。

【问题】

1. 该隧道是否要编制专项施工方案？说明理由。
2. 台阶法开挖示意图中的1、2、3、4、5各指什么施工工序？
3. 改正背景中施工单位安全管理的错误。“一炮三检”制度的内容是什么？
4. 补充超前支护的措施。

《公路工程管理与实务》全真模拟试卷二

一、单项选择题（共 20 题，每题 1 分，每题的备选项中，只有 1 个最符合题意）

1. 路基施工准备中，应及时对拟作为路堤填料的材料进行（　　）。

A. 分类　　B. 检查

C. 碾压　　D. 取样试验

2. 在地形艰险及爆破量较小地段（如打水沟、开挖便道、基坑等），应优先选择的爆破方式是（　　）。

A. 钢钎炮

B. 深孔爆破

C. 药壶炮

D. 猫洞炮

3. 关于软土地区浅层处理的说法中，错误的是（　　）。

A. 浅层处理深度不宜大于 3m

B. 置换宜选用强度高的砂砾、碎石土等水稳性和水透水性好的材料

C. 对非饱和黏质土的软弱表层，可添加石灰、水泥等进行改良处理

D. 当横坡陡于 1∶10 时，抛石挤淤应沿路线中线向前呈等腰三角形渐次向两侧对称抛填

4. 滑坡地段路基填筑采用削坡减载方案整治滑坡时，应（　　）进行，严禁超挖或乱挖，严禁爆破减载。

A. 自上而下

B. 自下而上

C. 自左而右

D. 自右而左

5. 某二级公路合同段采用沥青混凝土面层和水泥稳定基层施工，在铺筑沥青混凝土下面层之前，施工单位所浇洒的一层沥青应为（　　）。

A. 透层沥青

B. 粘层沥青

C. 封层沥青

D. 热拌沥青

6. 关于 SMA 施工的说法，错误的是（　　）。

A. SMA 的碾压遵循“紧跟、慢压、高频、低幅”的原则

B. SMA 面层施工宜使用胶轮压路机或组合式压路机碾压

C. 复压工作区间严格分开，降低压路机工作区段长度，保证在足够高温度下进行压实作业

D. 摊铺前必须将工作面清扫干净，如用水冲，必须晒干后才能进行下一步作业

7. 混凝土膨胀剂的品种和掺量应通过（　　）确定。

A. 设计

B. 计算

C. 试验

D. 检测

8. 采用常规压浆工艺的后张法预应力混凝土梁施工中，曲线预应力孔道最低部位宜设置（　　）。

A. 压浆孔

B. 溢浆孔

C. 排气孔

D. 排水孔

9. 移动支架逐孔现浇施工中，当一孔梁的混凝土浇筑施工完成后，内模中的侧向模板应在混凝土抗压强度达到（　　）后，顶面模板应在混凝土抗压强度达到设计强度的（　　）后，方可拆除。

A. 5.0MPa，75%

B. 2.5MPa，80%

C. 5.0MPa，80%

D. 2.5MPa，75%

10. 灌注水下混凝土，导管使用前应进行（　　）。

A. 承压和抗压试验

B. 气密承压和接头抗压试验

C. 水密承压和接头抗拉试验

D. 闭水和抗弯试验

11. 隧道现场监控量测中，地表下沉量测使用的工具是（　　）。

A. 支柱压力计

B. 各种类型压力盒

C. 应力计

D. 水准仪

12. （　　）通风断面大、阻力小，可提供较大的风量，是目前解决长隧道施工通风比较有效的方法。

A. 风管式

B. 巷道式

C. 风墙式

D. 循环式

13. 帮助司机夜间行车时，通过对车灯光的反射，了解前方道路的线形及走向，使其提前做好准备的安全设施是（　　）。

A. 轮廓标志

B. 指示标志

C. 路面标线

D. 指路标志

14. 隧道照明控制系统能根据交通量的变化及（　　）对洞内照明强度进行调节。

A. 电源电压变化

B. 风速的变化

C. 洞外照度的变化

D. 温湿度的变化

15. 下列计划中，不属于资源计划的是（　　）。

A. 劳动力计划

B. 施工进度计划

C. 材料计划

D. 施工机械设备计划

16. 下列关于公路工期和时间安排的合理性，表述错误的是（　　）。

A. 对动员、清场、假日及天气影响的时间，应充分考虑并留有余地

B. 易受冰冻、低温、炎热、雨季等气候影响的工程应安排在适宜的时间，并应采取有效的预防和保护措施

C. 施工总工期的安排应符合合同工期

D. 各施工阶段或单位工程（包括分部、分项工程）的施工顺序和时间安排与主要骨干人员及施工队伍的进场计划相协调

17. 下列关于公路工程施工测量管理说法错误的是（　　）。

A. 设计控制桩交接工作由建设单位组织

B. 在结构物附近、高填深挖路段、工程量集中及地形复杂路段，宜增设水准点

C. 控制测量必须由两人进行复核测量

D. 施工测量控制网的布设由项目总工组织，向测量人员及工程技术部人员进行技术交底

18. 翻模、滑（爬）模等自升式架设设施，以及自行设计、组装或者改装的施工挂（吊）篮、移动模架等设施在投入使用前，（　　）应当组织有关单位进行验收，或者委托具有相应资质的检验检测机构进行验收。

A. 建设单位

B. 设计单位

C. 施工单位

D. 监理单位

19. 最广泛适用于卵石、漂石地质条件下灌注桩钻孔施工的机械是（　　）。

A. 螺旋钻机

B. 冲击钻机

C. 旋挖钻机

D. 回转斗钻机

20. 下列属于公路建设市场信用信息中最高信用等级的是（　　）。

A. AA 级

B. A 级

C. B 级

D. D 级

二、多项选择题（共 10 题，每题 2 分，每题的备选项中，有 2 个或 2 个以上符合题意，至少有 1 个错项。错选，本题不得分；少选，所选的每个选项得 0.5 分）

21. 路堤选择填料时，需要进行复查和取样试验。土的试验项目包括（　　）。

A. 天然含水率

B. 塑限指数

C. 液限

D. 塑限

E. 击实

22. 下列不得直接用于填石路堤填筑的填料有（　　）。

A. 软质岩石

B. 中硬岩石

C. 硬质岩石

D. 膨胀岩石

E. 易溶性岩石

23. 关于工程防护施工的说法，正确的有（　　）。

A. 喷射混凝土宜自上而下进行

B. 浆砌片石护坡，宜在路堤沉降前施工，防止产生不均匀沉降

C. 喷射混凝土初凝后，应立即养护，养护期宜不少于 7d

D. 喷射混凝土面层应在长度方向上每 30m 设伸缩缝

E. 浆砌片石护坡，每 10～15m 应设置一道伸缩缝

24. 锚杆挡土墙的施工工序主要有（　　）。

A. 基础浇（砌）筑

B. 锚杆制作

C. 基坑填筑

D. 肋柱安装

E. 墙后填料填筑与压实

25. 关于沥青混合料摊铺，下列说法正确的有（　　）。

A. 摊铺过程中不准随意变换速度，尽量避免中途停顿

B. 采用双机或三机梯进式施工时，相邻两机的间距控制在 10～20m

C. 下、中面层采用平衡梁法施工

D. 沥青混凝土的摊铺温度一般正常施工控制在不低于 135～170℃

E. 开铺前将摊铺机的熨平板进行加热至不低于 100℃

26. 关于后张法预应力筋张拉的说法，正确的有（　　）。

A. 直线预应力筋可在一端张拉

B. 曲线预应力筋应采用两端张拉

C. 当同一截面中有多束一端张拉的预应力筋时，张拉端宜分别交错设置在结构或构件的两端

D. 预应力筋采用两端张拉时，宜两端同时张拉

E. 预应力筋采用两端张拉时，可先在一端张拉锚固后，再在另一端补足预应力值进行锚固

27. 桥梁试验检测从方法上来讲，分为（　　）。

A. 超声波检测

B. 静载试验

C. 动载试验

D. 人工检测

E. 无损检测

28. 沥青混合料面层施工质量验收的主控项目有（　　）。

A. 原材料

B. 压实度

C. 面层厚度

D. 平整度

E. 弯沉值

29. 下列关于公路工程分包工程管理的说法，正确的有（　　）。

A. 当分包工程发生设计变更后，分包人可以直接向监理人提出索赔要求

B. 当分包工程发生设计变更后，分包人可以直接向业主提出索赔要求

C. 当分包工程发生设计变更后，分包人只能向承包人提出索赔要求

D. 分包人不能直接向监理人提出支付要求，必须通过承包人

E. 监理人一般不能直接向分包人下达变更指令，必须通过承包人

30. 场地建设前，施工单位应将梁场布置方案报监理工程师审批，方案内容应包含各类型梁板的（　　）。

A. 台座数量

B. 模板数量

C. 生产能力

D. 最大存梁能力

E. 生产成本

三、实务操作和案例分析题（共 4 题，每题 20 分）

（一）

【背景资料】

某公司承建二级公路工程，公路全长 3000m，穿过部分农田和水塘，需要借土回填和抛石挤淤。工程采用工程量清单计价，合同约定分部分项工程量增加（减少）幅度在 15%以内时执行原有综合单价。工程量增幅大于 15%时，超出部分按原综合单价的 0.9 倍计算；工程量减幅大于 15%时，减少后剩余部分按原综合单价的 1.1 倍计算。

项目部在路基正式压实前选取了 200m 作为试验段，通过试验确定了合适吨位的压路机和压实方式。工程施工中发生如下事件：

事件一：项目技术负责人现场检查时发现压路机碾压时先高后低、先快后慢、先静后振、由路基中心向边缘碾压。技术负责人当即要求操作人员停止作业，并指出其错误要求改正。

事件二：路基施工期间，有块办理过征地手续的农田因补偿问题发生纠纷，导致施工无法进行，为此延误工期 20d，施工单位提出工期和费用索赔。

事件三：工程竣工结算时，借土回填和抛石挤淤工程量变化情况见表 2-1。

表 2-1　工程量变化情况表

分部分项工程	综合单价/（元/m^3）	清单工程量/m^3	实际工程量/m^3
借土回填	21	25000	30000
抛石挤淤	76	16000	12800

【问题】

1. 除确定合适吨位的压路机和压实方式外，试验段还应确定哪些技术参数？

2. 分别指出事件一中压实作业的错误之处并写出正确做法。

3. 事件二中，施工单位的索赔是否成立？说明理由。

4. 分别计算事件三借土回填和抛石挤淤的费用。

（二）

【背景资料】

某双向四车道一级公路运营10年后，水泥混凝土面板破损严重，拟进行改建。设计方案：对旧水泥混凝土路面采用碎石化法处理，然后加铺沥青混凝土面层，同时在公路右侧土质不稳定的挖方路段增设重力式挡土墙及碎落台（见图2-1）。某施工单位通过投标承接了该工程。

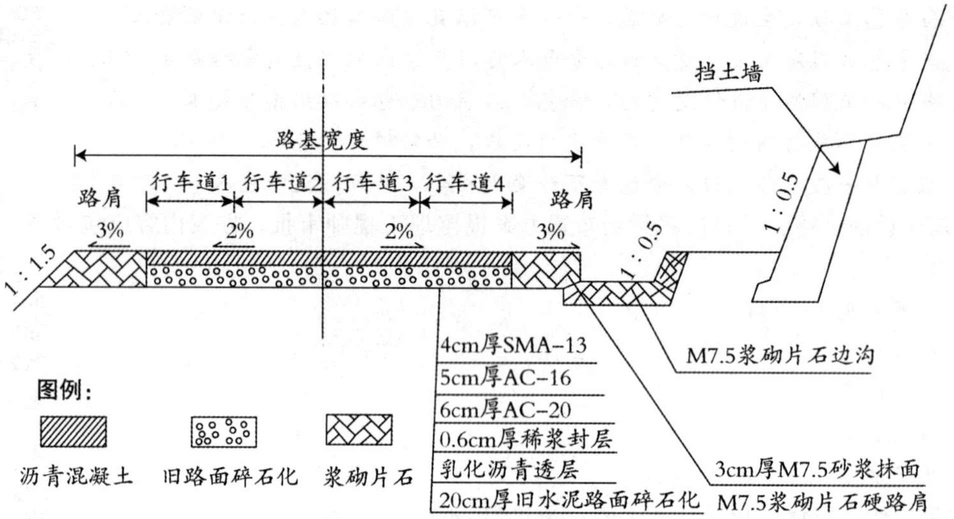

图2-1　路基横断面示意图

事件一：旧水泥混凝土面板破碎前，施工单位对全线的排水系统进行设置和修复，并将公路两侧的路肩挖除至旧路面基层顶面同一高度，对全线存在的严重病害软弱路段进行处治。

事件二：路面碎石化施工的部分要点摘录如下：①路面破碎时，先破碎行车道2和行车道3，再破碎行车道1和行车道4；②两幅破碎一般保证10cm左右的搭接破碎宽度；③为尽量达到破碎均匀效果，破碎过程应保持破碎机行进速度、落锤高度、频率不变；④对暴露的加强钢筋尽量留在碎石化后的路面中。

事件三：建设单位要求将上面层的粗集料由石灰岩碎石变更为花岗岩碎石，并要求施工单位调查、上报花岗岩碎石的预算单价。施工单位对花岗岩碎石调查如下：出厂时碎石原价为91元/m^3，每m^3碎石的运杂费为4.5元/km，花岗岩碎石厂到工地的平均运距为22km，场外运输损耗为4%，采购及保管费率为2.5%。

【问题】

1. 事件一中挖除路肩的主要目的是什么？
2. 对事件一中存在严重病害的软弱路段应如何处治？
3. 逐条判断事件二中各施工要点的对错，并改正错误之处。
4. 按墙背形式划分，图中路堑挡土墙属于哪一种？该种形式的挡土墙有何优缺点？
5. 计算花岗岩碎石的预算单价。（计算结果保留两位小数）

（三）

【背景资料】

某施工单位承接了某高速公路施工，K8＋126处有一座主跨为9m×30m预应力混凝土简支空心板梁桥，该桥为旱桥，中间桥墩位于低洼地带，地下水较低，地质条件为硬土。基础采用人工挖孔桩施工工艺，上部结构采用预制吊装，梁体采用后张法施工。在人工挖孔桩施工中发生如下事件：

事件一： 依据导线总水准点测量控制网资料和施工设计图上的桩位平面布置图，测定桩位方格控制网和高程基准点，确定好桩位中心，以桩位中心为圆心，以桩身半径画出上部圆周，并撒石灰线作为桩孔开挖尺寸线，桩位线定好后，做好护桩，监理复查认定不合格。

事件二： 开挖桩孔应从上到下逐层开挖，先挖中间部分的土方，然后向周边扩挖，有效控制桩孔的截面尺寸，当挖到第一节完毕时，模板预留 0.3m 以上高出原地面，每节的开挖高度应根据土质和设计而定，一般以 0.9～1.2m 为宜。第一节开挖完毕后，支护壁模板，护壁模板支好后应立即浇筑护壁混凝土，护壁材料采用 C20 混凝土，护壁厚度为 10cm，人工浇筑，人工捣实，护壁混凝土应根据气候条件，一般情况下浇灌完毕须经 24h 后可拆模。挖孔桩示意图见图 2-2。

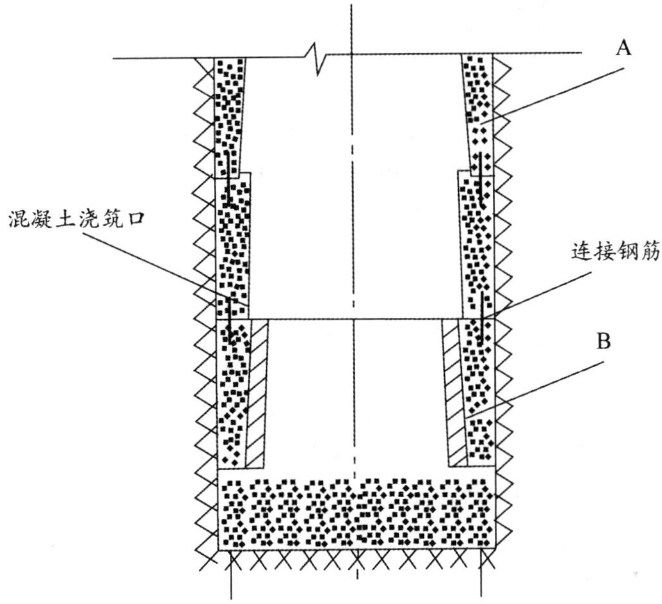

图 2-2　挖孔桩示意图

事件三： 预应力张拉。将钢绞线穿入波纹管道内（钢绞线下料长度考虑张拉工作长度）进行张拉作业。张拉使用的张拉机及油泵、锚、夹具必须符合设计要求并配套使用，配套定期校验，以准确标定张拉力与压力表读数间的关系曲线。按设计要求在两端同时对称张拉，张拉时千斤顶的作用线必须与预应力轴线重合，两端各项张拉操作必须一致。预应力张拉采用"双控"。

事件四： 施工单位在第 2 片梁的张拉过程中，出现钢绞线的断丝现象，据检测，断丝数量超过设计规定的允许数量。

【问题】

1. 指出事件一中的错误并改正。
2. 事件二中，模板预留 0.3m 以上高出原地面的原因是什么？
3. 指出挖孔桩示意图中 A 和 B 的名称。
4. 事件三中，双控指的是什么？
5. 事件四中，施工单位应该如何处理？

（四）

【背景资料】

某施工单位承接了 10km 的山区二级公路工程项目，其中包含一座长 800m 的双车道隧道。

隧道出口处于浅埋段，围岩级别较差，导致在施工过程中围岩变形较大，拱顶下沉最大值达到1.6m，因此经建设单位、设计单位、监理单位、施工单位现场勘察后将从目前掌子面DK118＋649至DK118＋529由原设计台阶法开挖变更为CD法，具体施工流程见图2-3。

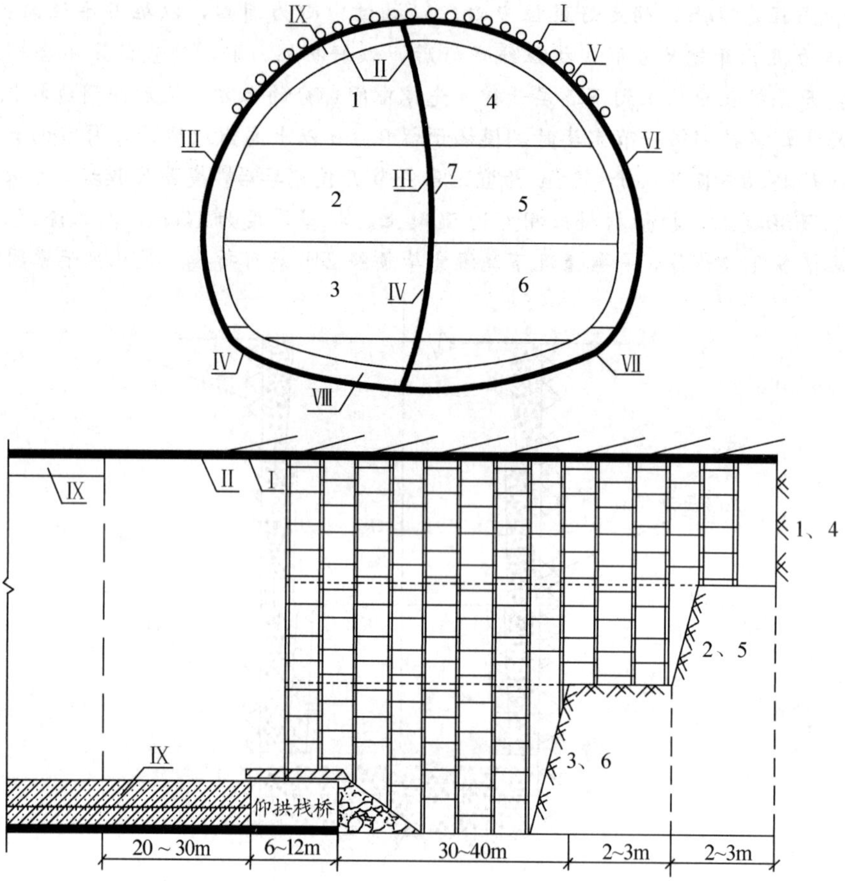

图2-3　中隔壁（CD）法施工

序号	工作内容
Ⅰ	
1	左侧上部开挖
Ⅱ	左侧上部初期支护
2	左侧中部开挖
Ⅲ	左侧中部初期支护
3	左侧下部开挖
Ⅳ	左侧下部初期支护
4	右侧上部开挖
Ⅴ	右侧上部初期支护
5	右侧中部开挖
Ⅵ	右侧中部初期支护
6	右侧下部开挖
Ⅶ	右侧下部初期支护
7	
Ⅷ	
Ⅸ	

施工单位针对该项目编制了施工方案：

事件一： 主要采用钻爆开挖，并配合人工出渣。

事件二： 断层破碎带及其影响带地段初期支护及时封闭成环，根据围岩量测结果及时施作二次衬砌。

事件三： 为了稳定工作面，采取一些辅助施工措施进行超前加固。

【问题】

1. 补充隧道施工工序中的工作内容。
2. 背景资料中，隧道开挖方案变更属于哪种设计变更？应由谁进行审批？
3. 事件一中的做法是否正确？说明理由。
4. 事件二中，位移变形达到什么要求时，才能进行二次衬砌？
5. 事件三中，超前加固的措施有哪些？

参考答案与解析

2B310000 公路工程施工技术

2B311000—2B311010

考点 1 路基施工准备

1. 【答案】C

【解析】路基施工前应做好组织、物资和技术三大准备，技术准备是工程顺利实施的基础和保证。

2. 【答案】ABCD

【解析】技术准备工作的内容主要包括熟悉设计文件、现场调查核对、设计交桩、复测与放样、试验及试验路段施工等。选项E属于混淆选项。

3. 【答案】C

【解析】路基施工前，应进行施工调查及现场核对，根据设计要求、合同条件及现场情况等编制施工组织设计。

4. 【答案】ABD

【解析】路基开工前必须建立健全质量、环境、职业健康安全管理体系和质量检测体系，并对各类施工人员进行岗位培训和技术、安全交底。

5. 【答案】ABDE

【解析】土的试验项目包括天然含水率、液限、塑限、颗粒分析、击实、CBR等，必要时应做颗粒分析、相对密度、有机质含量、易溶盐含量、冻胀和膨胀量等试验。马歇尔试验用来测定沥青混合料的稳定度和流值等指标。

6. 【答案】B

【解析】路基填前碾压前，应对路基基底原状土进行取样试验。每公里应至少取2个点，并应根据土质变化增加取样点数。

7. 【答案】C

【解析】试验路段应选择在地质条件、路基断面形式等具有代表性的地段，长度宜不小于200m。

8. 【答案】ABCE

【解析】下列情况，应进行试验路段施工：

(1) 二级及二级以上公路路堤。

(2) 填石路堤、土石路堤。

(3) 特殊填料路堤。

(4) 特殊路基。

(5) 拟采用新技术、新工艺、新材料、新设备的路基。

选项C虽然为土质路堤，但是交通等级为二级公路，应进行试验路段施工。

选项D是三级公路路堤，不满足二级及二级以上公路路堤应进行试验路段施工的要求。

9. 【答案】ACE

【解析】压实工艺主要参数：机械组合；压实机械规格、松铺厚度、碾压遍数、碾压速度；最佳含水率及碾压时含水率范围等。选项B、D属于路基施工前进行的土的试验项目。

10. 【答案】ADE

【解析】下列情况应进行试验路段施工：

(1) 二级及二级以上公路路堤。

(2) 填石路堤、土石路堤。

(3) 特殊填料路堤。

(4) 特殊路基。

(5) 拟采用新技术、新工艺、新材料、新设备的路基。

11. 【答案】C

【解析】压实工艺主要参数有：机械组合、压实机械规格、松铺厚度、碾压遍数、碾压速度、最佳含水率及碾压时含水率范围等。

12.【答案】ABDE

【解析】路堤试验路段施工总结宜包括下列内容：

(1) 填料试验、检测报告等。

(2) 压实工艺主要参数：机械组合、压实机械规格、松铺厚度、碾压遍数、碾压速度、最佳含水率及碾压时含水率范围等。

(3) 过程工艺控制方法。

(4) 质量控制标准。

(5) 施工组织方案及工艺的优化。

(6) 原始记录、过程记录。

(7) 对施工图的修改建议等。

(8) 安全保障措施。

(9) 环保措施。

考点 2 原地基处理要求

1.【答案】A

【解析】地基表层碾压处理压实度控制标准为：二级及二级以上公路一般土质应不小于90%；三、四级公路应不小于85%。

2.【答案】B

【解析】地基表层碾压处理压实度控制标准为：二级及二级以上公路一般土质应不小于90%；三、四级公路应不小于85%。

3.【答案】A

【解析】低路堤应对地基表层土进行超挖、分层回填压实，其处理深度应不小于路床厚度。

4.【答案】D

【解析】低路堤应对地基表层土进行超挖、分层回填压实，其处理深度应不小于路床厚度，选项D正确。

5.【答案】ADE

【解析】原地面坑、洞、穴等，应在清除沉积物后，用合格填料分层回填、分层压实，压实度应符合规定。

6.【答案】C

【解析】地基表层碾压处理压实度控制标准为：二级及二级以上公路一般土质应不小于90%，三、四级公路应不小于85%，选项A说法正确。原地面的坑、洞、穴等，应在清除沉积物后，用合格填料分层回填、分层压实，选项B说法正确。泉眼或露头地下水，应按设计要求采取有效导排措施，将地下水引离后方可填筑路堤，选项C说法不正确。低路堤应对地基表层土进行超挖、分层回填压实，其处理深度应不小于路床厚度，选项D说法正确。

7.【答案】C

【解析】地基表层碾压处理压实度控制标准为：二级及二级以上公路一般土质应不小于90%，三、四级公路应不小于85%，选项A、B说法正确。原地面的坑、洞、穴等，应在清除沉积物后，用合格填料分层回填、分层压实，选项C说法错误。泉眼或露头地下水，应按设计要求采取有效导排措施，将地下水引离后方可填筑路堤，选项D说法正确。

考点 3 挖方路基施工

1.【答案】D

【解析】选项A，测量放样后应进行场地清理，然后开挖截水沟。选项B，逐层开挖后应装运土石方，再进行路槽整修。选项C，装运土石方后再开挖边沟。

2.【答案】C

【解析】逐层开挖之前应开挖截水沟，选项C正确。

3.【答案】AB

【解析】推土机开挖土方作业中，影响作业效率的主要因素是切土和运土环节。

4.【答案】B

【解析】横向挖掘法包括适用于挖掘浅且短的路堑的单层横向全宽挖掘法和挖掘深且短的路堑的多层横向全宽挖掘法。

5.【答案】A

【解析】横向挖掘法包括适用于挖掘浅且短的路堑的单层横向全宽挖掘法和挖掘深且短的路堑的多层横向全宽挖掘法。

6.【答案】ABE

【解析】钢钎炮的特点有：炮眼浅，用药少，每次爆破的方数不多，并全靠人工清除；不利于爆破能量的利用。由于眼浅，以致响声大而炸下的石方不多，所以工效较低。选项C、D属于深孔爆破的特点。

7.【答案】C

【解析】猫洞炮的优点：在有裂缝的软石、坚石中，阶梯高度大于4m，药壶炮药壶不易形成时，采用猫洞炮可以获得好的爆破效果。

8.【答案】D

【解析】静态破碎法是将膨胀剂放入炮孔内，利用产生的膨胀力，缓慢地作用于孔壁，经过数小时至24h达到300～500MPa的压力，使介质裂开。

考点4 填方路基施工

1.【答案】AE

【解析】路堤宜选用级配较好的砾类土、砂类土等粗粒土作为填料。

2.【答案】B

【解析】路床填料最大粒径应不大于100mm，路堤填料最大粒径应不大于150mm。

3.【答案】ABC

【解析】含草皮、生活垃圾、树根、腐殖质的土严禁作为填料。选项D、E不得直接作为路堤填料。

4.【答案】A

【解析】填方分几个作业段施工时，接头部位如不能交替填筑，先填路段应按1∶1～1∶2坡度分层留台阶。

5.【答案】ADE

【解析】水平分层填筑法是按横断面全宽分成水平层次，逐层向上填筑，是路基填筑的常用方法。

6.【答案】CE

【解析】填石路堤顶面与细粒土填土层之间应填筑过渡层或铺设无纺土工布隔离层。

7.【答案】ABCD

【解析】填石路堤的填筑方法有竖向填筑法、分层压实法、冲击压实法和强力夯实法。

8.【答案】BC

【解析】土石混合材料来自不同料场，其岩性或土石比例相差较大时，宜分层或分段填筑。

9.【答案】B

【解析】土石路堤不得采用倾填方法，只能采用分层填筑，分层压实。

考点5 路基季节性施工

1.【答案】C

【解析】挖方边坡不宜一次挖到设计坡面，应预留一定厚度的覆盖层，待雨期过后再修整到设计坡面，选项A错误。雨期开挖路堑，挖至路床顶面以上300～500mm时应停止开挖，并在两侧挖好临时排水沟，待雨期过后再施工，选项B错误，选项C正确。雨期开挖岩石路基，炮眼宜水平设置，选项D错误。

2.【答案】A

【解析】冬期施工的路堤填料，应选用未冻结的砂类土、碎石、卵石土、石碴等透水性良好的材料。不得用含水率过大的黏质土。

考点6 路基排水设施施工

1.【答案】ABC

【解析】地面排水可采用边沟、截水沟、排水沟、跌水、急流槽、拦水带、蒸发池等设施。其作用是将可能停滞在路基范围内的地面水迅速排除，防止路基范围内的地面水流入路基内。选项D、E属于地下排水设施。

2.【答案】CE

【解析】路基地下水排水设施有暗沟（管）、渗沟、渗井、仰斜式排水孔等设施。选项A、B、D属于路基地面排水设施。

3.【答案】B

【解析】当地下水埋藏浅或无固定含水层时，宜采用渗沟。

考点7 路基改建施工

1.【答案】C

【解析】老路堤与新路堤交界的坡面挖除清理的法向厚度不宜小于0.3m，然后从老路堤坡脚向上按设计要求挖设台阶。

2.【答案】C

【解析】路基拓宽拼接宽度小于0.75m时，可采取超宽填筑再削坡或翻挖既有路堤等措施。

3.【答案】CE

【解析】在路槽纵向开挖的台阶上铺设跨施工缝的土工格栅，以加强新老路基的横向联系，减少裂缝反射。

4. 【答案】BCD

【解析】施工中为了确保路基稳定、减少路基工后沉降，对高路堤拓宽可采取粉喷桩、砂桩、塑料排水体、碎石桩等处理措施，并配合填筑轻型材料。在高路堤的处治过程中，不宜单独采用只适合于浅层处治以及路基填土较低等情况的换填砂石或加固土处治。

考点 8　特殊路基施工技术

1. 【答案】CE

【解析】软土是指天然含水率高、天然孔隙比大、抗剪强度低、压缩性高的细粒土，包括淤泥、淤泥质土、泥炭、泥炭质土等。

2. 【答案】ABC

【解析】浅层处理可采用浅层置换、浅层改良、抛石挤淤等方法，处理深度不宜大于3m。

3. 【答案】BDE

【解析】袋装砂井宜采用圆形套管，套管内径宜略大于砂井直径，选项A错误。宜采用中、粗砂，粒径大于0.5mm颗粒的含量宜大于50%，含泥量应小于3%，选项B正确。砂袋的渗透系数应不小于砂的渗透系数，选项C错误。套管起拔时应垂直起吊，防止带出或损坏砂袋；发生砂袋带出或损坏时，应在原孔的边缘重新打入，选项D正确。砂袋在孔口外的长度应不小于300mm，并顺直伸入砂砾垫层，选项E正确。

4. 【答案】A

【解析】滑坡整治宜在旱季施工。

2B311000—2B311020

考点 1　防护与支挡工程类型

1. 【答案】D

【解析】骨架植物防护有浆砌片石（或混凝土）骨架植草、水泥混凝土空心块护坡、锚杆混凝土框架植草。选项A、B属于植物防护，选项C属于工程防护。

2. 【答案】ABCE

【解析】沿河路基防护可分为植物防护、砌石护坡、混凝土护坡、土工织物软体沉排、土工膜袋、石笼防护、浸水挡土墙、护坦防护、抛石防护、排桩防护、丁坝、顺坝等。选项D是工程防护措施。

3. 【答案】CDE

【解析】支挡构筑物用以防止路基变形或支挡路基本体或山体的位移，以保证其稳定性，常用的类型有挡土墙、边坡锚固、土钉支护、抗滑桩等。挡土墙有重力式挡土墙、半重力式挡土墙、石笼式挡土墙、悬臂式挡土墙、护壁式挡土墙、锚杆挡土墙、锚定板挡土墙、加筋土挡土墙、桩板式挡土墙等。

考点 2　防护与支挡工程的施工

1. 【答案】BE

【解析】混凝土喷射每层应自下而上进行，选项A错误。当混凝土厚度大于100mm时，宜分两次喷射。喷射混凝土面层应在长度方向上每30m设伸缩缝，缝宽10～20mm，选项C错误。喷射混凝土初凝后，应立即开始养护，养护期宜不少于7d，选项D错误。

2. 【答案】C

【解析】浆砌片石护坡每10～15m应留一伸缩缝，缝宽20～30mm。

3. 【答案】CD

【解析】选项C错误，护面墙背应与路基坡面密贴，边坡局部凹陷处，应挖成台阶后用与墙身相同的圬工砌补，不得回填土石或干砌片石。选项D错误，当护面墙基础修筑在不同岩层上时，应在变化处设置沉降缝。

4. 【答案】A

【解析】重力式挡土墙形式简单、施工方便、就地取材、适应性强、应用广泛。

5. 【答案】B

【解析】锚杆挡土墙施工工序主要有：基坑开挖→基础浇（砌）筑→锚杆制作→钻孔→锚杆安放与注浆锚固→肋柱和挡土板预制→肋柱安装→挡土板安装→墙后填料填筑与压实。因此挡土板安装之后进行的工序是墙后填料填筑与压实。

6. 【答案】B

【解析】柱板式锚杆挡土墙的压力传递顺序

是：墙后的侧向土压力作用于挡土板上，并通过挡土板传给肋柱，再由肋柱传给锚杆，由锚杆与周围地层之间的锚固力，即锚杆抗拔力使之平衡，以维持墙身及墙后土体的稳定。

7. 【答案】AC

【解析】加筋土挡土墙一般应用于地形较为平坦且宽敞的填方路段上，在挖方路段或地形陡峭的山坡，由于不利于布置拉筋，一般不宜使用，选项A错误。加筋土挡土墙是在土中加入拉筋，利用拉筋与土之间的摩擦作用，改善土体的变形条件和提高土体的工程特性，从而达到稳定土体的目的，选项B正确。加筋土是柔性结构物，能够适应地基轻微的变形，选项C错误。加筋土挡土墙由填料、在填料中布置的拉筋以及墙面板三部分组成，选项D正确。拉筋应按设计位置水平铺设在已经整平、压实的土层上，选项E正确。

2B311000—2B311030

考点1 最佳含水量测定

1. 【答案】AC

【解析】由于击实功的不同，击实试验可分为重型和轻型击实。

2. 【答案】B

【解析】最佳含水量是指击实曲线上最大干密度所对应的含水率。

3. 【答案】ABC

【解析】在路基压实过程中，路基的含水量是土基施工的一个重要控制参数。试验方法有击实试验法、振动台法和表面振动压实仪法。

4. 【答案】C

【解析】用振动台法和表面振动压实仪法测定无黏聚性自由排水粗粒土和巨粒土的最大干密度，这两种方法的测定结果基本一致。

考点2 压实度检测

1. 【答案】A

【解析】灌砂法适用于路基土压实度检测，不宜用于填石路堤等有大孔洞或大孔隙材料的测定。

2. 【答案】A

【解析】灌砂法适用于路基土压实度检测，不宜用于填石路堤等有大孔洞或大孔隙材料的测定。该方法在路面工程中也适用于基层、砂石路面、沥青表面处治及沥青贯入式路面的压实度检测。填石路堤的空隙大，若采用灌砂法，砂会漏一部分下去，导致检测结果不准确，不宜采用。

3. 【答案】B

【解析】灌砂法适用于路基土压实度检测，也适用于基层、砂石路面、沥青表面处治及沥青贯入式路面的压实度检测，选项A错误。环刀法用于细粒土的密度测试，选项B正确。核子密度湿度仪法适用于测定路基或路面材料的密度和含水率，选项C错误。表面振动压实仪法是采用振动方法测定土的最大干密度，选项D错误。

考点3 弯沉检测

1. 【答案】C

【解析】弯沉是指在规定的标准轴载作用下，路基或路面表面轮隙位置产生的总垂直变形（总弯沉），或垂直回弹变形（回弹弯沉），以0.01mm为单位，是路基或路面质量控制的重要指标之一。

2. 【答案】A

【解析】贝克曼梁法：传统检测方法，速度慢，静态测试，试验方法成熟，目前为规范规定的标准方法，选项A正确。核子密度湿度仪法和环刀法都是压实度检测方法，选项B、D错误。落锤弯沉仪法：利用重锤自由落下的瞬间产生的冲击荷载测定弯沉，并能反算路面的回弹模量，快速连续测定，属于动态无损检测，使用时应采用贝克曼梁法进行标定换算，选项C错误。

3. 【答案】ACDE

【解析】贝克曼梁法测定弯沉，测点应在轮迹带上，并用白油漆或粉笔画上记号。将试验车后轮对准测点后约3～5cm处位置上，选项B错误。将弯沉仪插入汽车后轮之间的缝隙处，与汽车方向一致。待表针回转稳定后读取最终读数，汽车行进速度宜为5km/h左右。测得的数字经整理计算，求得代表弯沉值。

2B311000—2B311040

考点 1 公路工程施工测量工作要求

1. 【答案】ABCD

【解析】平面控制测量应采用卫星定位测量、导线测量、三角测量或三边测量方法进行。

2. 【答案】C

【解析】沿路线每 500m 宜有一个水准点。

3. 【答案】D

【解析】二、三、四级公路的高程控制测量等级应为五等。

考点 2 公路工程施工测量方法

1. 【答案】ABDE

【解析】中线测量放样方法：传统法放样（切线支距法、偏角法）、坐标法放样、GPS-RTK 技术放样。

2. 【答案】D

【解析】高速公路、一级公路中线放样宜采用坐标法进行测量放样。切线支距法适用于低等级公路。偏角法适用于低等级公路。图解法是路基横断面边桩放样方法。

3. 【答案】B

【解析】GPS-RTK 在进行道路中线施工放样之前，首先要计算出线路上里程桩的坐标，然后才能用 GPS-RTK 的放样功能解算放样点的平面位置。

4. 【答案】A

【解析】横断面边桩放样的方法有：图解法、计算法、渐近法、坐标法。图解法一般用于较低等级公路。计算法主要用于公路平坦地形或地面横坡较均匀一致地段的路基边坡放样。偏角法是中线放样的方法。渐近法精度高，适用于各级公路。

5. 【答案】ABCD

【解析】路基横断面边桩放样方法：图解法、计算法、渐进法、坐标法。

6. 【答案】D

【解析】计算法主要用于公路平坦地形或地面横坡较均匀一致地段的路基边桩放样。

7. 【答案】A

【解析】为防止差错，施工单位自行测定的重要标志，必须至少由 2 组相互检查核对，并作测量和检查核对记录。

2B311000—2B311050

考点 1 路基压实质量问题的防治

1. 【答案】ABD

【解析】路基施工中压实度不能满足质量标准要求，主要原因有：

(1) 压实遍数不够。

(2) 压实机械与填土土质、填土厚度不匹配。

(3) 碾压不均匀，局部有漏压现象。

(4) 含水量偏离最佳含水量，超过有效压实规定值。

(5) 没有对紧前层表面浮土或松软层进行处治。

(6) 土场土质种类多，出现不同类别土混填。

(7) 填土颗粒过大（>10cm），颗粒之间空隙过大，或者填料不符合要求，如粉质土、有机土及高塑性指数的黏土等。

选项 C、E 为产生路基边坡病害的原因。

2. 【答案】ABD

【解析】路基边缘压实度不足的预防措施：

(1) 路基施工应按设计的要求进行超宽填筑。

(2) 控制碾压工艺，保证机具碾压到边。

(3) 认真控制碾压顺序，确保轮迹重叠宽度和段落搭接超压长度。

(4) 提高路基边缘带压实遍数，确保边缘带碾压频率高于或不低于行车带。

3. 【答案】A

【解析】路基填筑宽度不足时，返工至满足设计和规范要求。亏坡补宽时应开挖台阶填筑，严禁贴坡。

考点 2 路基边坡病害的防治

【答案】ABE

【解析】路基边坡病害的原因分析：

(1) 设计对地震、洪水和水位变化影响考虑不充分。

(2) 路基基底存在软土且厚度不均。

(3) 换填土时清淤不彻底。

(4) 填土速率过快，施工沉降观测、侧向位移观测不及时。
(5) 路基填筑层有效宽度不够，边坡二期贴补。
(6) 路基顶面排水不畅。
(7) 纵坡大于12%的路段未采用纵向水平分层法分层填筑施工。
(8) 用透水性较差的填料填筑路堤处理不当。
(9) 边坡植被不良。
(10) 未处理好填挖交界面。
(11) 路基处于陡峭的斜坡面上。
选项C、D属于预防措施。

考点3 高填方路基沉降的防治

【答案】D
【解析】高填方路基沉降的原因分析：
(1) 按一般路堤设计，没有验算路堤稳定性、地基承载力和沉降量。
(2) 地基处理不彻底，压实度达不到要求，或地基承载力不够。
(3) 高填方路堤两侧超填宽度不够。
(4) 工程地质不良，且未作地基孔隙水压力观察。
(5) 路堤受水浸泡部分边坡陡，填料土质差。
(6) 路堤填料不符合规定，随意增大填筑层厚度，压实不均匀，且达不到规定要求。
(7) 路堤固结沉降。

考点4 路基开裂病害的防治

1. 【答案】B
【解析】半填半挖路段，地面横坡大于1∶5及旧路利用路段，应严格按规范要求将原地面挖成宽度不小于1.0m的台阶并压实。
2. 【答案】BE
【解析】路基填料禁止直接使用液限大于50、塑性指数大于26的土；当选材困难，必须直接使用时，应采取相应的技术措施，选项A正确。不同种类的土应分层填筑，同一填筑层不得混用，选项B错误。路基顶填筑层分段作业施工，两段交接处应按要求处理，选项C正确。严格控制路基每一填筑层的标高、平整度，确保路基顶填筑层压实厚度不小于8cm，选项D正确，选项E错误。
3. 【答案】C
【解析】路基网裂病害预防及治理措施：
(1) 采用合格的填料，或采取掺加石灰、水泥改性处理措施。
(2) 选用塑性指数符合规范要求的土填筑路基，控制填土最佳含水量时碾压。
(3) 加强养护，避免表面水分过分损失。
(4) 认真组织，科学安排，保证设备匹配合理，施工衔接紧凑。
(5) 若因下层土过湿，应查明其层位，采取换填土或掺加生石灰粉等技术措施处治。

2B312000—2B312010

考点1 粒料基层（底基层）施工

1. 【答案】C
【解析】粒料基层（底基层）包括嵌锁型和级配型两种：嵌锁型包括泥结碎石、泥灰结碎石、填隙碎石等；级配型包括级配碎石、级配砾石、符合级配的天然砂砾、部分砾石经轧制掺配而成的级配砾、碎石等，其中级配碎石可用于各级公路的基层和底基层。
2. 【答案】D
【解析】级配型包括级配碎石、级配砾石、符合级配的天然砂砾、部分砾石经轧制掺配而成的级配砾、碎石等。
3. 【答案】ABC
【解析】级配型包括级配碎石、级配砾石、符合级配的天然砂砾、部分砾石经轧制掺配而成的级配砾、碎石等。选项D、E属于无机结合料稳定基层。
4. 【答案】AC
【解析】粒料基层（底基层）包括嵌锁型和级配型两种：嵌锁型包括泥结碎石、泥灰结碎石、填隙碎石等。级配碎石属于级配型粒料，水泥稳定碎石属于无机结合料。
5. 【答案】D
【解析】填隙碎石可用于各等级公路的底基层和二级以下公路的基层。
6. 【答案】D

【解析】填隙碎石用作基层时，集料的公称最大粒径应不大于53mm；用作底基层时，应不大于63mm。

7. 【答案】C

【解析】填隙碎石用作基层时，集料的压碎值应不大于26%；用作底基层时应不大于30%。

8. 【答案】B

【解析】填隙碎石中填隙料的用量宜为集料质量的30%～40%。

9. 【答案】ABDE

【解析】填隙碎石宜采用振动压路机碾压，而不是胶轮压路机，选项C错误。

10. 【答案】AC

【解析】填隙碎石施工时，应符合下列规定：

(1) 填隙料应干燥，选项A错误。

(2) 宜采用振动压路机碾压，碾压后，表面集料间的空隙应填满，但表面应看得见集料。填隙碎石层上为薄沥青面层时，宜使集料的棱角外露3～5mm。选项B、D正确。

(3) 碾压后基层的固体体积率宜不小于85%，底基层的固体体积率宜不小于83%。

(4) 填隙碎石基层未洒透层沥青或未铺封层时，不得开放交通。

单层填隙碎石的压实厚度宜为公称最大粒径的1.5～2.0倍，选项C错误。

干旱缺水地区宜采用干法施工，选项E正确。

11. 【答案】ABD

【解析】填隙碎石湿法施工应按照下列规定进行：

(1) 初压宜用两轮压路机碾压3～4遍，使集料稳定就位，选项A正确。

(2) 填隙料应采用石屑撒布机或类似的设备均匀地撒铺在已压稳的集料层上，选项B正确。

(3) 应采用振动压路机慢速碾压，将全部填隙料振入集料间的空隙中，选项C错误。

(4) 集料层表面空隙全部填满后，宜立即用洒水车洒水，直到饱和，选项D正确。

(5) 碾压完成的路段应让水分蒸发一段时间，结构层变干后，应将表面多余的细料以及细料覆盖层扫除干净，选项E错误。

12. 【答案】ABD

【解析】根据各路段基层或底基层的宽度、厚度及松铺系数，计算各段需要的粗碎石数量。根据运料车辆的车厢体积，计算每车料的堆放距离。选项C、E是计算该段所需的粗碎石体积数量不需要考虑的参数。

考点4 无机结合料稳定基层（底基层）施工

1. 【答案】D

【解析】石灰稳定土包括石灰稳定级配碎石、未筛分碎石、砂砾、碎石土、砂砾土、煤矸石、各种粒状矿渣等，适用于各级公路的底基层，以及二级和二级以下公路的基层，但石灰土不得用作二级公路的基层和二级以下公路高级路面的基层，选项A、C错误。水泥稳定土适用于各级公路的基层和底基层，但水泥稳定细粒土不能用作二级和二级以上公路高级路面的基层，选项B错误。石灰工业废渣稳定土适用于各级公路的基层和底基层，但二灰、二灰土和二灰砂不应作二级和二级以上公路高级路面的基层，选项D正确。

2. 【答案】AB

【解析】水泥稳定土包括水泥稳定级配碎石、未筛分碎石、砂砾、碎石土、砂砾土、煤矸石、各种粒状矿渣等，适用于各级公路的基层和底基层。但水泥稳定细粒土、石灰土、二灰土和二灰砂不能用作二级和二级以上公路高级路面的基层。

3. 【答案】B

【解析】无机结合料稳定基层（底基层）所用水泥初凝时间应大于3h，终凝时间应大于6h且小于10h。

4. 【答案】BCE

【解析】高速公路和一级公路的基层，宜采用磨细消石灰，选项A错误。高速公路和一级公路用石灰应不低于Ⅱ级技术要求，选项B正确。水泥强度等级为32.5或42.5，且技术标准满足规范要求的普通硅酸盐水泥等均可使用，选项C正确。所用水泥初凝时间应大于3h，终凝时间应大于6h且小于10h，选项D错误。拌合使用的非饮用水应进行水质检验，选项E正确。

5.【答案】ACDE

【解析】无机结合料稳定材料组成设计应包括原材料检验、混合料的目标配合比设计、混合料的生产配合比设计和施工参数确定四部分。

6.【答案】C

【解析】石灰稳定材料或石灰粉煤灰稳定材料层宜在当天碾压完成，最长不应超过4d。

7.【答案】ABD

【解析】稳定材料层宽11～12m时，每一流水作业段长度以500m为宜；稳定材料层宽大于12m时，作业段宜相应缩短。宜综合考虑下列因素，合理确定每日施工作业段长度：

(1) 施工机械和运输车辆的生产效率和数量。

(2) 施工人员数量及操作熟练程度。

(3) 施工季节和气候条件。

(4) 水泥的初凝时间和延迟时间。

(5) 减少施工接缝的数量。

8.【答案】B

【解析】混合料摊铺应保证足够的厚度，碾压成型后每层的摊铺厚度宜不小于160mm，最大厚度宜不大于200mm。

9.【答案】C

【解析】在施工期间，两台摊铺机的前后间距宜不大于10m，且两个施工段面纵向应有300～400mm的重叠。

10.【答案】D

【解析】混合料人工路拌法施工的工艺流程：现场准备（准备下承层、施工放样）→布料（备料、摊铺土，洒水、闷料，整平和轻压，摆放和摊铺无机结合料）→拌合［拌合（干拌）、加水并湿拌］。

11.【答案】B

【解析】被稳定材料应在摊铺水泥的前一天摊铺，选项A错误。同日施工的两工作段的衔接处，前一段拌合整形后，留5～8m不碾压，后一段施工时，在前一段的未压部分再加部分水泥重新拌合，并与后一段一起碾压，选项B正确。推铺时宜避免纵向接缝，分两幅施工时，纵缝应垂直相接，严禁斜接，选项C错误。采用人工摊铺和整形的稳定材料层，宜先用拖拉机或6～8t两轮压路机或轮胎压路机碾压1～2遍，再用重型压路机碾压，选项D错误。

12.【答案】C

【解析】无机混合料基层路拌法施工中，下承层为粒料底基层时，应检测弯沉值。

13.【答案】D

【解析】应采用摊铺功率不低于120kW的沥青混凝土摊铺机或稳定材料摊铺机摊铺混合料，选项A正确。对无法使用机械摊铺的超宽路段，应采用人工同步摊铺、修整，并同时碾压成型，选项B正确。因故中断时间大于2h时，应设置横向接缝，选项C正确。存在纵向接缝时，纵缝应垂直相接，严禁斜接，选项D错误。

14.【答案】C

【解析】人工摊铺与碾压要求：混合料拌合均匀后，应及时用平地机初步整形，选项A正确。在初平的路段上，应用拖拉机、平地机或轮胎压路机快速碾压一遍，选项B正确。应将高处料直接刮出路外，严禁形成薄层贴补现象，选项C错误。碾压过程中，有“弹簧”、松散、起皮等现象时，应及时翻开重新拌合或用其他方法处理，选项D正确。

15.【答案】A

【解析】直线和不设超高的平曲线段，由两侧路肩开始向路中心碾压，也是由低向高碾压；在设超高的平曲线段，由内侧路肩向外侧路肩进行碾压，也是由低向高碾压。

16.【答案】B

【解析】无机结合料稳定材料的养护期宜不少于7d，养护期宜延长至上层结构开始施工的前2d。

17.【答案】AD

【解析】在无机结合料稳定材料层之间的处理中，上层施工前1～2h，宜撒布水泥或洒铺水泥净浆。

18.【答案】A

【解析】无机结合料稳定材料层之间的处理

要求：下承层清理后应封闭交通，选项A正确。可采用上下结构层连续摊铺施工的方式，每层施工应配备独立的摊铺和碾压设备，不得采用一套设备在上下结构层来回施工，选项B错误。稳定细粒材料结构层施工时，根据土质情况，最后一道碾压工艺可采用凸块式压路机碾压，选项C错误。在上层施工前1～2h，宜撒布水泥或洒铺水泥净浆，选项D错误。

19. **【答案】**C

【解析】养护至上层结构层施工前1～2d，方可将薄膜掀开，选项C错误。

2B312000—2B312020

考点1 沥青路面透层、粘层、封层施工

1. **【答案】**A

【解析】为使沥青面层与基层结合良好，在基层上浇洒乳化沥青、煤沥青或液体沥青而形成的透入基层表面的薄层称为透层。

2. **【答案】**B

【解析】沥青路面各类基层都必须喷洒透层油，沥青层必须在透层油完全渗透入基层后方可铺筑。基层上设置下封层时，透层油不宜省略。

3. **【答案】**ACE

【解析】为使沥青面层与基层结合良好，在基层上浇洒乳化沥青、煤沥青或液体沥青而形成的透入基层表面的薄层称为透层。

4. **【答案】**B

【解析】在无机结合料粒料基层上洒布透层油时，宜在铺筑沥青层前1～2d洒布。

5. **【答案】**CD

【解析】粘层的作用：使上下层沥青结构层或沥青结构层与结构物（或水泥混凝土路面）完全粘结成一个整体。选项A是透层的作用。选项B、E是封层的作用。

6. **【答案】**AC

【解析】符合下列情况，必须喷洒粘层沥青：

(1) 双层式或三层式热拌热铺沥青混合料路面的沥青层之间。

(2) 水泥混凝土路面、沥青稳定碎石基层或旧沥青路面层上加铺沥青层。

(3) 路缘石、雨水进水口、检查井等构造物与新铺沥青混合料接触的侧面。

选项B、D应喷洒透层油。选项E可做封层施工。

7. **【答案】**C

【解析】封层的作用：一是封闭某一层，起着保水、防水作用；二是起基层与沥青表面层之间的过渡和有效联结作用；三是路的某一层表面破坏离析松散处的加固补强；四是基层在沥青面层铺筑前，要临时开放交通，防止基层因天气或车辆作用出现水毁。

8. **【答案】**B

【解析】封层的作用：一是封闭某一层，起着保水、防水的作用；二是起基层与沥青表层之间的过渡和有效联结作用；三是路的某一层表面破坏离析松散处的加固补强；四是基层在沥青面层铺筑前，要临时开放交通，防止基层因天气或车辆作用出现水毁。

9. **【答案】**ACE

【解析】稀浆封层施工注意事项：

(1) 稀浆封层施工前，应彻底清除原路面的泥土、杂物，修补坑槽、凹陷，较宽的裂缝宜清理灌缝。

(2) 稀浆封层施工时应在干燥情况下进行。

(3) 稀浆封层铺筑后，必须待乳液破乳、水分蒸发、干燥成型后方可开放交通。

(4) 稀浆封层施工气温不得低于10℃，严禁在雨期施工，摊铺后尚未成型的混合料遇雨时应予铲除。

10. **【答案】**C

【解析】稀浆封层混合料的加水量应根据施工摊铺和易性由稠度试验确定，要求的稠度应为2～3cm。

考点2 沥青路面面层施工

1. **【答案】**ABCD

【解析】沥青路面结构层由面层、基层、底基层、垫层组成。

2. **【答案】**B

【解析】面层是直接承受车轮荷载反复作用和自然因素影响的结构层。基层是设置在面层之下，并与面层一起将车轮荷载的反复作用传布到底基层、垫层、土基，起主要承重

作用的层次。底基层是设置在基层之下，并与面层、基层一起承受车轮荷载反复作用，起承重作用的层次。垫层是设置在底基层与土基之间的结构层，起排水、隔水、防冻、防污等作用。

3. **【答案】** A

【解析】 面层是直接承受车轮荷载反复作用和自然因素影响的结构层。基层是设置在面层之下，并与面层一起将车轮荷载的反复作用传布到底基层、垫层、土基，起主要承重作用的层次。底基层是设置在基层之下，并与面层、基层一起承受车轮荷载反复作用，起承重作用的层次。垫层是设置在底基层与土基之间的结构层，起排水、隔水、防冻、防污等作用。

4. **【答案】** D

【解析】 垫层是设置在底基层与土基之间的结构层，起排水、隔水、防冻、防污等作用。

5. **【答案】** A

【解析】 沥青混凝土路面由适当比例的各种不同大小颗粒的集料、矿粉和沥青，加热到一定温度后拌合，经摊铺压实而成的路面面层。采用相当数量的矿粉是沥青混凝土的显著特点，选项A错误。较高的粘结力使路面具有较高的强度，可以承受比较繁重的车辆交通，选项B正确。较小的空隙率使沥青混凝土路面具有透水性小、水稳性好、耐久性高、有较大抵抗自然因素的能力，使用年限达15年以上，选项C正确。沥青混凝土路面适用于各级公路面层，选项D正确。

6. **【答案】** ACDE

【解析】 沥青表面处治：用沥青和集料按层铺法或拌合法铺筑而成的厚度不超过3cm的沥青面层。按浇洒沥青和撒布集料的遍数不同，分为单层式、双层式、三层式。一般用于三、四级公路，也可用作沥青路面的磨耗层、防滑层。

7. **【答案】** D

【解析】 沥青碎石玛瑞脂混合料（SMA）是一种典型的密实-骨架结构。AC-I型沥青混凝土是密实-悬浮结构。沥青碎石混合料（AM）和排水沥青混合料（OGFC）是典型的骨架-空隙结构。

8. **【答案】** A

【解析】 工程中常用的AC-I型沥青混凝土就是密实-悬浮结构的典型代表。工程中使用的沥青碎石混合料（AM）和排水沥青混合料（OGFC）是典型的骨架-空隙结构。沥青碎石玛瑞脂混合料（SMA）是一种典型的密实-骨架结构。选项C不存在。

9. **【答案】** C

【解析】 开级配沥青混合料代表类型有排水式沥青磨耗层混合料，以OGFC表示；另有排水式沥青稳定碎石基层，以ATPB表示。

10. **【答案】** D

【解析】 间断级配沥青混合料是指矿料级配组成中缺少1个或几个档次而形成的级配间断的沥青混合料，代表类型有沥青玛瑞脂碎石（SMA）。

11. **【答案】** A

【解析】 密实-悬浮结构：在采用连续密级配矿料配制的沥青混合料中，粒径较大的颗粒往往被较小一级的颗粒挤开，彼此分离悬浮于较小颗粒和沥青胶浆中间，这样就形成了密实-悬浮结构的沥青混合料。

12. **【答案】** B

【解析】 改性沥青宜在固定式工厂或在现场设厂集中制作，也可在拌合厂现场边制造边使用，选项A正确。改性沥青的加工温度不宜超过180℃，选项B错误。现场制造的改性沥青宜随配随用，需作短时间保存，或运送到附近的工地时，使用前必须搅拌均匀，在不发生离析的状态下使用，选项C、D正确。

13. **【答案】** B

【解析】 矿物纤维宜采用玄武岩等矿石制造，易影响环境及造成人体伤害的石棉纤维不宜直接使用。

14. **【答案】** B

【解析】 在热拌沥青混合料面层施工中，开铺前将摊铺机的熨平板加热至不低于100℃。

15. **【答案】** ABDE

【解析】 沥青混合料边角部分压路机碾压不

到的位置，使用小型振动压路机碾压，选项C错误。

16. 【答案】C

【解析】横接缝的处理方法：首先用3m直尺检查端部平整度，不符合要求时，垂直于路中线切齐清除，选项C错误。

17. 【答案】AD

【解析】沥青表面处治适用于三级及三级以下公路的沥青面层，不适用于高等级公路路面，选项B错误。沥青表面处治的集料最大粒径应与处治层的厚度相等，选项C错误。沥青表面处治宜选择在干燥和较热的季节施工，而不是春季，选项E错误。

18. 【答案】B

【解析】沥青贯入式路面适用于三级及三级以下公路，也可作为沥青路面的联结层或基层，选项A错误，选项B正确。沥青贯入式面层具有较高的强度和稳定性，其强度主要以矿料的嵌挤为主，沥青的粘结力为辅，选项C错误。沥青贯入式面层是一种多空隙结构，选项D错误。

19. 【答案】A

【解析】水泥路面采用直接加铺法改造时，具体的工艺流程：定位→钻孔→制浆→灌浆→灌浆孔封堵→交通控制→弯沉检测。

20. 【答案】B

【解析】路面碎石化施工，两幅破碎一般要保证10cm左右的搭接破碎宽度。

21. 【答案】B

【解析】表面凹处在10cm×10cm以上的，应利用沥青混合料找平，以保证加铺沥青面层的平整度。

22. 【答案】ACD

【解析】根据路面破损情况的不同和对修复后路面质量等级的不同要求，现场热再生法应用的施工工艺主要有三种：整形再生法、重铺再生法、复拌再生法。

23. 【答案】ABCE

【解析】SMA面层施工切忌使用胶轮压路机或组合式压路机，以防止胶轮压路机或组合式压路机的轮胎将结构部沥青“泵吸”到路表面，使路表失去纹理和粗糙度，选项D错误。

24. 【答案】C

【解析】当采用两台摊铺机时，纵向接缝应采用热接缝，选项C错误。

25. 【答案】B

【解析】集料的堆放：堆料采用小料堆集料堆放，避免大料堆放时大颗粒流到外侧，集料产生离析。

2B312000—2B312030

考点1 水泥混凝土路面用料要求

1. 【答案】BCD

【解析】高温期施工宜采用普通型水泥，低温期宜采用早强型水泥，选项A错误。采用滑模摊铺机铺筑时，宜选用散装水泥，选项E错误。

2. 【答案】C

【解析】处在海水、海风、氯离子环境或冬季撒除冰盐的路面或桥面钢筋混凝土、钢纤维混凝土中可掺用或复配阻锈剂，阻锈剂产品的质量标准、检验方法及应用技术应符合相关规定。

考点2 水泥混凝土路面的施工

1. 【答案】A

【解析】施工模板应采用刚度足够的槽钢、轨模或钢制边侧模板，不应使用木模板、塑料模板等易变形模板。

2. 【答案】A

【解析】施工中应每15d校验一次搅拌楼计量精确度。

3. 【答案】D

【解析】自卸车运输应减少颠簸，防止拌合物离析。车辆起步和停车应平稳，选项D错误。

4. 【答案】C

【解析】上坡纵坡大于5%、下坡纵坡大于6%、平面半径小于50m或超高横坡超过7%的路段，不宜采用滑模摊铺机进行摊铺。

5. 【答案】A

【解析】滑模摊铺高速公路、一级公路时，应采用单向坡双线基准线。

6. 【答案】A

【解析】振动板移位时，应重叠100～200mm，振动板在一个位置的持续振捣时间不应少于15s。

7.【答案】C

【解析】振动梁振实后，应拖动滚杠往返2～3遍提浆整平。

8.【答案】AB

【解析】水泥混凝土路面纵缝包括纵向施工缝和纵向缩缝两类，构造上分为设拉杆平缝型和设拉杆假缝型。

9.【答案】C

【解析】纵缝拉杆应采用热轧带肋钢筋，设在板厚中央，并应对拉杆中部100mm进行防锈处理。

10.【答案】D

【解析】横缝包括横向施工缝、横向缩缝和横向胀缝三类。横向施工缝构造上分为设传力杆平缝型和设拉杆企口缝型；横向缩缝构造上分为设传力杆假缝型和不设传力杆假缝型。具体设置如下：

(1) 每日施工结束或因临时原因中断施工时，应设置横向施工缝，其位置应尽可能选在胀缝或缩缝处。横向施工缝设在缩缝处应采用设传力杆平缝型。施工缝设在胀缝处其构造与胀缝相同。确有困难需设置在缩缝之间时，横向施工缝应采用设拉杆企口缝型。

(2) 普通混凝土路面横向缩缝宜等间距布置，不宜采用斜缝，选项D错误。

11.【答案】D

【解析】确有困难需设置在缩缝之间时，横向施工缝应采用设拉杆企口缝型，选项D正确。

12.【答案】ABC

【解析】人工修整表面时，宜使用木抹，选项A错误。当日施工进度超过500m时，抗滑沟槽制作宜选用拉毛机械施工，选项B错误。用钢抹修整过的光面，必须再做拉毛处理，以恢复细观抗滑构造，选项C错误。特重和重交通混凝土路面宜采用硬刻槽，凡使用圆盘、叶片式抹面机整平后的混凝土路面、钢纤维混凝土路面必须采用硬刻槽方式制作抗滑沟槽，选项D、E正确。

13.【答案】BD

【解析】混凝土路面铺筑完成或软作抗滑构造完毕后立即开始养护，选项A正确。养护时间根据混凝土弯拉强度增长情况而定，不宜小于设计弯拉强度的80%，选项B错误。一般养护天数宜为14～21d，高温天不宜小于14d，低温天不宜小于21d，选项C正确，选项D错误。掺粉煤灰的混凝土路面，最短养护时间不宜少于28d，低温天应适当延长，选项E正确。

14.【答案】D

【解析】应先采用切缝机清除接缝中夹杂的砂石、凝结的泥浆等，再使用压力不小于0.5MPa的压力水和压缩空气彻底清除接缝中的尘土及其他污染物，确保缝壁及内部清洁、干燥。缝壁检验以擦不出灰尘为灌缝标准。在灌缝料养护期间应封闭交通，选项D错误。

2B312000—2B312040

考点1 路面防水施工

1.【答案】ABE

【解析】在路线纵坡平缓、汇水量不大、路堤较低且边坡坡面不会受到冲刷的情况下，应采用在路堤边坡上横向漫流的方式排除路面表面水。

2.【答案】A

【解析】在干旱、少雨地区，通常采用透水性小的密级配沥青混合料做表面层。

考点2 路面排水施工

1.【答案】C

【解析】路面内部排水系统中各项排水设施的泄水能力均应大于渗入路面结构内的水量，且下游排水设施的泄水能力应超过上游排水设施的泄水能力，选项C错误。

2.【答案】A

【解析】路面基层排水系统是直接在面层下设置透水性排水基层，在其边缘设置纵向集水沟和排水管以及横向出水管等，组成排水基层排水系统，采用透水性材料做基层，使渗入路面结构内的水分先通过竖向渗流进入排水层，然后横向渗流进入纵向集水和排水管，再由横向出水管引出路基。

3. 【答案】ACD

【解析】排水层的透水性材料可以采用经水泥或沥青处治，或者未经处治的开级配碎石集料。

2B312000—2B312050

考点 1 无侧限抗压强度试验检测

1. 【答案】C

【解析】测定无机结合料稳定土（包括稳定细粒土、中粒土和粗粒土）试件的无侧限抗压强度，有室内配合比设计试验及现场检测，本试验包括：按照预定的干密度用静力压实法制备试件以及用锤击法制备试件，试件都是高：直径＝1：1 的圆柱体。

2. 【答案】D

【解析】无侧限抗压强度试验步骤：

（1）试料准备。

（2）确定无机结合料的最佳含水量和最大干密度。

（3）配制混合料。

（4）按预定的干密度制作试件。

（5）成型后试件应立即放入恒温室养护。

（6）无侧限抗压强度试验。

（7）整理数字、强度评定并提供试验报告。

考点 2 马歇尔试验检测

1. 【答案】C

【解析】沥青饱和度是指压实沥青混合料试件中沥青实体体积占矿料骨架实体以外的空间体积的百分率，又称为沥青填隙率。

2. 【答案】D

【解析】稳定度是指沥青混合料在外力作用下抵抗变形的能力。

考点 3 水泥混凝土路面抗压、抗折强度试验检测

1. 【答案】A

【解析】水泥混凝土抗压强度试验步骤：制作试件→养护→试件修整→压力试验→试验报告。

2. 【答案】A

【解析】水泥混凝土抗折强度是以 150mm×150mm×550mm 的梁形试件在标准养护条件下达到规定龄期后，净跨径 450mm，双支点荷载作用下的弯拉破坏，并按规定的计算方法得到的强度值。

2B312000—2B312060

考点 1 无机结合料基层裂缝的防治

1. 【答案】BCE

【解析】石灰稳定土底基层裂缝病害预防措施：

（1）石灰土成型后应及时洒水或覆盖塑料薄膜养护，或铺上一层素土覆盖，选项 C 正确。

（2）选用塑性指数合适的土，或适量掺入砂性土、粉煤灰和其他粒料，改善施工用土的土质，选项 B、E 正确。

（3）加强剂量控制，使石灰剂量准确，保证拌合遍数和石灰土的均匀性。

（4）控制压实含水量，在较大含水量下压实的石灰土具有较大的干裂，宜在最佳含水量±1%时压实。

（5）尽量避免在不利季节施工，最好在第一次冰冻来临一个半月前结束施工，选项 D 错误。

石灰稳定土中不含水泥，选项 A 错误。

2. 【答案】A

【解析】造成水泥稳定碎石基层裂缝的原因有：

（1）水泥剂量偏大或水泥稳定性差。

（2）碎石级配中细粉料偏多，石粉塑性指数偏高。

（3）集料中黏土含量大，因为黏土含量越大，水泥稳定碎石的干缩、温缩裂纹越大。

（4）碾压时混合料含水量偏大，不均匀。

（5）混合料碾压成型后养护不及时，易造成基层开裂。

（6）养护结束后未及时铺筑封层。

选项 A 属于预防措施。

考点 2 沥青混凝土路面不平整的防治

【答案】CD

【解析】选项 A、B、E 都可能会造成沥青

混凝土路面不平整，选项C、D是沥青混凝土路面不平整的预防措施。

考点3 沥青混凝土路面接缝病害的防治

【答案】BCDE

【解析】沥青混凝土路面的横向接缝尽量采用平接缝，选项A错误。

考点4 水泥混凝土路面裂缝的防治

1. 【答案】D

【解析】水泥混凝土路面龟裂的原因：

(1) 混凝土浇筑后，表面没有及时覆盖，在炎热或大风天气，表面游离水分蒸发过快，体积急剧收缩，导致开裂。

(2) 混凝土拌制时水灰比过大；模板与垫层过于干燥，吸水大。

(3) 混凝土配合比不合理，水泥用量和砂率过大。

(4) 混凝土表面过度振捣或抹平，使水泥和细集料过多上浮至表面，导致缩裂。

选项D错误，混凝土施工时，振捣不均匀容易导致横向裂缝。

2. 【答案】CDE

【解析】水泥混凝土路面横向裂缝产生的原因：

(1) 混凝土路面切缝不及时，由于温缩和干缩发生断裂。

(2) 切缝深度过浅。

(3) 混凝土路面基础发生不均匀沉陷。

(4) 混凝土路面板厚度与强度不足，在行车荷载和温度应用下产生强度裂缝。

(5) 水泥干缩性大；混凝土配合比不合理，水胶比大；材料计量不准确；养护不及时。

(6) 混凝土施工时，振捣不均匀，选项B错误。

选用干缩性较小的硅酸盐水泥或普通硅酸盐水泥可以预防横向裂缝，选项A错误。

考点5 水泥混凝土路面断板的防治

【答案】B

【解析】水泥混凝土路面断板的预防措施：

(1) 做好压缝并及时切缝。

(2) 控制交通车辆。

(3) 合格的原材料是保证混凝土质量的必要条件。

(4) 强度、水稳性、基层标高及平整度的控制。

(5) 施工工艺的控制。

(6) 边界影响的控制。

2B313000—2B313010

考点1 桥梁的组成和分类

1. 【答案】BCD

【解析】桥梁下部结构包括桥墩、桥台和基础。

2. 【答案】A

【解析】桥梁附属设施包括桥面系、伸缩缝、桥头搭板和锥形护坡等。

3. 【答案】BD

【解析】桥梁由上部结构、下部结构、支座系统和附属设施四个基本部分组成。

4. 【答案】C

【解析】计算跨径：对于具有支座的桥梁，是指桥跨结构相邻两个支座中心之间的距离。对于拱式桥，拱圈（或拱肋）各截面形心点的连线称为拱轴线，计算跨径为拱轴线两端点之间的水平距离。

5. 【答案】AC

【解析】桥下净空高度是设计洪水位或计算通航水位至桥跨结构最下缘间的距离。

6. 【答案】D

【解析】桥梁高度，是指桥面与低水位之间的高差，或为桥面与桥下线路路面之间的距离。该桥梁高度 = 43.35 − 27.80 = 15.55（m）。

7. 【答案】ABCE

【解析】桥梁按结构体系划分，有梁式桥、拱桥、刚架桥、悬索桥4种基本体系。

8. 【答案】D

【解析】梁式体系是古老的结构体系，梁作为承重结构是以它的抗弯能力来承受荷载的。

9. 【答案】B

【解析】拱式体系的桥梁主要承重结构是拱肋（或拱箱），以承压为主，可采用抗压能力强的圬工材料（石、混凝土与钢筋混凝土）来修建。

10.【答案】A

【解析】组合体系桥主要有：

(1) 连续刚构。

(2) 梁、拱组合体系。

(3) 斜拉桥。

11.【答案】ABCD

【解析】按跨越障碍的性质，公路桥梁可划分为跨河桥、跨线桥、高架桥和栈桥。

考点 2 常用模板、支架和拱架的设计与施工

1.【答案】C

【解析】在模板上设置的吊环应采用 HPB300 级钢筋，严禁采用冷加工钢筋制作。每个吊环应按两肢截面设计，在模板自重标准值作用下，吊环的拉应力应不大于 65MPa，选项 C 正确。

2.【答案】B

【解析】托架结构宜设置成三角形，且与预埋件的连接固定方式应可靠。

3.【答案】C

【解析】结构表面外露的模板，挠度为模板构件跨度的 1/400；结构表面隐蔽的模板，挠度为模板构件跨度的 1/250。

4.【答案】C

【解析】支架受载后挠曲的杆件（盖梁、纵梁），其弹性挠度为相应结构跨度的 1/400。

5.【答案】B

【解析】当验算模板及其支架在自重和风荷载等作用下的抗倾倒稳定时，验算倾覆的稳定系数不得小于 1.3。

6.【答案】C

【解析】承包人应在拟定拆模时间的 12h 以前，向监理工程师报告拆模建议，并应取得监理工程师同意。

7.【答案】A

【解析】对位于软土地基或软硬不均的地基上的支架，宜通过预压的方式，消除地基的不均匀沉降和支架的非弹性变形。

8.【答案】ABCE

【解析】自行设计的普通支架应在适当部位设置相应的木楔、木马、砂筒或千斤顶等卸落模板的装置，并应根据结构形式、承受的荷载大小确定卸落量。

9.【答案】ABE

【解析】施工预拱度应考虑下列因素：模板、支架承受施工荷载引起的弹性变形；受载后由于杆件接头的挤压和卸落装置压缩而产生的非弹性变形；支架地基在受载后的沉降变形。选项 C、D 属于结构本身需要的预拱度。

10.【答案】B

【解析】非承重侧模板应在混凝土强度能保证其表面及棱角不致因拆模而受损坏时拆除，一般应在混凝土抗压强度达到 2.5MPa 时拆除侧模板。

11.【答案】D

【解析】主要压力杆的接长连接，宜使用对接法，并宜采用木夹板或铁夹板夹紧；次要构件的连接可采用搭接法，选项 A 正确。对位于刚性地基上的刚度较大，且非弹性变形可确定控制在一定范围内的支架，在经计算并通过一定审核程序，确认其满足强度、刚度和稳定性等要求的前提下，可不预压，但在施工过程中应对支架的材料和安装施工质量采取严格的管控措施，选项 B 正确。对支架进行预压时，预压荷载宜为支架所承受荷载的 1.05～1.10 倍，选项 C 正确。设置的预拱度值，应包括结构本身需要的预拱度和施工需要的预拱度两部分，选项 D 错误。

12.【答案】A

【解析】模板拆除应按设计的顺序进行，应遵循先支后拆，后支先拆的顺序，选项 A 错误。满布式拱架卸落时，可从拱顶向拱脚依次循环卸落。简支梁、连续梁宜从跨中向支座依次循环卸落。悬臂梁结构的模板宜从悬臂端开始顺序卸落。

考点 3 钢筋和混凝土施工

1.【答案】B

【解析】弯钩平直部分的长度，一般结构不宜小于箍筋直径的 5 倍。

2.【答案】B

【解析】钢筋接头采用搭接电弧焊时，两钢

筋搭接端部应预先折向一侧，使两接合钢筋轴线一致，选项A正确，选项B错误。受力钢筋焊接或绑扎接头应设置在内力较小处，并错开布置，选项C、D正确。

3. 【答案】ABDE

【解析】预应力钢筋进场时应分批验收，验收时，除应对其质量证明书、包装、标志和规格等进行检查外，尚须按下列规定进行检查：

(1) 钢丝分批检验时每批质量应不大于60t。

(2) 钢绞线分批检验时每批质量应不大于60t，选项C错误。检验时应从每批钢绞线中任取3盘，并从每盘所选的钢绞线端部正常部位截取一组试样进行表面质量、直径偏差和力学性能试验。

(3) 热轧带肋钢筋分批检验时每批质量应不大于100t。

4. 【答案】D

【解析】预应力筋的下料，应采用切断机或砂轮锯切断，严禁采用电弧切割。

5. 【答案】ABD

【解析】钢筋应平直，无局部弯折，成盘的钢筋和弯曲的钢筋均应调直才能使用，选项A正确。钢筋的连接宜采用焊接接头或机械连接接头，选项B正确。轴心受拉和小偏心受拉构件不应采用绑扎接头，选项C错误。每批钢筋焊接前，应先选定焊接工艺和焊接参数，按实际条件进行试焊，并检验接头外观质量及规定的力学性能，试焊质量经检验合格后方可正式施焊，选项D正确。受力钢筋焊接或绑扎接头应设置在内力较小处，并错开布置，选项E错误。

6. 【答案】AE

【解析】混凝土拌合物运至灌注地点时，应检查其均匀性和坍落度等，如不符合要求，应进行第二次拌合，二次拌合后仍不符合要求时，不得使用。

7. 【答案】C

【解析】在进行混凝土强度试配和质量评定时，混凝土的抗压强度应以边长为150mm的立方体尺寸标准试件测定。

8. 【答案】D

【解析】当工程需要获得较大的坍落度时，可在不改变混凝土的水胶比、不影响混凝土的质量的情况下，适当掺加外加剂。

9. 【答案】D

【解析】泵送混凝土应选用硅酸盐水泥、普通硅酸盐水泥，不宜使用火山灰质硅酸盐水泥。

10. 【答案】DE

【解析】大体积混凝土的温度控制宜按照“内降外保”的原则，选项A错误。粗集料宜采用连续级配，细集料宜采用中砂，选项B错误。宜采取改善粗集料级配、提高掺合料和粗集料的含量、降低水胶比等措施，选项C错误。

11. 【答案】ADE

【解析】高性能混凝土的外加剂应选用高性能减水剂、高效减水剂或复合减水剂，并应选择减水率高、坍落度损失小、适量引气、与水泥之间具有良好的相容性、能明显改善或提高混凝土耐久性能且质量稳定的产品，选项B错误。用于提高混凝土抗冻性的引气剂、减水剂和复合外加剂中均不得掺有木质硫酸盐组分，并不得采用含有氯盐的防冻剂，选项C错误。

12. 【答案】C

【解析】张拉用的千斤顶与压力表应配套标定、配套使用，当处于下列情况之一时，应重新进行标定：

(1) 使用时间超过6个月。

(2) 张拉次数超过300次。

(3) 使用过程中千斤顶或压力表出现异常情况。

(4) 千斤顶检修或更换配件后。

13. 【答案】CDE

【解析】张拉用的千斤顶与压力表应配套标定、配套使用，当处于下列情况之一时，应重新进行标定：

(1) 使用时间超过6个月。

(2) 张拉次数超过300次。

(3) 使用过程中千斤顶或压力表出现异常情况。

(4) 千斤顶检修或更换配件后。

14. 【答案】C

【解析】预应力筋采用应力控制方法张拉

时，应以伸长值进行校核。

15. 【答案】B

【解析】预应力筋采用应力控制方法张拉时，应以伸长值进行校核，实际伸长值与理论伸长值的差值应符合设计要求，设计无规定时，实际伸长值与理论伸长值的差值应控制在6%以内。

16. 【答案】B

【解析】ΔL_1：从初应力至最大张拉应力间的实测伸长值（mm）；ΔL_2：初应力以下的推算伸长值（mm），可采用相邻级的伸长值。

17. 【答案】D

【解析】先张法预制梁板时，承力台座由混凝土筑成，应有足够的强度、刚度和稳定性。锚固横梁应有足够的刚度，受力后挠度应不大于2mm。

18. 【答案】D

【解析】先张法预制梁板施工工艺流程：张拉台座准备→穿预应力筋、调整初应力→张拉预应力筋→钢筋骨架制作→立模→浇筑混凝土→混凝土养护→拆模→放松预应力筋→成品存放、运输。

19. 【答案】D

【解析】同时张拉多根预应力筋时，应预先调整其初应力，使相互之间的应力一致，再整体张拉。预应力筋张拉完毕后，其位置与设计位置的偏差不得大于5mm，同时不应大于构件最短边长的4%，且宜在4h内浇筑混凝土。张拉时，同一构件内预应力钢丝、钢绞线的断丝数量不得超过1%，同时对于热轧带肋钢筋不容许断筋。

20. 【答案】D

【解析】锚固完毕并经检验确认合格后方可切割端头多余的预应力筋，选项A错误。切割时应采用砂轮锯，严禁采用电弧进行切割，同时不得损伤锚具，选项B错误。切割后预应力筋的外露长度不应小于30mm，且不应小于1.5倍预应力筋直径，选项C错误。锚具应采用封端混凝土保护，当需长期外露时，应采取防止锈蚀的措施，选项D正确。

21. 【答案】C

【解析】预应力筋张拉锚固后，孔道应尽早压浆，且应在48h内完成，否则应采取避免预应力筋锈蚀的措施。

考点 4 桥梁基础工程施工

1. 【答案】ABDE

【解析】桥梁基础分为刚性基础、桩基础、管柱、沉井、地下连续墙等。

2. 【答案】B

【解析】静力压桩法在标准贯入度 $N<20$ 的软黏土中使用。锤击沉桩法一般适用于松散、中密砂土、黏性土。振动沉桩法一般适用于砂土、硬塑及软塑的黏性土和中密及较松的碎石土。射水沉桩法适用在密实砂土、碎石土的土层中，用锤击法或振动法沉桩有困难时，可用射水法配合进行。

3. 【答案】C

【解析】挖孔灌注桩适用于无地下水或少量地下水，且较密实的土层或风化岩层，如空气污染物超标，必须采取通风措施。

4. 【答案】CD

【解析】管柱、沉井适用于各种土质的基底，尤其在深水、岩面不平、无覆盖层或覆盖层很厚的自然条件下，不宜修建其他类型基础时，均可采用。

5. 【答案】D

【解析】深基坑四周距基坑边缘不小于1.0m处应设立钢管护栏、挂密目式安全网，靠近道路侧应设置安全警示标志和夜间警示灯带。

6. 【答案】A

【解析】对基坑开挖深度小于10m的较完整中风化基岩，可直接喷射混凝土加固坑壁。喷射混凝土之前应将坑壁上的松散层或岩渣清理干净。

7. 【答案】ABDE

【解析】对于一般软弱地基土层，加固处理方法可归纳为四种类型：①换填土法；②挤密土法；③胶结土法；④土工聚合物法。

8. 【答案】B

【解析】采用井点降水法排水时，井管的成孔可根据土质分别采用射水成孔或冲击钻机、旋转钻机及水压钻探机成孔。井点降水曲线应低于基底设计高程或开挖高程至少 0.5m。

9. 【答案】C

【解析】孔口处应设置高出地面不小于 300mm 的护圈，并应设置临时排水沟，防止地表水流入孔内。

10. 【答案】C

【解析】反循环回转钻孔，泥浆是从上向下流动，孔壁坍塌的可能性较正循环法的大，为此需用较高质量的泥浆。

11. 【答案】C

【解析】反循环回转钻孔与正循环法不同的是泥浆输入钻孔内，然后泥浆挟带钻渣从钻头的钻杆下口吸进，通过钻杆中心排出至沉淀池内。

12. 【答案】B

【解析】在钻孔达到设计要求深度后，应采用适当器具对孔深、孔径和孔的倾斜度进行检验，符合规范要求后，方可清孔。

13. 【答案】C

【解析】水下混凝土一般用钢导管灌注，导管内径为 200～350mm，视桩径大小而定。导管使用前应进行水密承压和接头抗拉试验，严禁用压气试压。

14. 【答案】DE

【解析】桩孔内遇岩层需爆破作业时，应进行专项爆破设计，且宜采用浅眼松动爆破法，选项 D 错误。桩孔内爆破后应先通风排烟 15min 并经检查确认无有害气体后，施工人员方可进入孔内继续作业，选项 E 错误。

考点 5 桥梁下部结构施工

1. 【答案】A

【解析】钢板桩围堰施打顺序按施工组织设计进行，一般由上游分两头向下游合龙。

2. 【答案】B

【解析】当承台底与河床之间距离较大时，一般采用有底套箱围堰。

3. 【答案】D

【解析】桥墩高度小于或等于 10m 时可整体浇筑施工；高度超过 10m 时，可分节段施工，节段的高度宜根据施工环境条件和钢筋定尺长度等因素确定。上一节段施工时，已浇节段的混凝土强度应不低于 2.5MPa。各节段之间浇筑混凝土的间歇期宜控制在 7d 以内，选项 D 错误。

4. 【答案】B

【解析】钢筋混凝土桥墩分节施工时，上一节段施工时，已浇节段的混凝土强度应不低于 2.5MPa。各节段之间浇筑混凝土的间歇期宜控制在 7d 以内。

5. 【答案】C

【解析】各砌层应先砌外圈定位行列，然后砌筑里层，外圈砌块应与里层砌块交错连成一体，选项 C 错误。

考点 6 桥梁上部结构施工

1. 【答案】C

【解析】装配式桥的构件在脱底模、移运、存放和吊装时，混凝土的强度应不低于设计规定的吊装强度；设计未规定时，应不低于设计强度的 80%。

2. 【答案】ADE

【解析】先简支后连续的梁，其施工应符合下列规定：对湿接头处的梁端，应按施工缝的要求进行凿毛处理，选项 A 正确。永久支座应在设置湿接头底模之前安装，选项 B 错误。湿接头的混凝土宜在一天中气温相对较低的时段浇筑，且一联中的全部湿接头应一次浇筑完成，选项 C 错误。湿接头混凝土的养护时间应不少于 14d，选项 D 正确。湿接头按设计要求施加预应力、孔道压浆且浆体达到规定强度后，应立即拆除临时支座，按设计规定的顺序完成体系转换。同一片梁的临时支座应同时拆除，选项 E 正确。

3. 【答案】ADE

【解析】地基处理形式有地基换填压实、混凝土条形基础、桩基础加混凝土横梁等。

4. 【答案】ACD

【解析】现浇箱梁模板由底模、侧模及内模三部分组成，一般预先分别制作成组件，在使用时再进行拼装，模板以钢模板为主，在齿板、堵头或棱角处采用木模板。

5. 【答案】D

【解析】支架应根据技术规范的要求确定是否采取预压措施，以收集支架、地基的变形数据，作为设置预拱度的依据。预拱度设置时要考虑张拉上拱的影响，预拱度一般按二次抛物线设置。对高度超过8m、跨度超过18m的支架，应对其稳定性进行安全论证，确认无误后方可施工，选项D错误。

6.【答案】AB

【解析】移动模架结构按行走方式分为自行式和非自行式。

7.【答案】B

【解析】主梁在待制梁体上方，借助已成梁体和桥墩移位的称为上行式移动模架；主梁在待制梁体下方，完全借助桥墩移位的称为下行式移动模架。

8.【答案】D

【解析】模架在移动过孔时的抗倾覆稳定系数应不小于1.5。

9.【答案】AB

【解析】桥梁悬拼法施工，梁段预制方法有长线法和短线法。选项C、D、E为混淆选项。

10.【答案】ABE

【解析】挂篮按主要承重结构形式可分为桁架式、斜拉式及钢板梁式。

11.【答案】D

【解析】0号、1号块的施工一般采用扇形托架浇筑，选项A正确。扇形托架可用万能杆件、贝雷片或其他装配式杆件组成，托架可支撑在桥墩基础承台上或墩身上，选项B正确。对于连续箱梁，必须在施工中采取临时固结措施，选项C正确。悬臂浇筑法解除固结采用静态破碎方法，选项D错误。

12.【答案】B

【解析】合龙时，宜采取措施将合龙口两侧的悬臂端予以临时刚性连接，再浇筑合龙段混凝土。合龙段的混凝土宜在一天中气温最低且稳定的时段内浇筑，浇筑后应及时覆盖洒水养护。

13.【答案】ACE

【解析】桥梁试验的任务主要包括：

（1）确定新建桥梁结构的承载能力和使用条件。

（2）评估既有桥梁的使用性能与承载能力。

（3）研究结构（构件）的受力行为，总结结构受力行为的一般规律。

2B313000—2B313020

考点1 涵洞的组成和分类

1.【答案】BC

【解析】涵洞由洞身和洞口两部分组成，洞口包括进口和出口。

2.【答案】CD

【解析】涵洞的附属工程包括锥形护坡、铺砌、路基边坡铺砌及人工水道等。

3.【答案】ABDE

【解析】按构造形式不同，涵洞分为圆管涵、拱涵、盖板涵、箱涵等。选项C属于混淆选项，不属于涵洞的分类内容。

4.【答案】ACDE

【解析】常用的有石涵、砖涵、混凝土涵、钢筋混凝土涵，有时也可以用木涵、陶瓷管涵、缸瓦管涵、铸铁管涵、波形钢涵洞等。

5.【答案】ABE

【解析】按水力性能涵洞分为无压涵、半压力涵和压力涵。

考点2 涵洞施工

1.【答案】D

【解析】混凝土和钢筋混凝土圆管涵施工主要工序：测量放线→基坑开挖→砌筑圬工基础或现浇混凝土管座基础→安装圆管→出入口浆砌→防水层施工→涵洞回填及加固。

2.【答案】ABD

【解析】波形钢管不得直接置于岩石地基或混凝土基座上，应设置砂砾垫层或其他适宜材料；对于软土地基进行处理，填筑200mm砂砾垫层并夯实紧密，选项C错误。管涵中心的高程应不高于进水口的高程，选项E错误。

3.【答案】B

【解析】倒虹吸管宜采用钢筋混凝土或混凝土圆管，进出水口必须设置竖井，包括防淤沉淀井。

4.【答案】C

【解析】拱圈砌筑砂浆或混凝土强度达到设计强度的85%时，方可拆除拱架；达到设计强度100%后，方可进行拱顶填土。

5.【答案】C

【解析】盖板涵施工主要工序：测量放线→基坑开挖→下基础→浆砌墙身→现浇板座→吊装盖板→出入口浆砌→防水层施工→涵洞回填及加固。

6.【答案】D

【解析】箱涵施工时，设计无具体要求的，混凝土强度达到设计强度的85%时，方可拆除支架；达到设计强度的100%后，方可进行涵顶回填。

7.【答案】D

【解析】台背和涵洞洞身两侧的填土应分层夯实，其压实度不应小于96%。

8.【答案】ABD

【解析】桥涵台背、锥坡、护坡及拱上各种填料，宜采用透水性材料，不得采用含有泥草、腐殖物或冻土块的土；透水性材料不足时，可采用石灰土或水泥稳定土回填，选项A错误。桥台台背采用水平分层填筑的方法，以人工摊铺为主，分层松铺厚度宜小于20cm，选项B错误。压实尽量使用大型机械，在临近桥台边缘或狭窄地段，则采用小型夯压机械，分薄层认真夯压密实，选项C正确。桥台台背和锥坡的回填施工宜同步进行，一次填足并保证压实整修后能达到设计宽度要求，选项D错误。为保证填土与桥台衔接处的压实质量，施工中可采用夯压机械横向碾压的方法，选项E正确。

2B313000—2B313030

考点1 钻孔灌注桩断桩的防治

1.【答案】ABCD

【解析】选项E是断桩的防治措施，其他选项都可能会导致钻孔灌注桩断桩。

2.【答案】B

【解析】在灌注过程中，导管的埋置深度一般控制在2.0～6.0m的范围内，防止导管埋置深度过深。

考点2 钢筋混凝土梁桥预拱度偏差的防治

【答案】A

【解析】预拱度偏差防治措施：提高支架基础、支架及模板的施工质量，选项A正确。加强施工控制，及时调整预拱度误差，选项B错误。严格控制张拉时的混凝土强度，控制张拉的试块应与梁板同条件养护，选项C错误。预制梁存梁时间不宜过长，选项D错误。

考点3 钢筋混凝土结构构造裂缝的防治

【答案】DE

【解析】合理设计混凝土的配合比，改善集料级配、降低水胶比、掺和粉煤灰等混合材料，掺加缓凝剂；采用遮阳凉棚的降温措施以降低混凝土水化热，推迟水化热峰值出现等都属于钢筋混凝土结构构造裂缝的防治措施。

考点4 桥头跳车的防治

1.【答案】B

【解析】桥头跳车的防治措施有：

(1) 改善地基性能，提高地基承载力，减少地基沉降。

(2) 桥台基坑采用合适的小型压实机械夯实，选用优质回填料。

(3) 对桥头路堤及堆坡范围内地表做好填前处理，清除地表不适宜填筑路堤的表土。

(4) 路堤提前施工，留有必要的自然固结沉降期，选项A正确。

(5) 台后填料选择透水性砂砾料或石灰、水泥改善料，控制填土含水量，提高桥头路基压实度，选项B错误。

(6) 做好桥头路堤的排水、防水工程，设置桥头搭板，选项C、D正确。

(7) 保证足够的台前预压长度，连续进行沉降观测，保证桥头沉降速率达到规定范围内再卸载。确保桥头软基处理深度符合要求，严格控制软基处理质量。

2.【答案】D

【解析】选项D，桥台基坑采用小型压实机械夯实是桥头跳车的防治措施。

考点5 涵洞基础不均匀沉降的防治

1.【答案】D

【解析】基础混凝土浇筑施工前，对被水泡软的地基进行换填处理，将基坑积水排除抽干再浇筑基础混凝土。

2. 【答案】CDE

【解析】涵洞基础不均匀沉降形成的主要原因有：

(1) 挖基坑时，标高未控制好，超挖回填不符合要求。

(2) 基坑开挖时防排水措施不到位，排水不及时，基底被水浸泡造成承载力降低等。

(3) 基坑积水未抽干即浇筑基础混凝土。

(4) 涵洞基坑开挖后没有检测基底承载力。

(5) 分离式基础涵洞的基底换填处理未同步施工。

(6) 未按设计要求设置沉降缝，或基础、墙身、顶板的沉降缝上下不贯通，存在错台。

(7) 涵洞回填材料选择不当，或填土含水量过大。

(8) 软基路段涵洞基底处理深度不到位，质量不符合设计要求。

选项 A、B 属于涵洞基础不均匀沉降的防治措施。

2B314000—2B314010

考点 1 隧道围岩分级

1. 【答案】C

【解析】Ⅳ级围岩的主要定性特征为：坚硬岩，岩体破碎，碎裂（石）结构；较坚硬岩，岩体较破碎～破碎，镶嵌碎裂结构；较软岩或软硬岩互层，且以软岩为主，岩体较完整～较破碎，中薄层状结构。

2. 【答案】A

【解析】Ⅱ级围岩：坚硬岩（$R_b>30$MPa），岩体较完整，块状或厚层状结构较坚硬岩，岩体完整，块状整体结构，围岩基本质量指标为 550～451。

3. 【答案】B

【解析】Ⅲ级围岩：坚硬岩，岩体较破碎，巨块（石）碎（石）状镶嵌结构较坚硬岩或较软硬质岩，岩体较完整，块状体或中厚层状结构，围岩基本质量指标为 450～351。

4. 【答案】A

【解析】Ⅱ级围岩：坚硬岩（$R_b>30$MPa），岩体较完整，块状或厚层状结构较坚硬岩，岩体完整，块状整体结构。

5. 【答案】C

【解析】围岩详细定级时，如遇下列情况之一，应对岩体基本质量指标 BQ 进行修正：

(1) 有地下水。

(2) 围岩稳定性受软弱结构面影响，且由一组起控制作用。

(3) 存在高初始应力。

6. 【答案】D

【解析】在围岩分级中，最有影响的要素有：

(1) 有地下水。

(2) 围岩稳定性受软弱结构面影响，且由一组起控制作用。

(3) 存在高初始应力。

7. 【答案】ABE

【解析】围岩详细定级时，如遇下列情况之一，应对岩体基本质量指标进行修正：

(1) 有地下水。

(2) 围岩稳定性受软弱结构面影响，且由一组起控制作用。

(3) 存在高初始应力。

考点 2 公路隧道的构造

1. 【答案】AC

【解析】公路隧道结构构造，由主体构造物和附属构造物两大类组成。洞身衬砌是主体构造物的一部分，洞门、照明及安全设备属于附属构造物。

2. 【答案】D

【解析】洞门构造物是隧道的主体构造物。

3. 【答案】ABDE

【解析】洞门类型有端墙式洞门、翼墙式洞门、环框式洞门、柱式洞门、台阶式洞门、削竹式洞门、遮光式洞门等。连拱式是隧道洞身类型。

4. 【答案】C

【解析】洞口仰坡坡脚至洞门墙背的水平距离不应小于 1.5m。

5. 【答案】C

【解析】公路隧道按长度进行分类，可分为特长隧道、长隧道、中隧道和短隧道四类。

中隧道的长度为：500m＜L≤1000m。

6.【答案】A

【解析】洞门墙顶应高出仰坡坡脚 0.5m 以上，以防水流溢出墙顶，也可防止掉落土石弹出。

7.【答案】B

【解析】明洞主要分为拱式明洞和棚式明洞两大类。选项 A、C、D 是洞门类型。

8.【答案】ACDE

【解析】按荷载分布，拱式明洞可分为路堑对称型、路堑偏压型、半路堑偏压型和半路堑单压型。

9.【答案】ABC

【解析】棚式明洞外边墙可以采用墙式、刚架式、柱式结构。

10.【答案】ABD

【解析】拱式明洞整体性较好，能承受较大的垂直压力和侧压力。内外墙基础相对位移对内力影响较大，所以对地基要求较高，尤其外墙基础必须稳固，必要时还可加设仰拱，选项 C 错误。棚式明洞由顶盖和内外边墙组成，选项 E 错误。

11.【答案】CDE

【解析】洞身按隧道断面形状分为曲墙式、直墙式和连拱式等。

12.【答案】ABDE

【解析】隧道洞身构造包括一次衬砌和二次衬砌、防排水构造、内装饰、顶棚及路面等。

2B314000—2B314020

考点 1 隧道地质超前预报

1.【答案】ABCD

【解析】地质超前预报应包括（但不限于）以下内容：

(1) 地层岩性，重点为对软弱夹层、破碎地层、煤层及特殊岩土等。

(2) 地质构造，重点为对断层、节理密集带、褶皱轴等影响岩体完整性的构造发育情况。

(3) 特殊岩土和不良地质，特别是溶洞、暗河、人为坑洞、放射性有害气体、高地应力、高地温、高岩温等发育情况。

(4) 地下水，特别是对岩溶管道水、富水断层、富水褶皱轴及富水地层。

2.【答案】A

【解析】选项 A，地质调查法是隧道施工超前地质预报的基础，适用于各种地质条件隧道超前地质预报，调查内容应包括隧道地表补充地质调查和隧道内地质调查。选项 B、C、D 属于物理勘探法，适用于长、特长隧道或地质条件复杂隧道的超前地质预报。

3.【答案】ABCD

【解析】物理勘探法适用于长、特长隧道或地质条件复杂隧道的超前地质预报，主要方法包括弹性波反射法、地质雷达法、陆地声纳法、红外探测法、瞬变电磁法、高分辨直流电法。

4.【答案】D

【解析】富水构造破碎带、富水岩溶发育地段、煤系或油气地层、瓦斯发育区、采空区以及重大物探异常地段等地质复杂隧道和水下隧道必须采用超前钻探法预报、评价前方地质情况。

5.【答案】B

【解析】存在中、小型突水突泥隐患的地段，物探有较大异常的地段，断裂带等属于 B 级地质灾害。

6.【答案】A

【解析】B 级：存在中、小型突水突泥隐患的地段，物探有较大异常的地段，断裂带等。

7.【答案】B

【解析】D 级：非可熔岩地段，发生突水突泥的可能性极小。

8.【答案】A

【解析】1 级预报可用于 A 级地质灾害。

考点 2 隧道施工监控量测技术

1.【答案】B

【解析】监控量测是施工工艺流程中的一个重要工序，应贯穿施工的全过程。监控量测应达到下列目的：

(1) 掌握围岩和支护的动态信息并及时反馈，指导施工作业，选项 B 错误。

(2) 通过对围岩和支护的变形、应力量测，为修改设计提供依据。
(3) 分析各项量测信息，确认或修正设计参数。

2.【答案】B
【解析】隧道现场监控量测必测项目有五项：洞内、外观察；周边位移；拱顶下沉；地表下沉；拱脚下沉。锚杆轴力属于选测项目。

3.【答案】AB
【解析】隧道现场监控量测必测项目有五项：洞内、外观察；周边位移；拱顶下沉；地表下沉；拱脚下沉。

4.【答案】D
【解析】地表下沉采用水准测量，工具为水准仪、铟钢尺等。

5.【答案】B
【解析】位于Ⅳ～Ⅵ级围岩中且覆盖层厚度小于40m的隧道，应进行地表沉降量测。

6.【答案】C
【解析】当位移-时间曲线出现反弯点时，则表明围岩和支护已呈不稳定状态，此时应密切监视围岩动态，并加强支护，必要时暂停开挖。

7.【答案】B
【解析】渗水压力或水流量突然增大，水体颜色或悬着物发生变化，实行Ⅱ级管理，施工状态为加强支护。

8.【答案】B
【解析】二次衬砌的施作应在满足下列要求时进行：
(1) 隧道水平净空变化速度及拱顶或底板垂直位移速度明显下降。
(2) 隧道位移相对值已达到相对位移量的90%以上。
对浅埋、软弱、高地应力围岩等特殊地段应视现场情况确定。

9.【答案】A
【解析】隧道现场监控量测应成立专门量测小组，由施工单位或委托其他单位承担量测任务，选项A错误。量测小组负责测点埋设、日常量测、数据处理和仪器保养维修工作，并及时将量测信息反馈于施工和设计。现场监控量测应按量测计划认真组织实施，并与其他施工环节紧密配合，不得中断工作。各预埋测点应牢固可靠，易于识别并妥善保护，不得任意撤换和遭到破坏。

2B314000—2B314030

考点1 公路隧道洞口、明洞施工

1.【答案】D
【解析】洞门端墙的砌筑与回填应两侧对称进行，不得对衬砌产生偏压。

2.【答案】ABE
【解析】隧道洞门应在隧道开挖的初期完成，并应符合下列规定：
(1) 基础必须置于稳固的地基上，废渣、杂物、风化软层和水泥必须清除干净，选项A正确。
(2) 洞门端墙的砌筑与回填应两侧对称进行，不得对衬砌产生偏压。
(3) 端墙施工应保证其位置准确和墙面坡度满足设计要求，选项B正确。
(4) 洞门衬砌完成后，其上方仰坡脚受破坏时，应及时处理，选项C错误。
(5) 洞门的排水设施应与洞门工程配合施工，同步完成，选项D错误。
(6) 洞门的排水沟砌筑在填土上时，填土必须夯实，选项E正确。

3.【答案】B
【解析】拱背回填应对称分层夯实，每层厚度不得大于0.3m，两侧回填高差不得大于0.5m，回填至拱顶齐平后应分层满铺填筑。

4.【答案】C
【解析】明洞回填施工应符合的规定：
(1) 墙背回填应两侧对称进行。底部应铺填0.5～1.0m厚碎石并夯实，然后向上回填。
(2) 墙后有排水设施时，应与回填同时施工，选项C错误。
(3) 拱背回填应对称分层夯实，每层厚度不得大于0.3m，两侧回填高差不得大于0.5m，回填至拱顶齐平后应分层满铺填筑。

考点2 公路隧道开挖

1.【答案】B
【解析】交叉中隔壁法（CRD法），是一种在中隔壁法的基础上增加临时仰拱，更快地封闭初支的施工方法。

2. 【答案】A

【解析】全断面法适用于Ⅰ～Ⅲ级围岩的中小跨度隧道，Ⅳ级围岩中跨度隧道和Ⅲ级围岩大跨度隧道在采用了有效的预加固措施后，也可采用全断面法开挖。

3. 【答案】D

【解析】双侧壁导坑法，先开挖隧道两侧的导坑，并进行初期支护，再分部开挖剩余部分的施工方法。

4. 【答案】D

【解析】当采用钢架支撑时，如围岩变形较大，支撑可能沉落或局部支撑难以拆除时，应适当加大开挖断面，预留支撑沉落量。

5. 【答案】ABC

【解析】掘进工作面的炮眼可分为掏槽眼、辅助眼和周边眼。

6. 【答案】C

【解析】掏槽眼的作用是将开挖面上某一部位的岩石掏出一个槽，以形成新的临空面，为其他炮眼的爆破创造有利条件。掏槽炮眼一般要比其他炮眼深 10～20cm，以保证爆破后开挖深度一致，选项 C 错误。根据坑道断面、岩石性质和地质构造等条件，掏槽眼排列形式有很多种，总的来说可分成斜眼掏槽和直眼掏槽两大类。

7. 【答案】B

【解析】辅助眼的作用是进一步扩大掏槽体积和增大爆破量，并为周边眼创造有利的爆破条件。其布置主要是解决间距和最小抵抗线问题。

8. 【答案】D

【解析】预裂爆破顺序：周边眼→掏槽眼→辅助眼。

9. 【答案】ABCD

【解析】光面爆破的主要参数包括周边眼的间距、光面爆破层的厚度、周边眼密集系数、周边眼的线装药密度等。

10. 【答案】B

【解析】光面爆破是先引爆掏槽眼，接着引爆辅助眼，最后才引爆周边眼，选项 A 正确。在减轻对围岩的扰动程度上，预裂爆破较光面爆破的效果更好一些，选项 B 错误。光面爆破大大地减少了超欠挖量，节约了大量的混凝土和回填片石，加快了施工进度，选项 C、D 正确。

11. 【答案】C

【解析】主洞开挖时，左右两洞开挖掌子面错开距离宜大于 30m。

12. 【答案】C

【解析】逃生通道的刚度、强度及抗冲击能力应满足安全要求，逃生通道内径不宜小于 0.8m。

考点 3　公路隧道支护与衬砌

1. 【答案】ABCD

【解析】隧道施工过程中，当遇到软弱破碎围岩时，其自支护能力是比较弱的，经常采用的超前支护措施有超前锚杆、插板、超前小导管、管棚及围岩预注浆加固等。选项 E 属于初期支护。

2. 【答案】C

【解析】隧道施工过程中，当遇到软弱破碎围岩时，其自支护能力是比较弱的，经常采用的超前支护措施有超前锚杆、插板、超前小导管、管棚及围岩预注浆加固等。

3. 【答案】BCD

【解析】预注浆加固围岩有洞内超前注浆、地表超前注浆和平导超前注浆三种方式。

4. 【答案】C

【解析】管棚主要适用于围岩压力来得快、来得大，对围岩变形及地表下沉有严格限制要求的软弱破碎围岩隧道工程中。

5. 【答案】C

【解析】干喷法因喷射速度大、粉尘污染及回弹情况较严重，质量不稳定，很多地方已禁止使用干喷法施工。湿喷法的粉尘和回弹量少，喷射混凝土的质量容易控制，但对喷射机械要求较高，机械清洗和故障处理较麻烦。目前施工现场湿喷法使用的较多。

6. 【答案】BCDE

【解析】钢拱架与围岩间的空隙难以用喷射混凝土紧密充填，与喷射混凝土粘结也不好，选项 A 错误。

7. 【答案】D

【解析】衬砌施工顺序，目前多采用由下到上、先墙后拱的顺序对称、连续浇筑，选项D错误。

8.【答案】B

【解析】仰拱衬砌混凝土应整幅一次浇筑成形，不得左右半幅分次浇筑，一次浇筑长度不宜大于5.0m。

9.【答案】D

【解析】隧道安全步距是指隧道仰拱或二次衬砌到掌子面的安全距离，安全步距主要由隧道围岩级别决定。

10.【答案】D

【解析】仰拱与掌子面的距离，Ⅲ级围岩不得超过90m，Ⅳ级围岩不得超过50m，Ⅴ级及以上围岩不得超过40m。

11.【答案】A

【解析】软弱围岩及不良地质隧道的二次衬砌应及时施作，二次衬砌距掌子面的距离Ⅳ级围岩不得大于90m，Ⅴ级及以上围岩不得大于70m。

考点4 公路隧道防水与排水

1.【答案】C

【解析】洞内反坡排水应符合下列要求：

(1) 根据距离、坡度、水量、设备和施工组织布置管路，一次或分段接力将水排出洞外。

(2) 集水坑位置不得造成围岩失稳和衬砌结构承载能力降低，应设在对施工干扰较小的位置，其容积应按实际排水量确定。

(3) 井下工作水泵的排水能力应不小于1.2倍正常涌水量，并应配备备用水泵；井下备用水泵排水能力不应小于工作水泵排水能力的70%。

(4) 高冒水风险隧道反坡施工时，应准备一定的抢险物资、设备，宜设置两个独立的供电系统和排水管路。

(5) 应做好停电时的应急排水预案和人员、设备的安全保证措施。

2.【答案】C

【解析】隧道防水应提高混凝土自防水性能，防水混凝土抗渗等级应符合设计要求。在有冻害地区，防水混凝土的抗渗等级应适当提高，选项A正确。防水板宜选用高分子材料，幅宽2～4m，厚度不宜小于1.5mm，选项B正确。防水板铺设应超前二次衬砌施工1～2个衬砌段，并应与开挖掌子面保持一定距离，选项C错误。初期支护表面应平整，无空鼓、裂缝、松酥，对支护表面外露的坚硬物和局部渗漏水处应先进行处理，不平处用喷射混凝土或砂浆找平，选项D正确。

3.【答案】D

【解析】围岩有一定自稳能力，开挖后水压和水量较小，但出水量超过设计允许排放量时，宜采用径向注浆。

考点5 隧道通风防尘及水电作业

1.【答案】ABD

【解析】隧道施工通风方式包括风管式通风、巷道式通风、风墙式通风。

2.【答案】ABC

【解析】风管式通风：风流经由管道输送，分为压入式、抽出式、混合式三种方式。

3.【答案】ABCE

【解析】隧道防尘要求：湿式凿岩标准化；机械通风正常化；喷雾洒水正规化；个人防护普遍化。

4.【答案】D

【解析】隧道供水方案的选择及设备的配置应符合以下要求：

(1) 水源的水量应满足工程和生活用水的需要。

(2) 水池的容量应有一定的储备量，保证洞内外集中用水的需要。

(3) 采用机械站供水时，应有备用的抽水机。

(4) 充分利用洞内地下水源，通过高压水箱送到工作面，选项D错误。

(5) 工程和生活用水使用前必须经过水质鉴定，合格者才可使用。

5.【答案】D

【解析】瓦斯地段的输电线必须使用煤矿专用密封阻燃铜芯电缆，不得使用皮线。

考点 6 隧道工程主要质量通病及防治措施

1. 【答案】BCDE

【解析】水害的防治：

(1) 因势利导，给地下水以可排走的通道，将水迅速地排到洞外。

(2) 将流向隧道的水源截断，或尽可能使其水量减少。

(3) 堵塞衬砌背后的渗流水，集中引导排出。

(4) 合理选择防水材料，严格施工工艺。

2. 【答案】C

【解析】钢筋保护层必须保证不小于3cm，钢筋使用前应做除锈、清污处理。

3. 【答案】ABCE

【解析】隧道发生衬砌裂缝的原因主要有围岩压力不均、衬砌背后局部空洞、衬砌厚度严重不足、混凝土收缩、不均匀沉降及施工管理等。

4. 【答案】B

【解析】隧道衬砌裂缝病害的预防措施中，必须符合下列规定：

(1) 钢筋保护层厚度必须保证不小于3cm，钢筋使用前应做除锈、清污处理，选项A正确。

(2) 混凝土强度必须符合设计要求，宜采用较大的骨胶比，降低水胶比，合理选用外加剂，选项B错误。

(3) 确定分段灌注长度及浇筑速度；混凝土拆模时，内外温差不得大于20℃；加强养护，混凝土温度的变化速度不宜大于5℃/h，选项C正确。

(4) 衬砌施工时应严格按要求正确设置沉降缝、伸缩缝，选项D正确。

5. 【答案】CD

【解析】提高围岩稳定性能够有效地保证隧道衬砌结构施工的安全性，可通过锚固注浆、深孔注浆等措施对围岩进行加固。

2B315000—2B315010

考点 1 交通安全设施的主要构成与功能

1. 【答案】ABCD

【解析】交通安全设施主要包括交通标志、交通标线、防撞设施、隔离栅、轮廓标、防眩设施、桥梁护网、里程标、百米标、公路界碑等。

2. 【答案】A

【解析】交通标志是用图形符号、颜色、形状和文字向交通参与者传递特定信息，用于管理交通的设施，主要起到提示、诱导、指示等作用。

3. 【答案】A

【解析】交通标志主要包括警告标志、禁令标志、指示标志、指路标志、旅游区标志、作业标志等主标志以及附设在主标志下的辅助标志。

4. 【答案】CDE

【解析】交通标线是由施划或安装于路面上的各种线条、箭头、文字、立面标记、实体标记、突起路标等构成。

5. 【答案】AC

【解析】防撞设施主要包括护栏、防撞筒等。

6. 【答案】B

【解析】轮廓标的主要作用是在夜间通过对车灯光的反射，使司机能够了解前方道路的线形及走向，使其提前做好准备。突起路标、道路中线属于交通标线；指路标志属于交通标志。

7. 【答案】C

【解析】防眩设施的主要作用是避免对向车辆前照灯造成的眩目影响，保证夜间行车安全。突起路标属于交通标线；轮廓标的主要作用是在夜间通过对车灯光的反射，使司机能够了解前方道路的线形及走向；指路标志属于交通标志。

考点 2 交通安全设施的施工技术要求

1. 【答案】ABCD

【解析】在标线工程正式开工前，应进行实地试划试验，选项A正确。在正式划标线前，应首先清理路面，保证路面表面清洁干燥，然后根据设计图纸进行放样，并使用划线车进行划线，选项B、C正确。在进行划线时，应通过划线机的行驶速度控制好标线厚度，选项D正确。喷涂施工应在白天进行，雨天、风天、温度低于10℃时应暂时停止施工，选项E错误。

2.【答案】B

【解析】当混凝土护栏采用就地浇筑的方式施工时，在浇筑混凝土前，应按设计图规定安装好钢筋及预埋件，在检查合格后，方可浇筑混凝土，选项A正确。每节护栏构件的混凝土必须一次浇筑完成，不得间断，选项B错误。就地浇筑的混凝土护栏，可采用湿法养护或塑料薄膜养护，选项C、D正确。

2B315000—2B315020

考点1 监控系统的主要构成与功能

1.【答案】BCDE

【解析】监控系统按其功能可分为九个子系统：交通信号监控子系统、视频监控子系统、调度（指令）电话子系统、火灾自动报警子系统、隧道通风控制子系统、隧道照明控制子系统、电力监控子系统、隧道紧急电话子系统、隧道广播子系统。

2.【答案】A

【解析】交通信号监控系统是高速公路监控系统的主要系统，为管理部门提供有效的管理手段，为高速公路的使用者和管理者提供良好的交通信息服务。

3.【答案】ACE

【解析】视频监控系统由沿线、隧道、桥梁等地设置的遥控及固定摄像机及编码设备，传输通道以及监控分中心的视频监视、管理、存储等设备组成。

4.【答案】C

【解析】人工手动报警系统与自动报警系统的构成相似，通常是在隧道内每50m间距的消防洞处设一个手动报警按钮，选项C错误。

考点2 照明系统的主要构成与功能

1.【答案】D

【解析】照明方式可以分为一般照明、局部照明和混合照明。

2.【答案】DE

【解析】照明种类可以分为正常照明和应急照明。

3.【答案】ABCD

【解析】公路照明一般包括道路照明、互通立交照明、收费广场照明、特大桥照明、隧道照明、平面交叉口照明、服务区及停车区的停车场照明、进出口照明、公路房建区照明以及需要设置照明路段的照明。

2B320000 公路工程项目施工管理

2B320000—2B320010

考点 1 公路工程项目施工部署

1. 【答案】ABCE

【解析】公路工程施工项目经理部的组织结构模式一般有四种，即直线式、职能式、直线职能式、矩阵式。目前主要采用的组织结构模式有直线式和直线职能式，大型项目可采用矩阵式。

2. 【答案】AC

【解析】公路工程施工项目经理部的组织结构模式一般有四种，即直线式、职能式、直线职能式、矩阵式。目前主要采用的组织结构模式有直线式和直线职能式，大型项目可采用矩阵式。

3. 【答案】B

【解析】施工段落的划分应符合以下原则：

(1) 为便于各段落的组织管理及相互协调，段落的划分不能过小或过大，选项B错误。

(2) 各段落之间工程量基本平衡。

(3) 避免造成段落之间的施工干扰。

(4) 工程性质相同的地段（如石方、软土段）或施工复杂难度较大而施工技术相同的地段尽可能避免化整为零，以免既影响效率，也影响质量。

(5) 保持构造物的完整性，除了特大桥之外，尽可能不肢解完整的工程构造物。

4. 【答案】ABDE

【解析】施工平面布置图应遵循：

(1) 在保证施工顺利的前提下，充分利用原有地形、地物，少占农田，因地制宜，以降低工程成本。选项C错误。

(2) 充分考虑水文、地质、气象等自然条件的影响，尤其要慎重考虑避免自然灾害（如洪水、泥石流）的措施，保护施工现场及周围生态环境。

(3) 场区规划必须科学合理，应以生产流程为依据，并有利于生产的连续性。

(4) 场内运输形式的选择及线路的布设，应力求使材料直达工地，尽量减少二次倒运和缩短运距。

(5) 一切设施和布局，必须满足施工进度、方法、工艺流程、机械设备及科学组织生产的需要。

(6) 必须符合安全生产、环保、消防和文明施工的规定和要求。

考点 2 公路工程项目施工组织设计的编制

1. 【答案】A

【解析】工程概况主要包括以下内容：

(1) 工程项目的主要情况：工程性质、工程位置、工程规模、结构形式、技术标准、总工期、主要工程数量等。

(2) 施工条件：地形地貌、气象、水文和地质等自然条件；资源供应情况、交通运输及水电等施工现场条件和技术经济条件。

(3) 工程施工的特点和难点分析。

(4) 合同特殊要求：如业主提供结构材料、指定分包商等。

2. 【答案】ACDE

【解析】根据已确定的施工进度计划，编制各项资源需求计划及进场计划，主要有：

(1) 劳动力需求计划。

(2) 材料需求计划。

(3) 施工机械设备需求计划。

(4) 资金需求计划。

3. 【答案】C

【解析】隧道施工中，以洞口为中心布置施工场地。施工场地应事先规划，分期安排，并减少与现有道路交叉和干扰。

4. 【答案】BD

【解析】资源利用的优化主要包括物资采购与供应计划的优化、机械需要计划的优化。

2B320000—2B320020

考点 1 公路工程进度计划的编制特点

1. 【答案】ACDE

【解析】公路工程进度计划的主要形式：①横道图；②“S”曲线；③垂直图；④斜率图；⑤网络图。

2.【答案】C

【解析】垂直图是以公路里程或工程位置为横轴，以时间为纵轴，而各分部（项）工程的施工进度则相应地以不同的斜线表示。在图中可以辅助表示平面布置图和工程量的分布。选项A、B、D均以时间为横轴。

3.【答案】C

【解析】垂直图很适合表示公路、隧道等线形工程的总体施工进度。

4.【答案】B

【解析】在公路工程中，常常将“S”曲线和横道图合并于同一张图表中，称之为“公路工程进度表”，既能反映各分部（项）工程的进度，又能反映工程总体的进度。

5.【答案】ACE

【解析】公路施工过程基本组织方法有顺序（依次）作业法、平行作业法、流水作业法。

6.【答案】C

【解析】顺序作业法（又称依次作业法）的主要特点：

(1) 没有充分利用工作面进行施工，（总）工期较长。

(2) 每天投入施工的劳动力、材料和机具的数量比较少，有利于资源供应的组织工作。

(3) 施工现场的组织、管理比较简单。

(4) 不强调分工协作，若由一个作业队完成全部施工任务，不能实现专业化生产，不利于提高劳动生产率；若按工艺专业化原则成立专业作业队（班组），各专业队是间歇作业，不能连续作业，材料供应也是间歇供应，劳动力和材料的使用可能不均衡。

7.【答案】C

【解析】时间参数有流水节拍、流水步距、技术间歇、组织间歇、搭接时间。流水强度属于工艺参数；工作面、施工段属于空间参数。

8.【答案】C

【解析】空间参数包括工作面、施工段、施工层。

9.【答案】A

【解析】相邻结构层之间的速度决定了相邻结构层之间的搭接类型，前道工序的速度快于后道工序时选用开始到开始搭接类型；否则选用完成到完成搭接类型。

考点 2 公路工程进度控制与管理

1.【答案】ACDE

【解析】施工进度计划实施的保证从内容上可概括为组织保证、技术保证、合同保证、资源与经济保证。

2.【答案】A

【解析】在中标通知书发出后合同规定的时间内，承包人应向监理工程师书面提交一份详细和格式符合要求的工程总体进度计划及必要的各项关键工程的进度计划。

3.【答案】BD

【解析】工期拖延＝工序拖延－工序总时差＝7－4＝3 (d)，选项A错误，选项B正确。该工序已经转变为关键工序的表述是正确的，但是关键线路至少增加一条是错的，因为有可能原来的关键线路变成了非关键线路，选项C错误。拖延2d没有超过该工序的自由时差，对紧后工序无影响，自然对后续的工序也无影响，选项D正确。关键线路和关键工作是相对的，由于该工序已经变成关键工序，此时工期已经超了3d，理论上应批准延长工期3d，选项E错误。

4.【答案】ACDE

【解析】进度计划检查的方法包括横道图比较法、“S”形曲线比较法、“香蕉”形曲线比较法、公路工程进度表、前锋线比较法、完工时点计算法。

2B320000—2B320030

考点 1 公路工程施工图纸会审

【答案】ABD

【解析】图纸会审的主要内容：

(1) 核对图纸数量是否齐全，施工说明是否清楚准确、是否符合现行国家和行业标准或规范要求。

(2) 结合现场调查情况，核算主要工程数量，检查其中错漏。

(3) 核查设计提供的水文、地质等资料是否满足工程施工需求，明确是否需要进一步补充。

(4) 核算工程主要结构的受力条件及主要设计数据。

(5) 核算建筑物在施工过程中的稳定性和可能发生的变形以及对施工安全、变形观测的要求。

考点2 公路工程施工方案管理

1. **【答案】** C

【解析】 对于重大施工方案，应由项目总工程师组织编制，施工单位技术管理部门组织审核，必要时组织相关专家进行论证，由施工单位技术负责人进行审批。

2. **【答案】** C

【解析】 超过一定规模的危险性较大的分部分项工程专项方案应当由施工单位组织召开专家论证会。实行施工总承包的，由施工总承包单位组织召开专家论证会。

考点3 公路工程施工技术交底

【答案】 C

【解析】 技术交底必须在相应工程内容施工前进行，施工技术交底应分级进行。

第一级：项目总工程师向项目各部门负责人及全体技术人员进行交底。

第二级：项目技术部门负责人或各分部分项主管工程师向现场技术人员和班组长进行交底。

第三级：现场技术员负责向班组全体作业人员进行技术交底。

考点4 公路工程施工技术档案管理

【答案】 ABDE

【解析】 工程施工资料一般按工程项目分类，使同一项目工程的资料都集中在一起，选项A正确。工程资料应字迹清楚，图样清晰，图表整洁，签字盖章手续齐全，选项B正确。工程资料中文字材料幅面尺寸规格宜为A4幅面。图纸宜采用国家标准图幅，选项C错误。利用施工图改竣工图，必须标明变更修改的依据；凡施工图结构、工艺、平面布置等有重大改变，或变更部分超过图面1/3的，应当重新绘制竣工图，选项D、E正确。

考点5 公路工程施工测量管理

【答案】 BCD

【解析】 施工阶段测量包括施工放样测量、工序检查测量、施工控制网复测、沉降位移变形观测及安全监控测量。

考点6 公路工程项目试验管理

1. **【答案】** BCDE

【解析】 公路工程项目试验管理分为：工地试验室人员管理、工地试验室设备管理、工地试验室档案管理、工地试验样品管理、工地试验外委管理。

2. **【答案】** D

【解析】 工地试验室应加强外委试验管理，超出母体检测机构授权范围的试验检测项目和参数应进行外委，外委试验应向项目建设单位报备，选项A正确。外委试验取样、送样过程应进行见证，选项B正确。接受外委试验的检测机构应取得《公路水运工程试验检测机构等级证书》，通过计量认证（含相应参数）且上年度信用等级为B级及以上，选项C正确。工程建设项目的同一合同段中的施工、监理单位和检测机构不得将外委试验委托给同一家检测机构，选项D错误。

2B320000—2B320040

考点1 公路工程质量控制方法及措施

1. **【答案】** ABDE

【解析】 公路工程施工现场质量检查控制的方法主要有测量、试验、观察、分析、记录、监督、总结改进。

2. **【答案】** ABCD

【解析】 现场质量检查控制包括：

(1) 开工前检查。

(2) 工序交接检查。

(3) 隐蔽工程检查。

(4) 停工后复工前的检查。

(5) 分项、分部工程完工后的检查。

(6) 成品、材料、机械设备等的检查。

(7) 巡视检查。

竣工验收检查属于竣工验收阶段检查，选项E错误。

3. 【答案】CDE

【解析】测定最佳含水量的试验方法有：轻型、重型击实试验；振动台法；表面振动击实仪法。

4. 【答案】B

【解析】压实度是路基质量控制的重要指标之一，是现场干密度和室内最大干密度的比值。1.63/1.66×100%=98.19%。

5. 【答案】D

【解析】沥青混凝土路面施工中常见质量控制关键点包括：

(1) 基层强度、平整度、高程的检查与控制。

(2) 沥青材料的检查与试验；沥青混凝土配合比设计和试验。

(3) 沥青混凝土拌合设备及计量装置校验。

(4) 路面施工机械设备配置与压实方案。

(5) 沥青混凝土的拌合、运输及摊铺温度控制。

(6) 沥青混凝土摊铺厚度的控制和摊铺中离析控制。

(7) 沥青混凝土的碾压与接缝施工。

水灰比是混凝土路面施工中质量控制的关键点。

6. 【答案】C

【解析】连续梁桥施工质量控制点：

(1) 支架施工：支架沉降量的控制。

(2) 先简支后连续：后浇段工艺控制、体系转换工艺控制、后浇段收缩控制、临时支座安装与拆除控制。

(3) 挂篮悬臂施工：浇筑过程中的线形控制、边跨及跨中合龙段混凝土的裂缝控制。

(4) 预应力梁：张拉力及预应力钢筋伸长量控制。

考点2 公路工程质量检查与检验

1. 【答案】B

【解析】对结构安全、耐久性和主要使用功能起决定性作用的检查项目为关键项目，关键项目的合格率不得低于95%（机电工程为100%），有规定极值的检查项目，任一单个检测值不应突破规定极值，否则该检查项目为不合格。

2. 【答案】ABCE

【解析】土方路基实测项目：压实度（△）、弯沉（△）、纵断高程、中线偏位、宽度、平整度、横坡、边坡。“△”为关键项目，下同。

3. 【答案】C

【解析】填石路基实测项目：压实（△）、弯沉（△）、纵断高程、中线偏位、宽度、平整度、横坡、边坡坡度和平顺度。

4. 【答案】A

【解析】浆砌挡土墙实测项目：砂浆强度（△）、平面位置、墙面坡度、断面尺寸（△）、顶面高程、表面平整度。

5. 【答案】ABCD

【解析】水泥混凝土面层实测项目：弯拉强度（△）、板厚度（△）、平整度、抗滑构造深度、横向力系数SFC、相邻板高差、纵横缝顺直度、中线平面偏位、路面宽度、纵断高程、横坡、断板率。

6. 【答案】ABCE

【解析】沥青混凝土面层和沥青碎（砾）石面层实测项目：压实度（△）、平整度、弯沉值、渗水系数、摩擦系数、构造深度、厚度（△）、中线平面偏位、纵断高程、宽度、横坡、矿料级配（△）、沥青含量（△）、马歇尔稳定度。

7. 【答案】BDE

【解析】桥梁总体的实测项目：桥面中线偏位、桥宽（含车行道和人行道）、桥长、桥面高程。

8. 【答案】ABDE

【解析】悬臂浇筑梁的实测项目：混凝土强度（△）、轴线偏位、顶面高程、断面尺寸（△）、合龙后同跨对称点高程差、顶面横坡、平整度、相邻梁段间错台。

9. 【答案】D

【解析】后张法预应力筋的加工和张拉质量检验的实测项目：管道坐标、管道间距、张拉应力值（△）、张拉伸长率（△）、断丝滑丝数。

10.【答案】ABDE
【解析】隧道总体质量检验的实测项目：车行道宽度、内轮廓宽度、内轮廓高度（△）、隧道偏位、边坡或仰坡坡度。

2B320000—2B320050

考点 1 公路工程项目职业健康安全管理体系

1.【答案】B
【解析】在确定控制措施或考虑改变现行控制措施时，可考虑按如下顺序选择风险控制方法：消除→替代→工程控制措施→标志、警告或管理控制→个人防护设备。

2.【答案】A
【解析】根据《公路水运工程安全生产监督管理办法》（中华人民共和国交通运输部令2017年第25号）规定，施工单位主要负责人依法对项目安全生产工作全面负责。

3.【答案】B
【解析】深度不小于5m的基坑（槽）的土（石）方开挖、支护、降水需要专家论证，选项A错误。深度不小于15m的人工挖孔桩需要专家论证，选项B正确。中型及以上滑坡体处理需要专家论证，选项C错误。挂篮需要编制专项方案，不需要专家论证、审查，选项D错误。

4.【答案】B
【解析】桥涵工程中的转体施工应组织专家论证。桥梁工程的支架法现浇梁施工和打桩船作业需编制专项施工方案，跨度不小于150m的钢管拱安装施工应组织专家论证。

5.【答案】A
【解析】高度大于20m的土质挖方边坡，或高度大于30m的岩质挖方边坡属于危险性较大的分部分项工程范围。

6.【答案】DE
【解析】应当编制专项施工方案的工程有：隧道工程中不良地质隧道，特殊地质隧道，浅埋、偏压及临近建筑物等特殊环境条件隧道，Ⅳ级及以上软弱围岩地段的大跨度隧道，小净距隧道，瓦斯隧道，选项A错误。高速公路路面工程和土石方路基工程不需要编制专项方案，选项B、C错误。挡土墙基础工程和桩基础工程需要编制专项施工方案，选项D、E正确。

7.【答案】ABCD
【解析】专项施工方案应包括下列主要内容：工程概况；编制依据；施工计划；施工工艺技术；施工安全保证措施；劳动力计划；计算书及图纸。

考点 2 公路工程安全隐患排查与治理

1.【答案】C
【解析】重大事故隐患：是指危害和整改难度较大，应当全部或者局部停产停业，并经过一定时间整改治理方可能排除的隐患或者因外部因素影响导致自身难以排除的隐患。

2.【答案】ABCE
【解析】安全生产隐患排查“五项制度”：
（1）施工现场危险告知制度。
（2）施工安全监理制度。
（3）专项施工方案审查制度。
（4）设备进场验收登记制度。
（5）安全生产费用保障制度。

3.【答案】AB
【解析】安全生产隐患排查“两项达标”：
（1）施工人员管理达标。
（2）施工现场安全防护达标。

4.【答案】A
【解析】重大隐患经项目监理单位确认后应向项目建设单位备案，选项A错误。

考点 3 公路工程项目应急管理体系

1.【答案】BDE
【解析】应急预案体系由综合应急预案、专项应急预案和现场处置方案组成。

2.【答案】D
【解析】应急预案的评审：施工单位应当对编制的应急预案组织评审，并形成书面评审纪要。参加应急预案评审的人员应当包括有关安全生产及应急管理方面的专家，且评审人员与施工单位有利害关系的，应当回避，选项D错误。

3.【答案】C
【解析】施工单位应当在应急预案公布之日起20个工作日内，按照分级属地原则，向属地安全生产监督管理部门和有关部门进行告知性备案。

考点 4 公路工程项目安全管理措施

1. 【答案】D

【解析】路基土石方施工，应采取保证边坡稳定的措施，边坡有防护要求的应开挖一级防护一级，且应自上而下开挖，不得掏底开挖、上下同时开挖、乱挖超挖。

2. 【答案】D

【解析】沥青罐内检查不得使用明火照明，选项D错误。

3. 【答案】D

【解析】浇筑墩顶段（0号段）混凝土前，应对托架、模板进行检验和预压，消除杆件连接缝隙、地基沉降和其他非弹性变形，选项D错误。

4. 【答案】DE

【解析】选项A错误，安全带应高挂低用。选项B错误，严禁安全绳与悬吊绳共用连接器。选项C错误，严禁安全绳用于悬吊绳。

5. 【答案】C

【解析】施工现场临时用电工程专用的低压电力系统，必须符合下列规定：采用三级配电系统；采用TN-S接零保护系统；采用二级保护系统。

6. 【答案】A

【解析】特种设备使用单位应在特种设备检验合格有效期届满前1个月向特种设备检验检测机构提出定期检验要求。

2B320000—2B320060

考点 1 公路项目的合同体系结构

【答案】C

【解析】公路工程合同中，业主和承包人签订的施工合同是核心合同。

考点 2 公路项目施工合同的履行与管理方法

【答案】C

【解析】根据《公路工程标准施工招标文件》（2018年版）的规定，组成合同的各项文件应互相解释，互为说明。除项目专用合同条款另有约定外，解释合同文件的优先顺序如下：

(1) 合同协议书及各种合同附件（含评标期间和合同谈判过程中的澄清文件和补充资料）。

(2) 中标通知书。

(3) 投标函及投标函附录。

(4) 项目专用合同条款。

(5) 公路工程专用合同条款。

(6) 通用合同条款。

(7) 工程量清单计量规则。

(8) 技术规范。

(9) 图纸。

(10) 已标价工程量清单。

(11) 承包人有关人员、设备投入的承诺及投标文件中的施工组织设计。

(12) 其他合同文件。

考点 3 公路工程分包合同管理

1. 【答案】B

【解析】发包人与分包人没有合同关系，但发包人作为工程项目的投资方和施工合同的当事人，对分包合同的管理主要表现为对分包工程的批准。

2. 【答案】C

【解析】监理人一般不能直接向分包人下达变更指令，必须通过承包人，选项A正确。分包人不能直接向监理人提出分包工程的变更要求，也必须由承包人提出，选项B正确。分包合同履行过程中，当分包人认为自己的合法权益受到损害，无论事件起因于发包人或监理人，还是承包人，他都只能向承包人提出索赔要求，而不是向监理工程师提出索赔要求，选项C错误。对于由承包人的原因或责任引起分包人提出的索赔，这类索赔产生于承包人与分包人之间，双方通过协商解决，监理人不参与该索赔的处理，选项D正确。

考点 4 施工阶段工程变更的管理

1. 【答案】C

【解析】重要工程变更通常指对工程造价影响较大、需要业主批准的工程变更工作，选项A错误。其审批程序是：监理工程师在下达工程变更令之前，一是要报业主批准，二是要同承包人协商确定变更工程的价格不超过业主批准的范围，选项B错误。如果超过业主批准的总额，监理工程师应在下达工程变更令之前请求业主作进一步的批准或授权，选项C正确。选项D是重大工程变更的审批程序。

2.【答案】A

【解析】承包人应在收到变更指示或变更意向书后的14d内，向监理工程师提交变更报价书。

考点5 公路项目施工索赔管理

【答案】D

【解析】农田因补偿问题发生纠纷属于业主责任，非施工单位原因引起，因此可以索赔工期和费用。

2B320000—2B320070

考点1 公路项目施工成本管理的内容

【答案】B

【解析】计划成本偏差反映现场施工成本在计划阶段的预控情况，也称施工成本计划预控偏差。正值表示计划预控不到位，不满足该项责任目标成本的要求。

考点2 公路项目中标后预算编制

1.【答案】ABCD

【解析】从项目管理的角度出发，标后预算的总费用可以划分为上缴企业费、项目预算总成本、规费和税金四项。

2.【答案】B

【解析】计划预算（直接）成本是在施工过程中，根据年度生产计划中计划的工程量和标后预算清单单价计算的预算成本，是成本管理中编制成本计划的依据。

考点3 公路项目施工成本控制方法

【答案】ABDE

【解析】在公路工程施工项目的成本控制中，可根据项目经理部制定的目标成本控制成本支出，这是最有效的方法之一，该方法主要从以下几个方面加以控制：

(1) 人工费的控制。

(2) 材料费的控制。

(3) 周转工具使用费的控制。

(4) 施工机械使用费的控制。

(5) 现场管理费的控制。

考点4 公路项目施工成本核算方法

【答案】A

【解析】路线工程成本对象可以分为路基、路面、隧道、桥涵、交通工程及沿线设施、绿化及环境保护工程、临时工程等。

2B320000—2B320080

考点1 公路工程工程量清单计价的应用

1.【答案】D

【解析】工程量清单中所列的工程数量是在实际施工生产前根据设计施工图纸和说明及工程量计算规则所得到的一种准确性较高的预算数量，并不是中标者在施工时应予完成的实际的工程量。

2.【答案】D

【解析】工程量清单，又叫工程数量清单，它是工程招标及实施工程时计量与支付的重要依据，在工程实施期间，对工程费用起控制作用，选项A正确。工程量清单反映的是每个相对独立的个体项目的主要内容和预算数量以及完成的价格，选项B正确。我国的公路工程项目招标，一般均由招标单位提供工程量清单，选项C正确。在实际施工过程中，可能会因各种原因与设计条件不一致，从而产生工程量的数量变化，业主应按实际工程量支付工程费用，选项D错误。

考点2 投标阶段合同价的确定

【答案】A

【解析】投标报价编制原则：

(1) 以招标文件中设定的发、承包双方责任划分，作为考虑投标报价费用项目和费用计算的基础；根据工程发、承包模式考虑投标报价的费用内容和计算深度，选项

A 错误。

(2) 以施工方案、技术措施等作为投标报价计算的基本条件。

(3) 以反映企业技术和管理水平的企业定额作为计算人工、材料和机械台班消耗量的基本依据。

(4) 充分利用现场考察、调研成果、市场价格信息和行情资料，编制基价，确定调价方法。

(5) 报价计算方法要科学严谨，简明适用。

考点 3 公路工程计量管理

1. 【答案】A

【解析】只有经总监理工程师审查批准的工程项目，才予以支付工程款项。

2. 【答案】AD

【解析】除非监理工程师另有准许，一切计量工作都应在监理工程师在场情况下，由承包人测量、记录，有承包人签名的计量记录原本，应提交给监理工程师审查和保存，选项 B 错误。工程量应由承包人计算，由监理工程师审核。工程量计算的副本应提交给监理工程师并由监理工程师保存，选项 C 错误。沥青混凝土、沥青碎石、水泥混凝土、高强度等级水泥砂浆的施工现场必须使用电子计量设备称重，因不符合计量规定引发质量问题，所发生的费用由承包人承担，选项 E 错误。

考点 4 公路工程施工进度款的结算

1. 【答案】ABDE

【解析】工程价款价差调整的主要方法：工程造价指数调整法、实际价格调整法、调价文件计算法、调值公式法。

2. 【答案】B

【解析】结算工程价款＝500×（0.4＋0.6×0.35×1.1＋0.6×0.55×1.2＋0.6×0.1×1）＝543.50（万元）。

考点 5 公路工程合同价款支付

1. 【答案】C

【解析】交工验收证书签发后 14d 内，承包人应向发包人缴纳质量保证金。

2. 【答案】AC

【解析】预付款有两种，即开工预付款和材料预付款，是由业主提供给承包人的无息款项，按一定条件支付并扣回。

考点 6 公路工程竣工结算文件的编制

【答案】A

【解析】竣工结算一般由施工单位编制，建设单位审核同意后，按合同规定签字盖章，通过相关银行办理工程价款的最后结算。

2B320000—2B320090

考点 1 项目部驻地建设

1. 【答案】D

【解析】公路工程施工现场项目部驻地房屋可自建或租用沿线合适的单位或民用房屋，但应坚固、安全、实用、美观，并满足工作和生活需求，自建房还应安装拆卸方便且满足环保要求。自建房屋最低标准为活动板房，建设宜选用阻燃材料，搭建不宜超过两层，每组最多不超过 10 栋，组与组之间的距离不小于 8m，栋与栋之间的距离不小于 4m，房间净高不低于 2.6m。驻地办公区、生活区应采用集中供暖设施，严禁电力取暖。

2. 【答案】C

【解析】自建房屋最低标准为活动板房，建设宜选用阻燃材料，搭建不宜超过两层，每组最多不超过 10 栋，组与组之间的距离不小于 8m，栋与栋之间的距离不小于 4m，房间净高不低于 2.6m。驻地办公区、生活区应采用集中供暖设施，严禁电力取暖。

3. 【答案】A

【解析】项目部驻地选址，应离集中爆破区 500m 以外，不得占用独立大桥下部空间、河道、互通匝道区及规划的取、弃土场，选项 B、C、D 错误。

考点 2 预制场布设

1. 【答案】ACDE

【解析】底模宜采用通长钢板，不得采用混凝土底模，选项 B 错误。

2. 【答案】B

【解析】选项A错误，预制场的建设规模应结合小型构件预制数量和预制工期等参数来规划，场地面积一般不小于2000m²。选项B正确，场内路面宜做硬化处理，主要运输道路应采用不小于20cm厚的C20混凝土硬化，基础不好的道路应增设碎石掺石屑垫层，场内不允许积水，四周宜设置砖砌排水沟，并采用M7.5砂浆抹面。选项C错误，生产区根据合同段设计图纸确定的预制构件的种类设置生产线，同时配备小型拌合站1座（尽可能利用既有拌合站），小型构件预制应选用振动台振捣。选项D错误，成品按不同规格分层堆码，堆码高度应保证安全。

考点3 拌合站设置

1. 【答案】ACE

【解析】凡用于工程的砂石料应按级配要求，不同粒径、不同品种分场存放，每区醒目位置设置材料标识牌。

2. 【答案】ACDE

【解析】水、外掺剂计量应采用全自动电子称量法计量，禁止采用流量或人工计量方式，选项B错误。

考点4 便道、便桥建设

1. 【答案】B

【解析】便道单车道路基宽度不小于4.5m，路面宽度不小于3.0m。

2. 【答案】BCDE

【解析】特大桥、隧道洞口、拌合站和预制场等大型作业区进出便道200m范围路面宜采用不小于20cm厚的C20混凝土硬化，选项A错误。

3. 【答案】A

【解析】当河窄、水浅时可选用墩架式梁桥。

2B320000—2B320100

考点1 公路工程施工机械设备的生产能力及适用条件

1. 【答案】BCDE

【解析】铲运机主要用于中距离的大规模土方转运工程。在土的湿度方面，最适宜在湿度较小（含水量在25%以下）的松散砂土和黏土中施工，铲运机不适宜在干燥的粉砂土和潮湿的黏土中作业，更不宜在地下水位高的潮湿地区和沼泽地带以及岩石类地区作业。

2. 【答案】D

【解析】可以同时用于土方开挖、石方开挖、土石填筑和路基整型工程的机械是推土机。

3. 【答案】ACD

【解析】平地机是一种铲土、运土、卸土同时进行的连续作业机械。

4. 【答案】A

【解析】按我国目前规范要求，高等级公路建设应使用强制间歇式搅拌设备，连续滚筒式搅拌设备用于普通公路建设。

5. 【答案】B

【解析】沥青混凝土搅拌设备分间歇式和连续滚筒式，选项A正确。间歇式搅拌机又分为强制式和自落式，强制式就是搅拌机的搅拌叶强制将物料拌合均匀；自落式的搅拌机是将物料提升到一定高度然后让它自由下落，达到拌合的目的，选项B错误。强制间歇式搅拌设备的特点是冷矿料的烘干、加热与热沥青的拌合，先后在不同的设备中进行，选项C正确。连续滚筒式搅拌设备的特点是冷矿料的烘干、加热与热沥青的拌合在同一滚筒内连续进行，选项D正确。

6. 【答案】AE

【解析】沥青混凝土摊铺机按行走方式可分为自行式和拖式两种，自行式摊铺机又可分为履带式、轮胎式及复合式三种。

7. 【答案】D

【解析】全套管钻机主要用于大型桥梁钻孔桩的钻孔施工，选项A错误。旋挖钻机中的有钻杆旋转钻机适应性很强，可以应付各种覆盖层直到极硬的岩层，选项B错误。螺旋钻机适用于土质的地质条件，选项C错误。液压旋挖钻孔机适用于除岩层、卵石、漂石外的各种土质地质条件，尤其在市政桥梁及场地受限的工程中使用，选项D正确。

8. 【答案】AD

【解析】预应力张拉成套设备主要由千斤顶、油泵车、卷管机、穿索机和压浆机组成。其能力由张拉千斤顶的吨位和锚具强度决定。

9. 【答案】AE

【解析】喷锚机械主要有锚杆台车、混凝土喷射机等。

考点2 公路工程主要机械设备的配置与组合

1. 【答案】ABDE

【解析】施工机械选择的一般原则：适应性、先进性、通用性、专用性、经济性。

2. 【答案】C

【解析】自行式铲运机适用于500m以上的中长距离运土，不宜在地下水位高的潮湿地区和沼泽地带以及岩石类地区作业，选项A不适宜。拖式铲运机适用于500m以内的中距离运土，选项B不适宜。自卸汽车适用于500m以上的中长距离运土，选项C适宜。推土机适用于100m以内的短距离运土，选项D不适宜。

3. 【答案】AB

【解析】对于石方开挖工程，选择的机械与设备主要有挖掘机、推土机、移动式空气压缩机、凿岩机、爆破设备等。羊足碾用于土石填筑工程，铲运机用于土方开挖工程，洒水车属于养护设备。

4. 【答案】A

【解析】模板衬砌台车（混凝土搅拌站、搅拌运输车、混凝土输送泵）属于二次支护衬砌机械。选项A属于初次支护机械。

5. 【答案】ACE

【解析】根据机械来源的不同，必须经过不同的检验和试验，一般检验的方法和步骤可分为外部检验、空运转试验和重载试验。

2B330000 公路工程项目施工相关法规与标准

2B330000—2B331000

考点 1 公路建设法规体系和标准体系

1. 【答案】A

【解析】公路建设管理法规体系分为二级五层次。

2. 【答案】C

【解析】公路工程标准的体系结构分为三层：

(1) 第一层为板块，按照公路建设、管理、养护、运营协调发展要求所做的标准分类。

(2) 第二层为模块，在各板块中归纳现有、应有和计划制定和修订的标准的具体类别。

(3) 第三层为标准。

考点 2 公路建设管理相关规定

1. 【答案】A

【解析】公路路面工程专业承包企业包括一级企业、二级企业、三级企业。

2. 【答案】BCD

【解析】桥梁工程专业承包企业分为一级企业、二级企业、三级企业。

3. 【答案】B

【解析】三级公路工程施工总承包企业可承担二级标准及以下公路，单座桥长500m以下、单跨跨度50m以下的桥梁工程的施工。

4. 【答案】ABCE

【解析】项目施工应当具备以下条件：

(1) 项目已列入公路建设年度计划。

(2) 施工图设计文件已经完成并经审批同意。

(3) 建设资金已经落实，并经交通运输主管部门审计。

(4) 征地手续已办理，拆迁基本完成。

(5) 施工、监理单位已依法确定。

(6) 已办理质量监督手续，已落实保证质量和安全的措施。

5. 【答案】D

【解析】勘察、设计单位经项目法人批准，可以将工程设计中跨专业或者有特殊要求的勘察、设计工作委托给有相应资质条件的单位，但不得转包或者二次分包。监理工作不得分包或者转包。

6. 【答案】BCD

【解析】承包人未在施工现场设立项目管理机构和派驻相应人员对分包工程的施工活动实施有效管理，并且有下列情形之一的，属于转包：

(1) 承包人将承包的全部工程发包给他人的。

(2) 承包人将承包的全部工程肢解后以分包的名义分别发包给他人的。

(3) 法律、法规规定的其他转包行为。

选项B、C、D属于违法分包。

7. 【答案】AC

【解析】公路施工企业信用评价内容由公路施工企业投标行为、履约行为和其他行为构成。

8. 【答案】C

【解析】公路施工企业信用评价等级分为AA、A、B、C、D五个等级，各信用等级对应的企业评分X分别为：

AA级：95分≤X≤100分，信用好；

A级：85分≤X<95分，信用较好；

B级：75分≤X<85分，信用一般；

C级：60分≤X<75分，信用较差；

D级：X<60分，信用差。

9. 【答案】C

【解析】被1个省级交通运输主管部门直接认定为D级的企业，其全国综合评价直接定为C级，选项C错误。

10. 【答案】B

【解析】公路施工企业资质升级的，其信用评价等级不变。企业分立的，按照新设立企业确定信用评价等级，但不得高于原评价等级。企业合并的，按照合并前信用评价等级较低企业等级确定。选项B错误。

11. 【答案】BCD

【解析】有下列情形之一的属于重大设计变更：连续长度10km以上的路线方案调整的；特大桥的数量或结构形式发生变化的；特长隧道的数量或通风方案发生变化的；互通式立交的数量发生变化的；收费方式及站点位置、规模发生变化的；超过初步设计批准概算的。选项A、E属于较大设计变更。

12. 【答案】B

【解析】收费方式及站点位置、规模发生变化属于重大设计变更。选项A、C、D属于较大设计变更。

13. 【答案】A

【解析】重大设计变更由交通部负责审批。

14. 【答案】ABC

【解析】招标人有下列行为之一的，属于歧视性条款：

(1) 以分包的工作量规模作为否决投标的条件。

(2) 对投标人符合法律法规以及招标文件规定的分包计划设定扣分条款。

(3) 按照分包的工作量规模对投标人进行区别评分。

(4) 以其他不合理条件限制投标人进行分包的行为。

15. 【答案】B

【解析】通过第一信封商务文件和技术文件评审的投标人少于3个的，评标委员会可以否决全部投标。

16. 【答案】B

【解析】招标人和中标人应当自中标通知书发出之日起30日内，按照招标文件和中标人的投标文件订立书面合同，合同的标的、价格、质量、安全、履行期限、主要人员等主要条款应当与上述文件的内容一致。

17. 【答案】ACDE

【解析】依法必须进行招标的公路工程建设项目，有下列情形之一的，招标人在分析招标失败的原因并采取相应措施后，应当依照《公路工程建设项目招标投标管理办法》重新招标：

(1) 通过资格预审的申请人少于3个的。

(2) 投标人少于3个的。

(3) 所有投标均被否决的。

(4) 中标候选人均未与招标人订立书面合同的。

18. 【答案】ABE

【解析】交工验收阶段主要工作：检查施工合同的执行情况，评价工程质量，对各参建单位工作进行初步评价。

19. 【答案】D

【解析】公路工程竣（交）工验收的依据：

(1) 批准的项目建议书、工程可行性研究报告。

(2) 批准的工程初步设计、施工图设计及设计变更文件。

(3) 施工许可。

(4) 招标文件及合同文本。

(5) 行政主管部门的有关批复、批示文件。

(6) 公路工程技术标准、规范、规程及国家有关部门的相关规定。

20. 【答案】BDE

【解析】本题考查的是公路工程竣（交）工验收条件和主要工作内容。选项A错误，竣工验收委员会由交通运输主管部门、公路管理机构、质量监督机构、造价管理机构等单位代表组成。选项C错误，交工验收质量等级评定分为合格和不合格。

2B330000—2B332000

考点1 公路工程施工安全生产相关规定

1. 【答案】AC

【解析】施工单位从事公路水运工程建设活动，应当取得安全生产许可证及相应等级的资质证书。施工单位的主要负责人和安全生产管理人员应当经交通运输主管部门对其安全生产知识和管理能力考核合格。

2. 【答案】D

【解析】施工单位应当根据工程施工作业特点、安全风险以及施工组织难度，按照年度施工产值配备专职安全生产管理人员，不足5000万元的至少配备1名；5000万元以上不足2亿元的，按每5000万元不少于1名的比例配备；2亿元以上的不少于5名，且按专业配备。

3. **【答案】** B

【解析】 翻模、滑（爬）模等自升式架设设施，以及自行设计、组装或者改装的施工挂（吊）篮、移动模架等设施在投入使用前，施工单位应当组织有关单位进行验收，或者委托具有相应资质的检验检测机构进行验收。验收合格后方可使用。

4. **【答案】** A

【解析】 施工单位应当按照法律、法规、规章、工程建设强制性标准和合同文件组织施工，保障项目施工安全生产条件，对施工现场的安全生产负主体责任，选项A错误。施工单位主要负责人依法对项目安全生产工作全面负责。建设工程实行施工总承包的，由总承包单位对施工现场的安全生产负总责。分包单位应当服从总承包单位的安全生产管理，分包单位不服从管理导致生产安全事故的，由分包单位承担主要责任。

5. **【答案】** BCE

【解析】 施工单位的专职安全生产管理人员履行下列职责：

(1) 组织或者参与拟订本单位安全生产规章制度、操作规程，以及合同段施工专项应急预案和现场处置方案。

(2) 组织或者参与本单位安全生产教育和培训，如实记录安全生产教育和培训情况。

(3) 督促落实本单位施工安全风险管控措施。

(4) 组织或者参与本合同段施工应急救援演练。

(5) 检查施工现场安全生产状况，做好检查记录，提出改进安全生产标准化建设的建议。

(6) 及时排查、报告安全事故隐患，并督促落实事故隐患治理措施。

(7) 制止和纠正违章指挥、违章操作和违反劳动纪律的行为。

6. **【答案】** C

【解析】 总体风险评估等级达到Ⅲ级（高度风险）及以上桥梁或隧道工程，应进行专项风险评估。

7. **【答案】** A

【解析】 总体风险评估工作由建设单位负责组织，专项风险评估工作由施工单位负责组织。

8. **【答案】** ABDE

【解析】 应当进行安全风险评估的隧道工程：

(1) 穿越高地应力区、岩溶发育区、区域地质构造、煤系地层、采空区等工程地质或水文地质条件复杂的隧道，黄土地区、水下或海底隧道工程。

(2) 浅埋、偏压、大跨度、变化断面等结构受力复杂的隧道工程。

(3) 长度3000m及以上的隧道工程，Ⅵ、Ⅴ级围岩连续长度超过50m或合计长度占隧道全长的30%及以上的隧道工程。

(4) 连拱隧道和小净距隧道工程。

(5) 采用新技术、新材料、新设备、新工艺的隧道工程。

(6) 隧道改扩建工程。

(7) 施工环境复杂、施工工艺复杂的其他隧道工程。

9. **【答案】** ACDE

【解析】 根据生产安全事故（以下简称事故）造成的人员伤亡或者直接经济损失，事故一般分为以下等级：特别重大事故、重大事故、较大事故、一般事故。

10. **【答案】** A

【解析】 较大事故，是指造成3人以上10人以下死亡，或者10人以上50人以下重伤，或者1000万元以上5000万元以下直接经济损失的事故。“以上”包括本数，“以下”不包括本数。

11. **【答案】** A

【解析】 自事故发生之日起30日内，事故造成的伤亡人数发生变化的，应当及时补报。道路交通事故、火灾事故自发生之日起7日内，事故造成的伤亡人数发生变化的，应当及时补报。

12. **【答案】** A

【解析】 事故发生后，事故现场有关人员应当立即向本单位负责人报告；单位负责人接到报告后，应当于1h内向事故发生地县级以上人民政府安全生产监督管理部门和负有安全生产监督管理职责的有关部门报告。

考点 2 公路工程质量管理相关规定

1. **【答案】** C

【解析】 一般质量事故是指造成直接经济损失 100 万元以上 1000 万元以下的事故。

2. **【答案】** D

【解析】 重大质量事故，是指造成直接经济损失 5000 万元以上 1 亿元以下，或者特大桥主体结构垮塌、特长隧道结构坍塌，或者大型水运工程主体结构垮塌、报废的事故。

3. **【答案】** AE

【解析】 重大质量事故，是指造成直接经济损失 5000 万元以上 1 亿元以下，或者特大桥主体结构垮塌、特长隧道结构坍塌，或者大型水运工程主体结构垮塌、报废的事故。较大质量事故，是指造成直接经济损失 1000 万元以上 5000 万元以下，或者高速公路项目中桥或大桥主体结构垮塌、中隧道或长隧道结构坍塌、路基（行车道宽度）整体滑移，或者中型水运工程主体结构垮塌、报废的事故。一般质量事故，是指造成直接经济损失 100 万元以上 1000 万元以下，或者除高速公路以外的公路项目中桥或大桥主体结构垮塌、中隧道或长隧道结构坍塌，或者小型水运工程主体结构垮塌、报废的事故。选项 B 属于质量问题，选项 C、D 属于一般质量事故。

4. **【答案】** C

【解析】 工程项目交工验收前，施工单位为工程质量事故报告的责任单位。

5. **【答案】** B

【解析】 事故报告责任单位应在接报 2h 内，核实、汇总并向负责项目监管的交通运输主管部门及其工程质量监督机构报告。

6. **【答案】** B

【解析】 交通运输主管部门或者其委托的建设工程质量监督机构可以采取随机抽查、备案核查、专项督查等方式对从业单位实施监督检查。

7. **【答案】** ABCD

【解析】 实施监督检查时，应当有 2 名以上人员参加，并出示有效执法证件。检查人员对涉及被检查单位的技术秘密和商业秘密，应当为其保密。监督检查过程中，检查人员发现质量问题的，应当当场提出检查意见并做好记录。质量问题较为严重的，检查人员应当将检查时间、地点、内容、主要问题及处理意见形成书面记录，并由检查人员和被检查单位现场负责人签字。被检查单位现场负责人拒绝签字的，检查人员应当将情况记录在案。

2B330000—2B333000

考点 1 二级建造师（公路工程）注册执业工程规模标准

【答案】 C

【解析】 大型桥梁工程：单跨≥50m，桥长≥1000m。中型桥梁工程：13m≤单跨＜50m，30m≤桥长＜1000m。小型桥梁工程：单跨＜13m，桥长＜30m。

考点 2 二级建造师（公路工程）注册执业工程范围

【答案】 C

【解析】 二级注册建造师担任中小型工程项目负责人；不同工程类别所要求的注册建造师执业资格不同时，以较高资格执行。

考点 3 二级建造师（公路工程）施工管理签章文件目录

【答案】 C

【解析】 二级注册建造师担任中小型工程项目负责人，选项 A 正确。不同工程类别所要求的注册建造师执业资格不同时，以较高资格执行，选项 B 正确。公路工程注册建造师施工管理签章文件由施工组织管理、合同管理、进度管理、质量管理、安全管理、现场环保文明、成本费用管理共 7 类、68 种文件组成，选项 C 错误。公路工程根据项目不同类型以及大小，对项目的管理程序会略有差异，所需签章的表格由监理工程师视项目管理需要取舍，选项 D 正确。

案例专题模块

模块一 路基工程

案例一

1. (1) 腐殖质土不得用于填筑路堤。
   (2) 膨胀土、有机质土、冻土经过处理后才能用于填筑路堤。
2. (1) 需要进行路堤试验路段施工。
   (2) 理由：本工程为高速公路路基工程，需进行路堤试验路段施工。
3. (1) "采用一层粉质土，一层砂性土，交错分层水平填筑，每层压实厚度 22cm 左右"错误。
   正确做法：由于砂性土没有塑性，受水流冲刷和风蚀易损坏，在使用时可掺入黏性大的土，同时采用不同性质的土应分别填筑，不得混填，每种填料的填筑层压实后的连续厚度不宜小于 0.5m。
   (2) 碾压方法错误。
   正确做法：直线段应该由两边向中间，曲线段应该由内侧向外侧进行碾压。
4. (1) 土方路基还需实测的项目有纵断高程、中线偏位、宽度、边坡。
   (2) 关键项目为压实度、弯沉。

案例二

1. 正确的施工工艺流程为：整平原地面→铺设下层砂垫层→设备定位→打入套管→沉入砂袋→拔出套管→设备移位→埋砂袋头→铺筑上层砂垫层。
2. 砂料宜采用渗透率高的风干中粗砂，大于 0.5mm 砂的含量不宜少于总质量的 50%，含泥量应不大于 3%。
3. 5 个被带出的砂袋应在原孔位边上重新打入。
4. (1) 袋装砂井施工主要配置的机械设备为沉管式打桩机；CFG 桩施工中主要配置的机械设备为振动沉管打桩机。
   (2) 图 1-1 中，构筑物 A 是袋装砂井，B 是砂垫层。
5. CFG 桩施工前，应进行成桩工艺和成桩强度试验。

案例三

1. (1) 正确。
   (2) 错误。
   改正："当路堤顶面施工至距上路床底面 1m 时"改为"当路堤顶面施工至距路床底面 1m 时"。
   (3) 正确。
2. 压实度＝现场干密度/试验室最大干密度×100%。
   点①的压实度＝1.87/1.97×100%＝94.9%；
   点②的压实度＝1.96/1.97×100%＝99.5%；
   点③的压实度＝1.94/1.97×100%＝98.5%；
   点④的压实度＝1.93/1.97×100%＝98.0%；
   点⑤的压实度＝1.89/1.97×100%＝95.9%；
   点⑥的压实度＝1.85/1.97×100%＝93.9%。
3. K12＋000～K12＋300 段路基填筑宜采用水平分层填筑法。
4. 对 K12＋000～K12＋300 段路基的压实度检测，还可以采用环刀法、核子密度湿度仪法。

案例四

1. A 为开挖截水沟，B 为开挖边沟。
2. 所用的机械不正确，因为这段路堑是土质路堑，而给出的机械中，凿岩机和钻孔机是石质路堑开挖时使用的石方机械。
3. 错误 1：炮眼装药后用铁杆捣实，填塞砂土。
   改正：炮眼装药后用木杆捣实，填塞黏土。
   错误 2：采用"方格形"布置。
   改正：采用"一字形"布置。
4. 钢钎炮的优缺点：
   (1) 优点：比较灵活，适用于地形艰险及爆破量较小的地段（如打水沟、开挖便道、基坑等）。

(2) 缺点：炮眼浅，用药少，每次爆破的方数不多，并全靠人工清除，不利于爆破能量的利用。由于眼浅，以致响声大而炸下的石方不多，所以工效较低。

案例五

1. A为护坡道，B为排水沟。
2. (1) 错误1：老路堤与新路堤交界面处治。
   改正：老路堤与新路堤交界的坡面挖除清理的法向厚度不宜小于0.3m。
   (2) 错误2：从土路肩开始下挖台阶。
   改正：从硬路肩开始下挖台阶。
3. 事件一：若发现喷粉量不足，应实行整桩复打，复打的喷粉量应不小于设计用量。
   事件二：粉喷中断后，第二次喷粉接桩时，其喷粉重叠长度不得小于1.0m。
4. 当连续五昼夜实测地面沉降小于0.5mm/d，地基固结度已达到设计要求的80%时，经验收，即可终止抽真空。

模块二　路面工程

案例一

1. 理由：该变更合理（属于设计疏漏引起的变更），且变更程序符合要求，所以监理单位签发“工程变更令”合理。
2. (1) 步骤2对应的施工工艺是测量放样，墙身中的构筑物B是泄水孔，交通安全设施A为波形梁护栏。
   (2) 波形梁护栏的主要作用是吸收能量，防止失控车辆冲出路基，以及诱导视线的作用。
3. (1) 采用黏土不合适。
   (2) 理由：因为该挡土墙浸水，应选择强度高、透水性好的材料。
4. 申请计量的金额＝45600×（3.5×2）×5.25＝1675800（元）。

案例二

1. 起点桩号K16＋100，路口桩号K25＋200，终点桩号K37＋300。
   左段公路长度为：25200－16000＝9200（m）。
   右段公路长度为：37300－25200＝12100（m）。
   公路总长度为：9200＋12100＝21300（m）。
   公路段加权平均长度为：［（9200/2×9200）＋（12100/2×12100）］/21300＝5423.7（m）。
   再加上300m就是平均运距，平均运距为：5423.7＋300＝5723.7（m）。
2. A是机械设备停置场，B是材料存放场。
3. 摊铺混凝土时，用摊铺机的侧向拉杆装置插入。
4. 横缝包括横向施工缝、横向缩缝和横向胀缝三类。
5. (1) 路面用水泥混凝土还应该进行水泥混凝土抗折（抗弯拉）强度试验。
   (2) 试验步骤如下：
   1) 试件成型。
   2) 养护。
   3) 试件外观检查、修整。
   4) 加载试验。
   5) 整理试验数据，提供试验报告。

案例三

1. 玻纤格栅的主要作用是防止反射裂缝，防止水泥面板的接缝反射到新铺的沥青路面上。
2. 施工顺序错误，应改为先铺设玻纤格栅，再洒热沥青作粘层油。
3. 配合比设计包含目标配合比设计阶段、生产配合比设计阶段、生产配合比验证阶段。
4. SMA混合料重量＝0.04×20×45500×2.36＝85904（t）。
   至少要拌制的盘数＝85904/3＝28635（盘）。
5. 8月份工程款＝4338×［0.3＋0.35×（4280/3800）＋0.15×（6.13/5.90）＋0.2×（215/200）］＝4620.22（万元）。

案例四

1. (1) 错误1：水泥剂量按照设计图中提供的参考用量再增加1%。
   改正：水泥剂量应通过配合比设计试验确定。
   (2) 错误2：选用普通硅酸盐散装水泥。
   改正：宜选用普通硅酸盐袋装水泥。

2. 工序A是摆放和摊铺水泥。
3. 养护时间不正确。
理由：养护期宜不少于7d，养护期宜延长至上层结构开始施工的前2d。
4. (1) 作用是使沥青面层与非沥青材料基层结合良好。
(2) 可采用乳化沥青、煤沥青或液体沥青进行浇洒。

案例五

1. AC-13C按组成结构分类属于密实-悬浮结构，按矿料级配分类属于密级配沥青混凝土混合料。
2. 产生病害的主要原因：
(1) 基层标高控制不严，导致混凝土路面板厚度与强度不足。
(2) 切缝深度过浅。
(3) 混凝土路面基础发生不均匀沉陷。
(4) 交通流量增大。
3. 施工流程：加热→旧料再生→摊铺整形→罩新面工艺。
4. (1) 正确。
(2) 错误。
改正：每组不超过10栋，组与组之间的距离不小于8m。
(3) 错误。
改正：栋与栋距离不小于4m，房间净高不低于2.6m。
(4) 正确。
5. 路面工程竣工验收工程质量评分＝85×0.2＋91×0.6＋92×0.2＝90（分），质量等级为“优良”。
理由：工程质量评定得分等于90分。

模块三　桥涵工程

案例一

1. A为泥浆泵，B为泥浆槽（池），C为沉淀池。
2. 该回旋钻机为正循环回旋钻。
3. (1) 导管此时的埋深＝74－0.3－3×4－2×5－47.4＝4.3（m）。
(2) 规范规定混凝土应连续灌注，导管的埋置深度宜控制在2～6m，4.3m在规定范围内，因此符合规定。
4. (1) 正确。
(2) 错误。
改正：导管使用前应进行水密承压和接头抗拉试验，严禁用压气试压。
(3) 正确。
(4) 错误。
改正：桩顶混凝土浇筑完成后应高出设计标高不小于0.5m，确保桩头浮浆层凿除后桩基面混凝土达到设计要求。

案例二

1. 构件A为伸缩装置（伸缩缝）。
2. (1) 该桥梁属于刚构（架）桥。
(2) 该类型桥梁的主要受力特点：刚构（架）桥的主要承重结构是梁或板和立柱整体结合在一起的刚构（架）结构。梁和柱的连接处具有很大的刚性，在竖向荷载作用下，梁部主要受弯，而在柱脚处也具有水平反力。
3. 在浇筑桥梁上部结构时，施工缝的处理方法：
(1) 先将混凝土表面的浮浆凿除。
(2) 混凝土结合面应凿毛处理，并冲洗干净，表面湿润，但不得有积水。
(3) 在浇筑梁板混凝土前应铺同配合比（同强度等级）的水泥砂浆。
4. (1) 满堂支架的最大高度＝99.63－0.07－0.08－0.8－90.18＝8.5（m）。
(2) 需要组织专家论证。
理由：支架搭设高度为8.5m，根据有关规定，搭设高度5m及以上的混凝土模板支撑工程，属于危险性较大的分部分项工程，搭设高度8m及以上的混凝土模板支撑工程需要组织专家论证。
5. 支架预压成功应采取的措施：
(1) 提高场地基础（地基）承载力，可采用换填及混凝土垫层硬化等处理措施。
(2) 在场地四周设置排水沟等排水设施，确保场地排水畅通，不得积水。
(3) 进行支架基础预压。
(4) 加载材料应有防水（雨）措施，防止被水浸泡后引起加载重量变化（或超重）。

案例三

1. 预制场和搅拌站布置方式的优点：
（1）可以减少临时用地面积。
（2）可以降低场内运输费用。
2. 采用双导梁架桥机更适合本桥。其理由是：
（1）梁体较重，双导梁更合适，而龙门架对桥位处地形要求高。
（2）桥梁较长，龙门架吊装速度慢，影响进度。
（3）吊装重物后要长距离行走，龙门架安全性差。
3. （1）采用的墩柱钢筋保护层控制方法不可行。
（2）理由：墩柱较高，钢筋骨架可能变形，应在钢筋骨架四周从下到上均匀设置垫块。
4. （1）不应只考虑价格因素。
（2）对合格材料供方评价的依据是：供方资信状况、业绩及信誉、生产及供货保证能力、质量保证能力、售后服务保证能力。

案例四

1. （1）1为可调顶托。
（2）支架应验算强度、刚度和稳定性。
2. 安全防护措施：两边支架应加设护桩，夜间应用灯光标明行驶方向，施工中易受漂流物冲撞的河中支架应设坚固的防护设备、安全警示标志（限高、限速等标志）。
3. （1）错误1：块与块之间的竖向接缝面平行于结构物的长边。
正确做法：块与块之间的竖向接缝面平行于结构物的短边。
（2）错误2：在混凝土浇筑完12h内对混凝土表面进行保温保湿养护，养护持续7d。
正确做法：应及时覆盖保温保湿材料进行养护，养护时间不少于14d。
（3）错误3：混凝土内部温度为70℃，混凝土表面温度为35℃。
正确做法：混凝土内部和表面温差不大于25℃。
4. 支架预压的主要目的：消除地基的不均匀沉降和支架的非弹性变形。
5. 该桥梁需编制以下专项方案：沉井基础工程、筑岛围堰工程、模板和支架工程、预应力混凝土连续箱梁施工、水下作业（打桩船施工）。

案例五

1. 按顺序作业法组织四道涵洞施工的工期＝（6＋2＋4＋5）＋（7＋2＋3＋4）＋（4＋4＋4＋3）＋（5＋4＋5＋4）＋2×4＝74（d）。
2. K_{A-B}＝max｛（6－0），（13－2），（17－4），（22－8），（0－12）｝d＝14（d）。
K_{B-C}＝max｛（2－0），（4－4），（8－7），（12－11），（0－16）｝＝2（d）。
K_{C-D}＝max｛（4－0），（7－5），（11－9），（16－12），（0－16）｝d＝4（d）。
按流水作业法组织施工的总工期＝（14＋2＋4）＋2＋（5＋4＋3＋4）＝38（d）。
3. 绘制按流水作业法组织施工的横道图见下图。

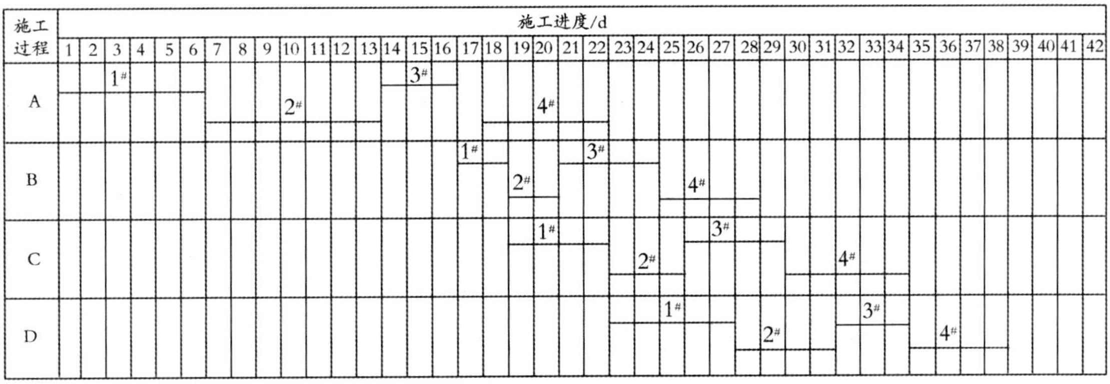

4. 工序A为防水层施工。

模块四　隧道工程

案例一

1. A是环向盲管，B是横向联系水沟（管）。
2. （1）喷射混凝土的抗压强度评定不合格。
理由：任意一组试块抗压强度不得低于设计强度的85%。
（2）针对喷射混凝土出现的局部裂缝、脱落、露筋等缺陷，应予修补，凿除喷层重喷或进行整治。
3. 按计划要求完成隧道沥青混凝土面层施工，每天所需要的摊铺机数量＝（1600×9×0.05）/（80×2×5×0.75）＝1.2（台）≈2（台）。
4. （1）项目部还应完成的其他隧道附属设施包括通风设施、安全设施、应急设施等。
（2）项目部还应完成的交通安全设施包括交通标线、轮廓标等。

案例二

1. 隧道施工基本原则还有：早喷锚、早支护、勤测量、少扰动。
2. 改正：应在进洞之前先做洞口工程。支护至开挖面的距离不大于4m。
3. （1）不良地质情况有：向斜构造、溶洞。
（2）煤层危害有：突水、突泥、瓦斯、塌方。
4. （1）该隧道宜采用人字坡。
（2）理由：从隧道进出口的标高分析，考虑隧道排水，不会是单向坡或平坡。

案例三

1. 必测项目还包括：周边位移、地表下沉、拱顶下沉、拱脚下沉。
2. （a）图位移-时间曲线趋于平缓，表明围岩和支护呈稳定状态，应正常施工。
（b）图位移-时间曲线出现反弯点，表明围岩和支护已呈不稳定状态，此时应密切监视围岩动态，并加强支护，必要时暂停开挖。
3. （1）错误1：二次衬砌距掌子面的距离Ⅳ级围岩地段不大于50m，Ⅴ级围岩地段不大于40m。
改正：二次衬砌距掌子面的距离Ⅳ级围岩地段不大于90m，Ⅴ级围岩地段不大于70m。
（2）错误2：同时为增加结构整体性，仰拱混凝土与拱墙混凝土同时施工。
改正：仰拱混凝土超前拱墙混凝土施工的距离，宜保持3倍以上衬砌循环作业长度。
4. 监控系统子系统还包括：隧道通风控制子系统、隧道照明控制子系统、电力监控子系统、隧道紧急电话子系统、隧道广播子系统。
5. （1）塌方事故属于较大事故。
（2）理由：造成3人（含）以上10人以下死亡，或者10人以上50人以下重伤，或者1000万元以上5000万元以下直接经济损失的事故为较大事故。

案例四

1. （1）开挖面上适当部位掏出小型槽口（炮眼）是掏槽眼；沿着设计轮廓线布置的另一种炮眼是周边眼。
（2）应先起爆掏槽眼。
理由：先起爆掏槽眼，形成新的临空面，为后爆的辅助眼和周边眼开创更有利的临空面。（或光面爆破的分区起爆顺序：掏槽眼→辅助眼→周边眼）
2. 在爆破施工安全管理方面的不当之处与正确做法：
（1）不当之处1：由专职安全员对隧道的安全生产全面负责。
正确做法：由项目经理对隧道的安全生产全面负责。
（2）不当之处2：招聘了6名员工，并立即由专职安全员进行培训，考核合格后安排从事爆破作业。
正确做法：应由经过专业培训且持有爆破操作合格证的专业人员从事爆破作业。
3. （1）该隧道宜采用的排水方式：设置排水暗沟、盲沟和引水管，并应视具体情况加深侧沟或中心水沟的沟底，或增设横向盲沟，铺设渗水滤层及仰拱等。
（2）理由：岩层含少量地下水。
4. （1）明洞施工工序中应放在首位的工序：修

筑坡顶排水系统。

(2) 理由：修筑坡顶排水系统是隧道进洞前常规的洞口处理，包括劈坡、安全处理、洞口施工的平整、附属设施修建等。

案例五

1. 施工顺序：

(1) ⑤→⑥→③→④→⑨→⑩→⑦→⑧，理由：右侧围岩较左侧更差，先开挖。

(2) ⑫→⑭→⑬，理由：软弱围岩，尽快施工仰拱，封闭成环。

2. 隧道地质超前预报方法主要有：地质调查法、弹性波反射法、地质雷达法、陆地声纳法、红外探测法、瞬变电磁法等。

3. (1) 塌方属于重大事故。

(2) 理由：造成10人以上30人以下死亡，或者50人以上100人以下重伤，或者5000万元以上1亿元以下直接经济损失的事故为重大事故。案例中累计死亡人数达10人，属于重大事故。

4. 按照《公路水运工程安全生产监督管理办法》，严格安全技术交底制度，施工单位负责项目管理的技术人员，应当如实向施工作业班组、作业人员详细告知作业场所和工作岗位存在的危险因素，并由双方签字确认。在上述场所应设置明显的安全警示标志，在无法封闭施工的工地，还应当悬挂当日施工现场危险告示，以告知路人和社会车辆。

《公路工程管理与实务》全真模拟试卷一

一、单项选择题

1. 【答案】A

【解析】地基表层碾压处理压实度控制标准为：二级及二级以上公路一般土质应不小于90%；三、四级公路应不小于85%。

2. 【答案】C

【解析】柱板式锚杆挡土墙的压力传递顺序是：墙后的侧向土压力作用于挡土板上，挡土板传给肋柱，肋柱传给锚杆。

3. 【答案】C

【解析】应按由内向外，隔行跳打的方式进行施工。

4. 【答案】D

【解析】对产生“弹簧土”的部位，可将其过湿土翻晒，或掺生石灰粉翻拌，待其含水量适宜后重新碾压；或挖除换填含水量适宜的良性土壤后重新碾压。

5. 【答案】A

【解析】选项B错误，填隙碎石层上为薄沥青面层时，宜使集料的棱角外露3～5mm。选项C错误，碾压后基层的固体体积率宜不小于85%，底基层的固体体积率宜不小于83%。选项D错误，填隙碎石基层未洒透层沥青或未铺封层时，不得开放交通。

6. 【答案】B

【解析】对纵横缝清缝，清除缝内原有的填充物和杂物，再用手持式注射枪进行沥青灌缝，然后用改性沥青油毡等材料贴缝，有必要时再加铺一层特殊沥青材料的过渡层，吸收或抵抗纵横缝向上扩展的能量，防止产生反射裂缝。

7. 【答案】B

【解析】防治构造裂缝，宜掺用可降低混凝土早期水化热的外加剂和掺合料。外加剂宜采用缓凝剂、减水剂，选项B错误；掺合料宜采用粉煤灰、矿渣粉等。

8. 【答案】B

【解析】选项A错误，挖孔施工时相邻两桩孔不得同时开挖，宜间隔交错跳挖。选项C错误，孔深大于10m时，必须采取机械强制通风措施。选项D错误，挖孔达到设计深度后，应进行孔底处理。

9. 【答案】B

【解析】反循环回转钻孔，其钻进与排渣效率较高，但接长钻杆时装卸麻烦，钻渣容易堵塞管路。另外，因泥浆是从上向下流动，孔壁坍塌的可能性较正循环法的大，为此需用较高质量的泥浆。

10. 【答案】A

【解析】长线法梁段预制工序：预制台座建造→台座立面、平面线形调整→外模安装→刷隔离剂，堵缝→安装底腹板普通钢筋及预应力管道→内模安装→安装普通钢筋及预应力管道→混凝土浇筑及养护→拆除模板→台座立面、平面线形调整（预制下一节段）。

11. 【答案】D

【解析】本题考查的是量测内容与方法。收敛计用来测量围岩周边位移。

12. 【答案】B

【解析】隧道安全步距是指隧道仰拱或二次衬砌到掌子面的安全距离，安全步距主要由隧道围岩级别决定。

13. 【答案】B

【解析】成洞地段固定的电力线路应使用绝缘良好的胶皮线架设；施工地段的临时电线路宜采用橡套电缆；竖井、斜井宜使用铠装电缆；瓦斯地段的输电线必须使用密封电缆，不得使用皮线。

14. 【答案】C

【解析】设计时应根据围岩级别、性状、结构等地质情况，正确选取衬砌形式及衬砌厚度，确保衬砌具有足够的承载能力。

15. 【答案】C

【解析】测定最佳含水量的试验方法有：轻型、重型击实试验法，振动台法，表面振动压实仪法。

16. 【答案】B

【解析】深度不小于5m的基坑（槽）的土（石）方开挖、支护、降水需要专家论证，选项A错误。水深不小于10m的围堰工程需要专家论证，选项C错误。挂篮需要编制专项方案，不需要专家论证、审查，选项D错误。

17. 【答案】D

【解析】分包工程在开工前，承包人必须填报开工报审表，并附有监理人审批并取得发包人同意的书面文件，由监理人审查其是否具备开工条件，确定是否批复其开工申请，选项A、B正确。监理人应检查核实分包人实施分包工程的主要技术、管理人员及主要施工设备是否与资格审查时所报的情况相符，如发现分包人的人员、施工设备、技术力量等难以达到工程要求时，应要求承包人采取措施处理，选项C正确。监理人应对分包工程实施现场监管，及时发现分包工程在质量、进度等方面的问题，由承包人采取措施处理，选项D错误。

18. 【答案】C

【解析】水、外掺剂计量应采用全自动电子称量法计量，禁止采用流量或人工计量方式，以保证工作的连续性、自动性，选项C错误。

19. 【答案】B

【解析】公路施工企业信用评价等级分为AA、A、B、C、D五个等级，各信用等级对应的企业评分X分别为：

AA级：95分≤X≤100分，信用好；

A级：85分≤X<95分，信用较好；

B级：75分≤X<85分，信用一般；

C级：60分≤X<75分，信用较差；

D级：X<60分，信用差。

20. 【答案】D

【解析】公路工程设计变更分为重大设计变更、较大设计变更和一般设计变更，选项A错误。公路工程重大、较大设计变更实行审批制，经批准的设计变更一般不得再次变更，选项B错误。公路工程勘察设计、施工及监理等单位可以向项目法人提出公路工程设计变更的建议，选项C错误。

二、多项选择题

21. 【答案】ACDE

【解析】选项B错误，施工中为了确保路基稳定、减少路基工后沉降，对高路堤拓宽可采取粉喷桩、砂桩、塑料排水体、碎石桩等处理措施。

22. 【答案】ACE

【解析】圬工防护：喷护、挂网喷护、干砌片石护坡、浆砌片石护坡、护面墙。

23. 【答案】AB

【解析】横断面边桩放样的方法有：图解法、计算法、渐近法、坐标法。图解法一般用于低等级公路。计算法用于公路平坦地形或地面横坡较均匀一致地段的路基边坡放样。偏角法是中线放样的方法。

24. 【答案】CDE

【解析】水泥初凝时间应大于3h，终凝时间应大于6h且小于10h，选项A错误。高速公路、一级公路基层的4.75mm以上粗集料应采用单一粒径的规格料，选项B错误。

25. 【答案】ACE

【解析】选项B错误，沥青碎石路面沥青用量少，且不用矿粉。选项D错误，热拌沥青碎石适用于三、四级公路。

26. 【答案】ABC

【解析】桥面铺装病害形成的原因：梁体预拱度过大，桥面铺装设计厚薄难以调整施工允许误差；施工质量控制不严，桥面铺装混凝土质量差；桥头跳车和伸缩缝破坏引起连锁破坏；桥梁结构的大变形引起沥青混凝土铺装层的破坏；水害引起沥青混凝土铺装的破坏；铺装防水层破损导致桥面铺装破坏等。

27. 【答案】AD

【解析】悬臂浇筑梁的实测项目有：混凝土强度（△）、轴线偏位、顶面高程、断面尺寸（△）、合龙后同跨对称点高程差、顶面横坡、平整度、相邻梁段间错台。其中，带“△”的为关键项目。

28. 【答案】BCE

【解析】除非监理工程师另有准许，一切计

量工作都应在监理工程师在场情况下，由承包人测量、记录。有承包人签名的计量记录原本应提交给监理工程师审查和保存，选项B错误。工程量应由承包人计算，由监理工程师审核。工程量计算的副本应提交给监理工程师并由监理工程师保存，选项C错误。沥青混凝土、沥青碎石、水泥混凝土、高强度等级水泥砂浆的施工现场必须使用电子计量设备称重。因不符合计量规定引发质量问题，所发生的费用由承包人承担，选项E错误。

29. **【答案】**ABCE

【解析】按时间分类，支付可分为预先支付（即预付）、期中支付、交工结算、最终结清四种。

30. **【答案】**ABD

【解析】压实机械按压实作用原理分为静作用碾压机械、振动碾压机械和夯实机械三种类型。静作用碾压机械包括各种型号的光轮压路机、轮胎压路机（简称轮胎碾）、羊脚压路机（简称羊脚碾）、凸块压路机（简称凸块碾）及各种拖式压滚等。振动式碾压机械（简称振动碾）包括各种拖式和自行振动式。夯实机械主要用于夯实土壤，夯实机械又分为冲击夯实和振动夯实两类。

三、实务操作和案例分析题

（一）

1. （1）错误之处一：选择了粉土和砂土两种路堤填料，施工单位随即组织施工直接填筑。

正确做法：砂土可用作路基填料，但由于没有塑性，受水流冲刷和风蚀时易损坏，使用时可掺入黏性大的土。

（2）错误之处二：考虑到砂土强度不够，故两种填料混合使用。

正确做法：性质不同的填料，应水平分层、分段填筑、分层压实。同一水平层路基全宽应采用同一种填料，不得混合填筑。

（3）错误之处三：碾压时，施工中填石作业从最低处开始，分层填筑，每一分层先是人工摊铺主骨料，平整作业铺撒嵌缝料。

正确做法：每一分层先是机械摊铺主骨料，平整作业铺撒嵌缝料，将填石空隙以小石或石屑填满铺平，采用重型振动压路机碾压，压至填筑层顶面石块稳定。

2. 承包人收到变更指示或意向书后14d内，向监理工程师提交变更报价书。监理工程师收到承包人变更报价书后14d内，根据合同约定商定或确定变更价格。

3. 质量缺陷性质确定的方法：观察和查阅记录资料；检验与试验；专题调研。

4. （1）土方路基的实测项目补充如下：纵断高程、弯沉、横坡。

（2）关键项目为：压实度、弯沉。

（二）

1. （1）错误之处一：施工单位在基层上进行了模板安装。

改正：滑模摊铺机不需要安装模板。

（2）错误之处二：滑模摊铺前，架设了单线基准线。

改正：应架设单向坡双线基准线。

2. （1）传力杆应采用前置支架法施工。

（2）传力杆以下的混凝土宜在摊铺前采用手持振捣棒振实。

3. （1）能满足滑模摊铺机的生产率。

（2）理由：

1）一台滑模摊铺机生产率 $Q=1000hBV_{P}K_{B}=1000\times0.24\times(2.5+8.5)\times(100/1000)\times0.75=198$（$m^3/h$）。

2）两台滑模摊铺机生产率：$198\times2=396$（m^3/h）。

3）两台滑模摊铺机的生产率 $396m^3/h$ 小于搅拌站生产能力 $450m^3/h$，故能满足滑模摊铺机的生产率。

4. （1）原因：振捣棒位置发生异常。

（2）措施：将振捣棒调整到正常位置。

（三）

1. A为支架及底模标高调整，B为安装波纹管。

2. 预压的主要目的：消除地基的不均匀沉降和支架的非弹性变形。

3. （1）错误之处一：预压时砂袋由梁体一侧逐渐向另一侧慢慢堆放。

改正：预压时梁体两侧对称平衡加载，预压荷载的分布应模拟需承受的结构荷载及施工荷载。

（2）错误之处二：为了赶工期一次性达到设

计荷载。

改正：预压荷载一般分为三级加载。

(3) 错误之处三：施工完毕后，按照纵向从两边向中间，“先装后拆，后装先拆”的原则进行拆除。

改正：纵向应对称均衡卸落，横向应同时一起卸落。

4. 保障措施有：通信与信息保障、应急队伍保障、应急物资装备保障、经费保障、交通运输保障、治安保障、医疗保障等。

(四)

1. (1) 需要编制专项施工方案。

(2) 理由：该隧道为Ⅳ级软弱围岩，隧道跨度为24m的特大跨度隧道。Ⅳ级及以上软弱围岩地段跨度不小于18m的特大跨度隧道需要编制专项施工方案，并组织专家论证。

2. 1是上台阶开挖，2是上台阶初期支护，3是下台阶开挖，4是下台阶初期支护，5是全断面二次衬砌。

3. (1) 洞内爆破必须统一指挥，并且经过专业培训且持有爆破操作合格证的专业人员进行作业。作业过程中，不得采用纯氧通风换气。

(2) “一炮三检”制度的内容是在装药前、爆破前和爆破后检测瓦斯与二氧化碳的浓度并记录。

4. 补充措施：管棚、预注浆加固围岩。

《公路工程管理与实务》全真模拟试卷二

一、单项选择题

1.【答案】D

【解析】路基施工准备中，应及时对拟作为路堤填料的材料进行取样试验。

2.【答案】A

【解析】钢钎炮通常指炮眼直径和深度分别小于70mm和5m的爆破方法。钢纤炮比较灵活，适用于地形艰险及爆破量较小地段（如打水沟、开挖便道、基坑等），在综合爆破中是一种改造地形，为其他炮型服务的不可缺少的辅助炮型。选项A正确。

3.【答案】D

【解析】浅层处理可采用浅层置换、浅层改良、抛石挤淤等方法，处理深度不宜大于3m，选项A正确。置换宜选用强度高的砂砾、碎石土等水稳性和水透水性好的材料，选项B正确。对非饱和黏质土的软弱表层，可添加石灰、水泥等进行改良处理，选项C正确。当软土地层平坦，横坡缓于1∶10时，应沿路线中线向前呈等腰三角形渐次向两侧对称抛填至全宽，将淤泥挤向两侧；当横坡陡于1∶10时，应自高侧向低侧渐次抛填，并在低侧边部多抛投形成不小于2m宽的平台，选项D错误。

4.【答案】A

【解析】采用削坡减载方案整治滑坡时，减载应自上而下进行，严禁超挖或乱挖，严禁爆破减载。

5.【答案】A

【解析】透层的作用：为使沥青面层与基层结合良好，在基层上浇洒乳化沥青、煤沥青或液体沥青而形成的透入基层表面的薄层。

6.【答案】B

【解析】SMA面层施工切忌使用胶轮压路机或组合式压路机，以防止胶轮压路机或组合式压路机的轮胎将结构部沥青“泵吸”到路表面，使路表失去纹理和粗糙度。

7.【答案】C

【解析】混凝土膨胀剂的品种和掺量应通过试验确定。

8.【答案】A

【解析】压浆时，对曲线孔道和竖向孔道应从最低点的压浆孔压入，由最高点的排气孔排气和泌水。压浆顺序宜先压注下层孔道。

9.【答案】D

【解析】当一孔梁的混凝土浇筑施工完成后，内模中的侧向模板应在混凝土抗压强度达到2.5MPa后，顶面模板应在混凝土抗压强度达到设计强度的75%后，方可拆除；外模架应在梁体建立预应力后，方可卸落。

10.【答案】C

【解析】导管使用前应进行水密承压和接头抗拉试验，严禁用压气试压。

11.【答案】D

【解析】地表下沉量测使用的工具为水准仪、铟钢尺。

12.【答案】B

【解析】本题考查的是隧道通风防尘及水电作业。巷道式通风适用于有平行坑道的长隧道，其断面大、阻力小，可提供较大的风量，是目前解决长隧道施工通风比较有效的方法。

13.【答案】A

【解析】轮廓标的主要作用是在夜间通过对车灯光的反射，使司机能够了解前方道路的线形及走向，使其提前做好准备。轮廓标的结构主要包括附着式、柱式等。

14.【答案】C

【解析】隧道照明控制系统能根据洞外的照度变化、交通量的变化对洞内照明强度进行调节，节约用电，降低运营成本。

15.【答案】B

【解析】各项资源需求计划包括：劳动力计划、材料需求计划、施工机械设备需求计划、资金需求计划。

16.【答案】D

【解析】工期和时间安排的合理性包括：

（1）施工总工期的安排应符合合同工期。

（2）各施工阶段或单位工程（包括分部、分项工程）的施工顺序和时间安排与材料和设备的进场计划相协调，选项D错误。

(3) 易受冰冻、低温、炎热、雨季等气候影响的工程应安排在适宜的时间，并应采取有效的预防和保护措施。

(4) 对动员、清场、假日及天气影响的时间，应充分考虑并留有余地。

17. 【答案】C

【解析】控制测量、定位测量和重要的放样测量必须坚持采用两种不同方法（或不同仪器）或换人进行复核测量。

18. 【答案】C

【解析】翻模、滑（爬）模等自升式架设设施，以及自行设计、组装或者改装的施工挂（吊）篮、移动模架等设施在投入使用前，施工单位应当组织有关单位进行验收，或者委托具有相应资质的检验检测机构进行验收。

19. 【答案】B

【解析】(1) 螺旋钻机：用于灌注桩、深层搅拌桩、混凝土预制桩钻打结合法等工艺，适用土质的地质条件。

(2) 冲击钻机：用于灌注桩钻孔施工，尤其在卵石、漂石地质条件下具有明显的优点。

(3) 回转斗钻机：适用于除岩层外的各种土质地质条件。

(4) 液压旋挖钻孔机：适用于除岩层、卵石、漂石外的各种土质地质条件，尤其在市政桥梁及场地受限的工程中使用。

20. 【答案】A

【解析】公路施工企业信用评价等级分为AA、A、B、C、D五个等级，各信用等级对应的企业评分X分别为：

AA级：95分≤X≤100分，信用好；

A级：85分≤X<95分，信用较好；

B级：75分≤X<85分，信用一般；

C级：60分≤X<75分，信用较差；

D级：X<60分，信用差。

二、多项选择题

21. 【答案】ACDE

【解析】土的试验项目包括：天然含水率、液限、塑限、颗粒分析、击实、CBR等，必要时应做相对密度、有机质含量、易溶盐含量、冻胀和膨胀量等试验。

22. 【答案】DE

【解析】硬质岩石、中硬岩石可用于路堤和路床填筑；软质岩石可用于路堤填料，不得用于路床填筑；膨胀岩石、易溶性岩石和盐化岩石等不得用于路基填筑。

23. 【答案】CDE

【解析】混凝土喷射每层应自下而上进行。浆砌片石护坡，宜在路堤沉降稳定后施工。喷射混凝土初凝后，应立即开始养护，养护期宜不少于7d。喷射混凝土面层应在长度方向上每30m设伸缩缝，缝宽10～20mm。浆砌片石护坡，每10～15m应设置一道伸缩缝，缝宽宜为20～30mm。

24. 【答案】ABDE

【解析】锚杆挡土墙施工工序主要有基坑开挖、基础浇（砌）筑、锚杆制作、钻孔、锚杆安放与注浆锚固、肋柱和挡土板预制、肋柱安装、挡土板安装、墙后填料填筑与压实等。

25. 【答案】ABE

【解析】本题考查的是热拌沥青混合料面层施工技术。选项C错误，下、中面层采用走线法施工，表面层采用平衡梁法施工。选项D错误，沥青混凝土的摊铺温度，一般正常施工控制在不低于125～140℃。

26. 【答案】BCDE

【解析】预应力筋张拉端的设置应符合设计要求；当设计未要求时，应符合下列规定：

(1) 对钢束长度小于20m的直线预应力筋可在一端张拉；对曲线预应力筋或钢束长度大于或等于20m的直线预应力筋，应采用两端张拉。选项A错误，选项B正确。

(2) 当同一截面中有多束一端张拉的预应力筋时，张拉端宜分别交错设置在结构或构件的两端。选项C正确。

(3) 预应力筋采用两端张拉时，宜两端同时张拉；或先在一端张拉锚固后，再在另一端补足预应力值进行锚固。选项D、E正确。

27. 【答案】BCE

【解析】桥梁试验检测从方法上来讲，分为静载试验、动载试验和无损检测；从时间上来看，分为短期试验和长期试验；从进行时期来看，分为成桥试验和施工阶段监测控制。

28.【答案】BC

【解析】沥青混凝土面层和沥青碎（砾）石面层的实测项目有：压实度（△）、平整度、弯沉值、渗水系数、摩擦系数、构造深度、厚度（△）、中线平面偏位、纵断高程、宽度、横坡、矿料级配（△）、沥青含量（△）、马歇尔稳定度。

29.【答案】CDE

【解析】本题考查的是公路工程分包合同。选项A、B错误，当分包工程发生设计变更后，分包人只能向承包人提出索赔要求。

30.【答案】ABCD

【解析】场地建设前，施工单位应将梁场布置方案报监理工程师审批，方案内容应包含各类型梁板的台座数量、模板数量、生产能力、存梁区布置及最大存梁能力等。

三、实务操作和案例分析题

（一）

1. 试验段还应确定的技术参数有：松铺厚度、压实遍数、压实速度、沉降差。

2. （1）错误之处：先高后低、先快后慢、由路基中心向边缘碾压。

（2）改正：先低后高、先慢后快、由路基边缘向中心碾压。

3. （1）索赔成立。

（2）理由：工期延误由建设单位引起（非施工单位原因）。

4. （1）借土回填费用：

25000×（1+15%）=28750（m^3）；

30000−28750=1250（m^3）；

28750×21+1250×21×0.9=627375（元）。

（2）抛石挤淤费用：

16000×（1−15%）=13600m^3>12800（m^3）；

12800×76×1.1=1070080（元）。

（二）

1. 挖除路肩的主要目的是：以便使水能从路面区域及时排出。

2. 严重病害的软弱路段的处治方法：进行修复处理，首先清除混凝土路面并开挖至稳定层，然后换填监理工程师认可的材料。

3. （1）错误。

改正：应先破碎行车道1、4，后破碎行车道2、3。

（2）正确。

（3）错误。

改正：机械施工过程中要灵活调整行进速度、落锤高度、频率等，尽量达到破碎均匀。

（4）错误。

改正：应切割移除暴露的加强钢筋。

4. （1）属于仰斜式挡土墙。

（2）仰斜墙背所受的土压力较小，用于路堑墙时，墙背与开挖面边坡较贴合，因而开挖量和回填量均较小，但墙后填土不易压实，不便施工。适用于路堑墙及墙趾处地面平坦的路肩墙或路堤墙。

5. 花岗岩碎石的预算单价：（91+4.5×22）×（1+4%）×（1+2.5%）=202.54（元/m^3）。

（三）

1. （1）错误之处：以桩位中心为圆心，以桩身半径画出上部圆周，并撒石灰线作为桩孔开挖尺寸线。

（2）改正：以桩位中心为圆心，以桩身半径加护壁厚度为半径作为桩孔开挖尺寸线。

2. 原因是防止地表水流入孔内。

3. A是护壁，B是模板。

4. 采用双控，即以张拉力控制为主，以钢束的实际伸长量进行校核。

5. 施工单位应对断丝钢束卸荷、退锚、换钢束，重新张拉至设计应力值。

（四）

1. Ⅰ是超前支护，7是拆除中隔墙，Ⅷ是仰拱施工，Ⅸ是二次衬砌。

2. （1）属于较大设计变更。

（2）应由省级交通主管部门进行审批。

3. （1）不正确。

（2）理由：应以人工开挖、人工和机械配合出渣为主，可适当采用控制爆破，以免破坏已完成的临时支撑隔墙。

4. 二次衬砌的施作应在满足下列要求时进行：

（1）隧道水平净空变化速度及拱顶或底板垂直位移速度明显下降。

（2）隧道位移相对值已达到相对位移量的90%以上。

5. 超前加固措施有超前锚杆、插板、超前小导管、管棚及围岩预注浆加固等。

亲爱的读者：

如果您对本书有任何**感受、建议、纠错**，都可以告诉我们。

我们会精益求精，为您提供更好的产品和服务。

祝您顺利通过考试！

扫码参与调查

环球网校建造师考试研究院